帝國的沉思

秋之卷 王朝衰頹與中興舉措

馮敏飛 著

匈奴侵擾、藩鎮割據、同室操戈、政變頻繁……
當帝國面臨覆滅的危機,「復興」就是當務之急!

「中興者,在一世之間,因王道衰而有能復興者,
斯謂之中興。」

從漢朝昭宣中興到清朝同光中興,
看歷史上的11個中興王朝如何扭轉衰頹局勢!

目錄

盛世與治世　　　　　　　　　　　　　　　005

推薦序　　　　　　　　　　　　　　　　007

作者自序：讀史如觀荷　　　　　　　　　011

本卷開篇話：每朝之末都有另一種可能　　023

上篇　中興的來龍去脈

第一章　昭宣中興　　　　　　　　　　　039

第二章　孝文中興　　　　　　　　　　　055

第三章　元和中興　　　　　　　　　　　071

第四章　會昌中興　　　　　　　　　　　089

第五章　大中中興　　　　　　　　　　　107

第六章　景聖中興　　　　　　　　　　　123

第七章　弘治中興　　　　　　　　　　　141

第八章　萬曆中興　　　　　　　　　　　153

第九章　同光中興　　　　　　　　　　　177

目錄

下篇　改革的歷史經驗與教訓

第一章　欣慰與遺憾　　　　　　　　205

第二章　帝王與臣民　　　　　　　　221

第三章　深化與超越　　　　　　　　261

附　帝制時代的天時地利人和　　　　289

盛世與治世

　　變法是拯救危機,失敗即墜落末世,成功則死裡逃生;中興是中華民族歷史上變法成功的典範。本卷全面整理了中國歷史上的中興,涉及當時的政治、經濟、文化及人民生活諸方面,並作了深刻的反思,對古今中外重要變法的歷史經驗與教訓,作了一些探討。

盛世與治世

推薦序

馬勇

　　中國的歷史傳統格外久遠，各種方式的歷史言說，是獲取知識的重要途徑。我們談歷史，總是隨時隨地可以找到與現實相映、相類似的往事。歷史並不總是創新、創造，歷史的相似性、因果關聯，讓很多人感到歷史就像春夏秋冬四季循環往復。「春秋」在古代代表一年四季，而史書記載的都是一年四季中發生的大事，因此「春秋」曾是史書的統稱。

　　人們無法從歷史中汲取經驗，是因為歷史活動太複雜，每一件事就如同世界上每一個人一樣，不可能有完全相同的兩件事、兩個人。歷史確有因果關係，也有相似性、相近性，但如何認知歷史因果關聯，人們在多大程度上能夠掌握，乃至操控歷史關聯，可能還得存疑。

　　歷史發展具有偶然性，決定偶然性的那個具體因素，才是歷史學要尋找的東西。但對大歷史來說，也不能否認歷史發展有其規律大致可循，比如，通觀三千年中國歷史，不論怎麼演化，基本上就是一個又一個王朝「興起、鼎盛、衰落、滅亡」四部曲。沒有例外，「興盛衰亡」四個字，說盡中國王朝政治的全部規律。

　　中國政治家、思想家當然想過該如何超越「興盛衰亡」的歷史循環規律，自周公、孔子以來，尤其是浩如煙海的道德箴言，無疑都期待所在王朝千秋萬代。在「家天下」背景下，政治家理所當然具有深沉的憂慮，沒有哪一個帝王不像秦始皇那樣，想讓自己的王朝一世、二世、以至永遠，皇權永固，江山不變。但為什麼歷朝、歷代都找不到出路，都沒有逃出「興盛衰亡」的歷史循環呢？

推薦序

　　馮先生這卷書體大思精，描述若干個中興歷史故事，並以文學筆調描繪這些中興故事留給後世的經驗、教訓與啟示。這些中興故事的定名，多從傳統史學的一般看法，反映了那時歷史學家對那段歷史的觀察與思考。中國歷史學從孔子開始，就樹立了「資治通鑑」的傳統，書寫歷史並不簡單地記錄事實，而是為了讓「亂臣賊子懼」。

　　在確有把握的前提下，中國也曾毫不猶豫進行嘗試，本書所描寫的「同光中興」，就已不再是傳統帝國背景下的中興運動。同光時期政治變動之大，遠遠超出今天的想像。在同治初年，開啟了現代化運動，這個運動在最初階段謹守「中體西用」的原則，充分利用「後發優勢」去模仿西方，迅速提升國家競爭力。

　　清廷最高統治者在決定向西方學習時，意識到西學的整體性，了解到要學習西方器物，就不可能完全拒絕器物背後的思想、制度及一切文明。清廷最初強調「中體西用」，可以做多重解釋，但不管怎麼解釋，都顯示那時人們意識到了西學的整體性、複雜性。可惜的是，最高統治者沉迷於器物層面的成功，沒有及時將改革引向深入，以致甲午戰敗，三十多年輝煌毀於一旦。

　　痛定思痛，甲午戰後，中國不僅沒有停止學習西方，還開始向先前的敵人日本學習，將改革引向深入。1895 年《馬關條約》簽訂不久，漸漸興起的「維新運動」，以及維新運動失敗後重啟的「新政」，後來的「憲政」，都是清廷主導的政治變革。清廷統治者至少在 1906 年預備立憲開始時，已意識到只有憲政才能讓清帝國走出「興盛衰亡」四部曲，才能克服人亡政息的週期性。可惜的是，清廷憲政改革還是晚了一些。當一個壞政府開始向善，要從事改革時，歷史留給它的時間，永遠都不可能無限多。人們在不改革時，可以容忍嚴酷的統治，可以為了存在不要自由，不要人權。但當壞政府開始改革時，如果不能抓住機遇，大刀闊斧，盡快進行，那麼

革命往往就在這樣的時間點發生。法國歷史學家托克維爾的著作《舊制度與大革命》，對此有很好的說明。

馮敏飛先生的這部書，在某種意義上來說，就是《舊制度與大革命》的中國版，或者說是中國例證、中國正規化。過往幾千年，中國始終在「興盛衰亡」四字訣中週期循環，近代中國工業發生後，中國試圖走出這樣的歷史惡性循環，尋找一條「興而不亡」、「盛而不衰」的新路。

馮敏飛先生一直很謙虛，也很勤奮。他說他對自己非歷史科班出身，心底始終有揮之不去的虛怯，常自嘲「無知無畏」，努力以勤補拙，多下些笨功夫。我總是鼓勵他：「你是以作家身分去寫史，人家不會用史學家的標準要求你！」他早年出版了幾部小說，我讀過他的歷史小說《孔子浪漫史》，本來還想專門寫篇文章，可惜一直抽不出時間。

從史學發展一般情形來看，大眾歷史寫作一直是中國歷史學的主流，晦澀深奧的歷史寫作相對說來很少。大眾歷史的寫作要注意篇章布局，注意結構，注意敘事，注意營造內在緊張，注意起承轉合，讓讀者在閱讀中找到愉悅，產生自然的閱讀興趣。正是在此基礎上，作者對歷史複雜性的冷峻思考、對中國古代政治興衰和傳統文化積弊的慎思與明辨，才妙趣橫生而又發人深省。下面擷取兩例：

其一，讀史如觀荷，只問是否華麗轉身。作者巧妙引用歐文‧斯通（Irving Stone）《梵谷傳》（*Lust for Life*）內容作譬喻：藝術家的作品和他的私生活，就像正在分娩的婦女和她的嬰兒，你可以看她的孩子，但卻不可以掀起她的內衣，去看她是否沾滿血汗。王朝出生之狀，要麼是被遮掩的假象，要麼是不忍直視的真相，這些不看也可以想像。我們還是著重看它們是否及時「洗禮」，華麗轉身，不再製造新的血汗。轉身和改革是歷史永恆的話題，歷久彌新。

其二，讀史明勢比讀史明智更重要。袁世凱能登上總統之位，說明他

推薦序

並不是簡單的草莽英雄,看他的字、讀他的書很容易了解到,他雖不是學富五車,不過至少知道「讀史明智」,知道借鑑歷史經驗教訓。但從後來的政治實踐來看,袁世凱顯然只是「明智」而不「明勢」。其最後的失敗,歸根究柢還是不太明瞭歷史大勢和世界潮流。

中國自來有文史不分的傳統,馮敏飛先生這部書在遵循基本歷史事實基礎上,充分發揮了文學的優勢,敘事曉暢,充滿情感,給予人閱讀的愉悅。

「通鑑」是為了「資治」,這是久遠的傳統。馮敏飛先生也沒有背棄這個傳統,他在這部書中除了講述一個又一個新穎的故事外,更重要的,還是他對歷史的思考。任何一個王朝的建立,都有傳之久遠的期待,一世、二世,以至萬世。但為什麼那麼多王朝最後倒在「天花板」下?他們為什麼沒有為王朝開啟另一個上升空間,而是一個接一個倒下,成為「天花板理論」的證據呢?此外,國家該如何保持強韌的發展態勢,走出興盛衰亡的「歷史週期」呢?這是我讀馮著久久無法釋懷的深層原因。

（作者是社會科學院歷史所研究員）

作者自序：讀史如觀荷

李白仰天長嘆：「秦王掃六合，虎視何雄哉！」秦始皇武功蓋世，死後猶威震殊俗。不料短短十數年，秦崩而楚亡，比秦始皇小3歲的劉邦手提3尺劍清寰海，創業垂基400載。相比長壽王朝，大秦如同一個強壯的年輕人忽然暴病死亡，特別令人喟嘆。

《劍橋中國秦漢史》有專節〈崩潰的原因〉，歸納秦亡的5個原因：一是殘暴和剝削嚴重，二是秦始皇及二世不願納諫、子嬰軟弱，三是未能吸取歷史教訓，四是陳勝、吳廣起義，五是好大喜功。[001] 除此之外，是不是還有其他原因？

從盛世看末世

這些年來，筆者專注中國歷史王朝興衰問題，著重創世、盛世、危世與末世歷史四季，嘗試系統性整理歷史上43個盛世（含治世、中興），剖析十餘個長壽王朝建國立朝之初，以及十幾個王朝的最後10年。一系列看下來，有一個詞逐漸浮現並明朗化，這就是「華麗轉身」。

「華麗轉身」是現代詞，指從一種社會角色形象轉變為另一種社會角色形象。轉身是改變，華麗則強調這種改與變是朝積極的、好的、大眾認可或期望的方向。引申到政治，就是古人所謂「皇道開明」，現代所謂「文明執政」。「天下雖得之馬上，不可以馬上治」，說的也是這個意思。對一

---

[001]　[英] 崔瑞德、魯惟一：《劍橋中國秦漢史》，中國社會科學院譯，北京：中國社會科學出版社，1990年，P80～85。
　　　　說明：凡相同版本，第二次引用後只簡注作者、書名及頁碼。

作者自序：讀史如觀荷

個帝王來說，這才是關鍵。

歷史上，不論中外，國家或王朝都像新生兒一樣帶著血汙而降，沒有幾個來自和平，來得聖潔。「湯武革命」，《周易》說是「順乎天而應乎人」，千古叫好，可是稍微深入討論，黃生說湯武並非「受命」而是「篡弒」，強調冠帽雖破舊也必須戴頭上，鞋履再新也只穿腳上，再怎麼也不應當推翻君主。轅固生堅持傳統觀點，將他一軍：「照你這麼說，我們高皇帝取代秦天子也不對嗎？」這時，漢景帝劉啟連忙喊停：「你們別爭啦！食肉者沒吃過馬肝不等於不懂肉味，學術討論即使不談論湯武革命，也沒人說你沒學問！」就這樣，從此再沒人敢公開爭論湯武革命的問題。[002] 晉明帝司馬紹偶然聽聞前輩開國真相，不敢相信，「覆面著床」說：「如果真像您所說那樣血腥，國運怎麼可能長久？」[003] 司馬紹顯然是剛出道，還沒來得及多讀歷史。史學名家呂思勉深有感慨說：「篡弒，也是歷代英雄的公罪」。[004] 法國歷史學家米涅（François Mignet）說得更直接：「好事和壞事一樣，也是要透過篡奪的方法和暴力才能完成。」[005] 連《聖經》都一再強調，上帝降生之時「猶如黑夜之竊賊」。所以，「權力來源合法性」對開國者來說，實際上是道偽命題。朱元璋、康熙為他們的權力來源喋喋不休地辯護，實在是浪費精力。而像北魏太武帝拓跋燾，為新修的國史所謂「暴揚國惡」問題，不僅族誅崔浩，還順手殺了他的姻親范陽盧氏、太原郭氏與河東柳氏等北方大族，北魏的漢化努力又一次失敗，實在是得不償失。

奪權之後再區分統治者高下與王朝優劣，才有實質性意義。漢代人所謂「逆取順守」，也是這個意思。人類歷史是一部華麗轉身史，那種說遠

---

[002]　《史記》卷121，〈儒林列傳〉，北京：中華書局，1999年（本書用涉二十四史均為此版本），3冊，P2374，「於是景帝曰：『食肉不食馬肝，不為不知味；言學者無言湯武受命，不為愚。』遂罷。是後學者莫敢明受命放殺者。」

[003]　劉義慶：《世說新語·尤悔》，「若如公言，祚安得長！」

[004]　呂思勉：《中國通史》，北京：群言出版社，2016年，P433。

[005]　[法]米涅：《法國革命史》，商務印書館，1977年，P4。

古多美好，後來才變壞，厚古薄今，我是無法相信的。但我覺得讀史如觀荷，不必糾結它是否出身泥濁。一個國家或帝王是否正當，即「權力來源合法性」，跟嬰兒是否出自血汙的問題一樣，沒有實質性意義。丹麥一個官方網站首頁就寫著：「我們曾是凶殘的維京海盜，現在我們是世界上最和平的社會之一。」他們坦然於曾經的血汙，欣然於現在的華麗轉身，不讓歷史成為包袱，輕裝快步前行。悠悠千古，有幾個盛世帝王合法，又有幾個末世帝王不合法？歷史上在這方面浪費太多精力了！

還是把注意力轉移到看它是否及時華麗轉身吧！有些開國帝王迅速華麗轉身，盡快告別暴力，即使未能開創盛世，也打下良好基礎，讓二、三代之後步入盛世。更多帝王遲遲不肯華麗轉身，甚至「醜惡轉身」，死腦筋走下去，王朝沒毀在自己手裡，也堅持不了幾代。漢光武帝劉秀、晉武帝司馬炎、梁武帝蕭衍、隋文帝楊堅、宋太祖趙匡胤、明太祖朱元璋，都是開國即盛世。周成王、宋文帝劉義隆、齊武帝蕭賾、唐太宗李世民、後唐明宗李嗣源、清聖祖康熙等，二、三代也開創盛世。所謂中興，就是「王道衰而有能復興者」。[006] 從前輩那裡接過來就是「王道衰」的班底，再不華麗轉身就無可救藥了。

「開元盛世」如日中天，可就在這時爆發「安史之亂」。專家學者分析：

安史之亂從根本上動搖了唐朝的統治根基，使唐朝處於瀕臨滅亡的危機境地，然而在不知不覺中，唐王朝卻又穩住陣腳，竟又延續了一個半世紀的命脈。究其原因，應該說與蘊含在唐朝內部的柔性結構所具有的強韌性有關。[007]

這種蘊含在王朝內部柔性結構的「強韌性」（國家韌性，National resilience），就是盛世的結晶。有了這種強韌性，唐朝能夠承受意外打擊。

---

[006] 王觀國：《學林》，北京：中華書局，1988 年，P51。
[007] ［日］氣賀澤保規：《中國的歷史・隋唐時代》，石曉軍譯，桂林：廣西師範大學出版社，2014 年，自序 P4～5。

作者自序：讀史如觀荷

而秦統一雖然迅速，由於缺乏強韌性，未能及時華麗轉身，像鋼一樣看似無比堅硬，其實很脆，經得起高壓卻經不起打擊，一打就斷。人算不如天算，百密一疏，意外防不勝防。韌性的強度，或者說有沒有盛世，穩定發展期長短，決定一個王朝壽命的長短。

從暴君到明君

將一個人物簡單標籤化，很容易一葉障目，掛一漏萬。

《史記》中有一個細節不可忽略：第一次會商鞅，秦孝公聽得打瞌睡，事後還怒責引見的太監景監：「子之客妄人耳，安足用邪！」景監自然把怒氣轉發到商鞅身上，商鞅說：「求你再給我一次機會，我換個話題！」果然，秦孝公有興趣了，竟然快語通宵，一連幾天幾夜。景監好奇得很，忙問商鞅：「你究竟說了什麼，讓吾君甚歡也？」商鞅說：「前兩次，我推介禮樂之治，勸君直追三代學堯舜，君嘆道：『禮樂之治當然好，可那不是三年五年、十年八年能夠見效的，我等不了。你看當今天下，哪一個不是虎視眈眈？哪一個不是危在旦夕？又有哪一個能夠等待你幾十年、上百年變成強國？』聽了這些話，我恍然大悟，改而推介能最快成為強國的霸王之道，君王聽了果然非常高興。只可惜，這霸道在道義上就比不上『三代』了！」[008] 由此可見，秦孝公與商鞅都不是糊塗之人，也都不是無德之人，只是在殘酷現實逼迫下，不得不狠心為之，暫且為之，心靈深處還是幻想將來改行禮樂之治。由此，我們有理由相信：秦國在以暴力完成統一大業後，有可能華麗轉身，轉成禮樂之治，直追「三代」。

---

[008] 同注2，卷68，〈商君列傳〉，3冊，P1764，「鞅曰：『吾說君以帝王之道比三代，而君曰：「久遠，吾不能待。且賢君者，各及其身顯名天下，安能邑邑待數十百年以成帝王乎？」故吾以強國之術說君，君大說之耳。然亦難以比德於殷、周矣。』」

面對春秋、戰國那禮崩樂壞、烽火連天的局勢，許多有識之士挺身而出。所謂諸子百家，都在積極尋求解救之道，只不過多數人失敗。秦始皇收拾了那麼大的亂局，應該說功莫大焉。

統一之後，秦始皇仍然勵精圖治。史家批評他大小事都親自處理，每天要批閱完一石檔案才睡覺。[009] 當時檔案刻在竹簡上，一石約為現在30公斤。我們難以想像那一石檔案相當於現在多少頁 A4 紙，但不難想像每天經手、過目 30 公斤物品是否輕鬆。

《中國歷史大事編年》記載始皇帝的主要作為：西元前 221 年統一六國、定官制、改行郡縣制、統一度量衡、收民間兵器鑄樂器，前 220 年西巡、築國道，前 219 年東巡封禪、鑿靈渠，前 216 年查核田畝，前 215 年伐匈奴，前 214 年擊南越、築長城。柏楊「不為君王唱讚歌，只為蒼生說人話」，卻破例讚秦始皇「做出了幾乎比此後兩千年大多數帝王所做的總和還要多的事」。[010] 這一系列大事，對一個歷經幾百年戰亂之後剛剛統一的國家來說，的確難以承受。據猜想，當時全國多達 15% 以上的人口被徵集到各大工地。《漢書》描述其時「赭衣塞路，囹圄成市」，慘不忍睹。如果說伐匈奴、擊南越、築長城出於無奈，那麼造宮殿和驪山墓可以暫緩吧？超出實際承受能力的事，難免要用暴力強制。最糟的是「焚書坑儒」，雖然存在諸多爭議，但「它使後世的文人對秦帝國產生了長久的反感」。[011] 實際上，後世不稱「焚書坑儒」而勝過「焚書坑儒」之事屢見不鮮。一方面是戰爭「焚書」，例如「光武遷還洛陽，其經牒祕書載之二千餘兩，自此以後，參倍於前……及王允所收而西者，裁七十餘乘，道路艱遠，復棄其半矣。後長安之亂，一時焚蕩，莫不泯盡焉」；[012] 另一方面是

---

[009] 同上，卷 6，〈秦始皇本紀〉，1 冊，P183，「天下之事無小大皆決於上，上至以衡石量書，日夜有呈，不中呈不得休息。」
[010] 柏楊：《中國人史綱》上冊，北京：同心出版社，2005 年，P210。
[011] 同注 1，P67。
[012] 《後漢書》卷 79 上，〈儒林列傳〉，9 冊，P1719。

作者自序：讀史如觀荷

以編修新書之名所行的破壞，例如明清之時。而「坑儒」也有若干可議，至少一點，秦氏並沒有殺光或絕對排斥儒士，直到陳勝揭竿而起之後，秦二世還召「博士諸儒生」30餘人問計，並賜博士叔孫通帛20匹、衣一襲，[013]叔孫通隨後又成為漢朝著名儒士。只不過「焚書坑儒」早被標籤化，好比註冊商標，後來可以超過其標準，但不得同冠其名。

秦始皇顯然也有華麗轉身。他認為「天下共苦戰鬥不休，以有侯王」[014]，所以從體制上挖掉諸侯混戰的根源，廢分封制而改行郡縣制，廢貴族制而改官僚制。統一度量衡、鑿靈渠關係到經濟民生；收兵器、鑄樂器，那顯然是學周武王放馬於華山之南，放牛於桃林之野，極富象徵意義。深入歷史的大街小巷，還可以找到一些耐人尋味的細節。秦始皇聘有70位專家學者，授以「博士」官銜，又為博士招2,000多名「諸生」，並「尊賜之甚厚」。「博」與「諸」說明沒什麼「獨尊」之類。2002年湖南龍山里耶出土的秦簡顯示：西元前214年被調派服徭役的12名犯罪男子，每日薪資8錢，除去伙食費可餘6錢。一天收入扣除伙食費可餘3/4，這可不太像「懲治、改造思想的強制勞動」。西元前215年北巡時，秦始皇令李斯代撰〈碣石門辭〉，其中有句：「男樂其疇，女修其業，事各有序。」即使這不是現實寫照，至少顯示秦始皇有這樣的理想，與儒家的追求並不矛盾。這次北巡還到了今河北秦皇島，見島上荊條叢生，秦始皇立即下馬叩拜，長嘆說：「這是小時候讀書時，我老師用過的啊！」[015]如果這傳說不一定可信，那至少可以說明在有些古人的心目中，秦始皇是尊師重道的。明朝狀元出身的著名學者焦竑明確認為：「秦時未嘗不用儒生與經學也。」[016]北京大學中國古代史研究中心教授辛德勇說：「儒家在秦代不僅沒有受到特別壓抑，

---

[013]　同注2，卷99，〈劉敬叔孫通列傳〉，3冊，P2100。
[014]　同上，卷6，〈秦始皇本紀〉，1冊，P170。
[015]　蔣一葵：《長安客話》：「俗呼秦皇島……俗傳秦皇至此山見荊，愕然曰：『此里師授吾句讀時所用樸也。』」
[016]　焦竑：《焦氏筆乘》。

且與其他諸家學說比起來，還可說是獨得朝廷的眷顧，有著其他諸家無可比擬的優越地位。」[017] 否則，如果真「焚書坑儒」殆盡，劉邦制禮作樂怎麼「頗採古禮與秦儀式雜就之」？[018] 陳寅恪甚至認為《中庸》是「秦時儒生之作品也」。[019]

可見秦始皇不是不想華麗轉身，只不過沒轉成功，或者說，沒來得及轉成功，就被貼上「暴君」的標籤了。秦始皇死時才50歲，他若地下有靈，恐怕會常吟白居易那首詩：「周公恐懼流言日，王莽謙恭未篡時……」

事實上，從戰國中期到秦漢之際，流行的是「黃老之學」。此學尊崇黃帝和老子，以道家思想為主，吸納了陰陽、儒、法、墨等學派的觀點。漢武帝劉徹所謂「罷黜百家，獨尊儒術」，實際上只不過表面文章，行的還是「霸王道雜之」。縱觀千古，「獨尊法術」或「獨尊儒術」的日子，總共也找不出幾天。秦始皇即使有超脫這個時代的社會思潮，也不可能太久遠。

從恩人變敵人

直到秦始皇死，秦朝局勢比此前此後許多政權變易之時看起來更平穩。西元前210年上半年，秦始皇遠離京城，從今陝西西安東巡至今湖北雲夢遙祭虞舜，然後到今浙江會稽山祭大禹，眺望南方戰場，也許還想繼續南下呢！哪有半點土崩瓦解的跡象？然而，正如孟德斯鳩（Montesquieu）《法意》（*The Spirit of Law*）（《論法的精神》）中所說：「專制政體的原則是恐怖；恐怖的目的是平靜。但是這種平靜不是太平。它只是敵人就要占領

---

[017]　辛德勇：《生死秦始皇》，北京：中華書局，2019年，P174。
[018]　同注13，P2102。
[019]　陳寅恪：《金明館叢稿初編》，上海：上海古籍出版社，1980年，P42。

作者自序：讀史如觀荷

的城市的緘默而已。」

就在這時，秦始皇忽然病倒，局勢也隨之如山倒。大公子扶蘇曾公然為儒生辯護，觸怒龍顏，被逐邊境督軍，這是秦始皇的一個致命錯誤。但辭世前夕，秦始皇遺詔扶蘇接班，說明他仍有華麗轉身之心。不想這要命的時刻出意外，大臣趙高與大將蒙恬之間有怨，趙高便竄改遺詔，以「不孝」之名賜死扶蘇，連帶蒙恬，而讓另一個公子胡亥繼位。不過，至此局勢還不算太壞。胡亥少時跟趙高學過法律，時年23歲。此時距陳勝揭竿而起還有整整一年時間，劉邦起兵更是在後，胡亥有時間華麗轉身，問題是胡亥根本沒有此心。

在這裡，姑且不抨擊趙高、李斯之流，因為任何時候都有惡人。也不應抱怨六國後人復辟，給了你十幾年時間，為什麼還不能讓他們「悅服」？如果沒有陳勝等人帶頭，他們何曾有過反抗？關鍵是胡亥這不肖之子認賊為父，貪圖享樂，像木偶一樣任惡人擺布，死腦筋、錯到死。

劉義隆之父也是開國皇帝，命更薄，第三年病死。長子劉義符繼位，卻根本不把朝政放心上，而當時國際形勢嚴峻，顧命大臣謝晦等人感到問題嚴重，便將劉義符殺了，改立劉義隆。劉義隆皇位可謂撿來的，理當感恩戴德，然而他橋歸橋路歸路，將謝晦等人治罪，然後北伐南征，平息內亂，發展經濟，開創「元嘉之治」，這不是特例。此後十餘年，北魏太監宗愛殺太武帝拓跋燾，改立其子拓跋余。拓跋余佯裝胸無大志，暗中謀劃。宗愛覺察後先下手將他殺了，然後立拓跋濬。拓跋濬吸取教訓，繼位後即殺宗愛個措手不及。拓跋濬在位13年，逐漸安定，病死後由其子拓跋弘繼位，開創「孝文中興」。如果胡亥能像劉義隆、拓跋濬，繼位後華麗轉身，不說盛世，維持大局穩定，應該不難吧？

民軍勢如破竹，火燒眉毛，胡亥、趙高、李斯之流卻還在那裡內訌。直到趙高殺了李斯，胡亥才意識到危險，怒責趙高。趙高怕了，逼胡亥自

殺，擁立其姪子嬰。子嬰不是傻瓜，趙高派人請子嬰去受璽即位，子嬰稱病。趙高信以為真，前往探望，一進門便被殺。

子嬰也許不凡，但為時已晚。繼位第 46 天，劉邦的民軍即入咸陽。子嬰不願再連累百姓，放棄抵抗，向劉邦投降。強大無比的秦帝國，僅存 15 年又 47 天。

說到底，還得追究秦始皇。學者指出：「秦國在統一中國後，對它囊括天下的組織能力的有效性，以及它在全民戰爭時期發展出的一套嚴酷的統治手段，過於自信」，「因而出現了中國歷史上國家權力首次不受任何社會力量有效制衡的局面。正如歷史一再上演的那樣，這種政治體制所帶來的，只會是災難性的後果。」[020] 因為過於自信，秦始皇遲遲未能實現華麗轉身，雖然做了一堆大事，但人心也失盡了——沒幾個人真心誠意想去挽救。

美國學者梅斯奎塔（Mesquita）、史密斯（Alastair Smith）認為：「從語源學來說，『君主制』（Monarchy）一詞也許指的是『一人統治』，但這樣的統治方式從來不曾、也絕對不可能存在」。實際上，不論君主制還是民主制，都是由「名義選擇人集團、實際選擇人集團和致勝聯盟」三種力量主導。「致勝聯盟」指由一小群法官、軍官和高階公務員組成，是最重要的集團。「沒有他們，路易國王恐怕早被別人取而代之了」。[021] 想想拓跋濬當時，年僅 12 歲，能有多少大智大勇？還不是靠左右大臣，即「致勝聯盟」？可是，秦始皇遺詔被竄改之時，為什麼沒有「致勝聯盟」站出來阻止趙高、李斯，讓胡亥這個年輕人懸崖勒馬？胡亥娛樂至死，繼續橫徵暴斂修阿房宮，而將各地越來越激烈的內戰，誤以為是鼠竊狗偷。直到戰火燒到距咸陽僅 60 公里的地方，胡亥才如夢初醒，慌忙赦免驪山修墓的數十

---

[020] 趙鼎新：《東周戰爭與儒法國家的誕生》，夏江旗譯，北京：北京聯合出版公司，2020 年，P170、171。

[021] ［美］梅斯奎塔、史密斯：《獨裁者手冊》（*The Dictator's Handbook: Why Bad Behavior is Almost Always Good Politics*），駱偉陽譯，南京：江蘇文藝出版社，2014 年，P27、31。

作者自序：讀史如觀荷

萬刑徒，發給武器，鼓動他們拚死抵抗。在這之前，那麼多文官武將做了什麼？別忘了，陳勝、吳廣們大都只是未經武裝訓練的農民，而官軍十幾年前曾橫掃中原六國，軍心、民心這麼快就丟往哪裡去了？

古往今來，人們都希望長壽，也希望國運永祚。迄今怨始皇，只因為他浪費了太多性命！

從折線轉射線

如果將秦王朝的歷史用線條畫出來，最像折線形，向上的線段11年，向下的線段4年，頂端只有西元前210年一個點，飆升後如同跳樓般墜落，如鋼條般戛然而斷。

隋朝與之類似，但有所不同。581年楊堅受北周靜帝「禪讓」，589年結束南北朝亂局，隨即華麗轉身，被譽為「開皇之治」。604年楊堅去世，兒子楊廣繼位，說是弒父篡權，但沒有影響大局穩定，完成大運河開發，完善科舉制度，拓展疆土，暢通「絲綢之路」，直到609年，還一派昇平景象。但隨後發生突變，特別是三征高麗而陷入泥沼，老天爺又雪上加霜，山東、河南嚴重水災，各地紛紛造反，光文獻確認的反叛組織，就有200多個，官軍根本應付不過來，618年被唐取代。這說明僅有一個華麗轉身的開國帝王還不夠。

漢武帝劉徹曾為自己辯護：「漢家庶事草創，加四夷侵凌中國，朕不變更制度，後世無法。」[022] 其實，哪一個國家或王朝不是「草創」？何況如范仲淹所說：「歷代之政，久皆有弊，弊而不救，禍亂必生。」[023] 即使

---

[022] 《資治通鑑》卷22，〈漢紀〉14，北京：中華書局，2019年，2冊，P844。
[023] 范仲淹：〈答手詔條陳十事〉。

盛世，也無不隱藏著或多或少的問題。因此，即使開局轉身夠華麗，也不可一勞永逸，還需要一個又一個改革中興，才可能形成足以抵禦各種意外打擊的「強韌性」。

漢、唐、宋、明、清與秦、隋等大不相同。唐朝前期有「貞觀之治」、「永徽之治」、「武周之治」、「開元盛世」，好比一節節火箭助推衛星升入太空，一口氣發展興盛了130多年。「安史之亂」後，相繼有「元和中興」、「會昌中興」、「大中中興」又延續了150多年。明朝與此類似，前期有「洪武之治」、「永樂之治」、「仁宣之治」三大盛世，後期因為「弘治中興」、「隆慶之治」、「萬曆中興」又延續了150多年。如果描繪它們的歷史軌跡，一個盛世是一個波峰，整個王朝有數個波峰。將這些波峰的高點用曲線連起來，大致呈一條上升的橢圓弧線。這橢圓弧線好比雞蛋，享年短的王朝好比直立著放，長的好比橫著放，而不是只有一個高點，衝高之後直接向下的折線。

有人說歷史上中國疆土像法國手風琴一樣忽大忽小，其實包括法國在內的其他國家也一樣。在世界歷史的叢林中，除了古埃及、西羅馬和東羅馬、鄂圖曼和漢、唐等帝國那樣的參天大樹，大多數政體都是灌木或小草。「三千年未有之變局」或者說「西發里亞和約（Peace of Westphalia）體系」之後，尤其是第二次世界大戰勝利以來，大不相同了。人類透過深刻反省，建立了一系列國際秩序與文明準則。從此，強國也不能隨意去滅一個窮弱小國。

正是基於此，筆者強調「讀史明勢」，並設想今後一個國家的歷史軌跡可望由橢圓形變成「射線」。射線的特點：一是只有一個端點和一個方向，二是不可度量。在世界和平的時代，只要及時華麗轉身，保持執政定力，不斷改革進取，超越儒法，超越左右，超越中興，就完全可望讓國家的歷史在同一個方向不可度量地、持續地平穩發展。

作者自序：讀史如觀荷

中國是文明古國，典籍汗牛充棟。典籍分類：經、史、子、集，稱「四部」。那麼，讀經，還是讀史？我想，讀「經」不是讓人覺得「天地亦是架漏過時，而人心亦是牽補度日」，便是「斯道已大明，無煩著作」，沒完沒了地厚古薄今，與「三千年未有之變局」的歷史及現實漸行漸遠，甚至讓人對未來絕望。還是讀史吧！

讀史，就越可以覺悟改革之不可緩了。[024]

魯迅先生一語破的，歷久彌新！

且以此為本人歷史隨筆系列之自序。

（本文釋出於 2018 年 2 月 5 日《學習時報》文史版，原題〈強而無韌的秦王朝：秦朝二世而亡的教訓〉，略有修改充實。）

---

[024] 魯迅：《華蓋集・這個與那個》。

本卷開篇話：
每朝之末都有另一種可能

本卷開篇話：每朝之末都有另一種可能

「王道衰而有能復興者」

在歷史四季，我陷入這樣一個問題：正如每一個老人死前都病癒過多次，每一個家天下覆滅之前，也都成功地救亡過。試想：西周之初不是就有王族管叔鮮等勾結前朝殘餘及外國勢力叛亂嗎？可是攝政的周公成功平叛，並開創盛世；西漢之初不是有「七王之亂」嗎？劉恆也成功地平息，開創盛世；北宋之初遼軍不是也逼近都城開封嗎？可是趙恆擋住了，轉戰為和，也開創盛世……略探查一下，還真不少。如果不積極作為，勇於化險為夷，那時就非常可能是他們的末世，而根本沒有上百年後幽王、劉欣及趙佶之輩的機會！我在「每一個王朝覆滅之前也都成功地救亡過」這個問題上來回踱步，徘徊不已。成功地救亡並開創新的盛世，顯然比失敗而覆亡更值得探究。

每一個朝代之末都不是沒有另一種可能，今後國家永恆也是一種可能。

一個王朝不僅成功地挽救覆滅的危機，死裡逃生，化險為夷，而且開創新的盛世，換言之就是「復興」。

所謂「中興」，「興」即興盛，關鍵在於「中」字。《辭源》釋「中興」：「由衰落重新興盛」，指國家由衰退而復興，中途振興，轉衰為盛。唐人對「中興」評價很高：「孝莫大於繼德，功莫盛於中興。」[025] 但他們認為「凡非我失之，自我復之，謂之中興」，而李旦則「自我失之，因人復之」，「蓋同於反正，恐不得號為中興之君」[026]。唐人的中興觀顯然局限性較大。宋人認為：「中興者，在一世之間，因王道衰而有能復興者，斯謂之中興。」[027] 也有所限：一是「一世之間」，隔朝代就不算了；二是「王道衰」，

---

[025] 《舊唐書》卷 10，〈本紀〉10，P163。
[026] 同上，卷 25，〈禮儀志〉，P646。
[027] 王觀國：《學林》，北京：中華書局，1988 年，P51。

如果前一任或幾任帝王政績不「衰」，那一般也不稱中興，而該稱「之治」或「盛世」。

《辭海》則簡潔地注釋為「復興」兩個字。近 100 多年來，常有「中華民族的偉大復興」說法，在某種意義上來說，就是盼「中興」。不同的是，這裡指整個民族，跨朝代而言，視野更為廣遠。但歷史上，亦即本書所謂中興，一般限於當朝。

「孝宗中興」一身二任，既有人用以指南宋孝宗趙昚時期，也用以指明朝孝宗朱祐樘時期。趙昚時期又稱「乾淳之治」，朱祐樘時期又稱「弘治中興」，再說「乾淳之治」緊接的是「建炎中興」，與衰而復興的定義不符，為避免混淆，就不採用「孝宗中興」之說了。

中興在唐朝似乎特別時髦。學者稱：「『中興』無疑是整個中唐政治中最為引人注目的核心議題，也是我們理解中唐政治的基礎。」[028] 但顯然有過濫之嫌。肅宗李亨奪位後以「功莫盛於中興」為口號，有的將領也被譽為「中興之猛將」，還有文人作文〈大唐中興頌〉，因此有「至德中興」之說（「至德」為年號），或「肅宗中興」，可是李亨連「安史之亂」也沒能完全平息，顯然是「未完成的中興」。此外，唐末昭宗李曄也被頌為「聖祚中興」，甚至亡國之君哀帝李柷也曾被頌為「國祚中興」。顯然，這些中興沒有考察的意義。

東晉末，琅邪王司馬睿避居南方。晉愍帝司馬鄴被漢趙俘獲後，司馬睿稱晉王。318 年司馬鄴死，司馬睿即位，即晉元帝，史稱東晉，也有人頌晉之中興，並仿「中漢」稱「中晉」。然而，實權始終在王導、王敦手中，司馬睿不僅沒什麼作為，還被軟禁至 323 年憂憤而逝，可謂窩囊。司馬睿的歷史評價不高，司馬光給的結論是「恭儉有餘而明斷不足，故大業

---

[028]　胡平：《未完成的中興：中唐前期的長安政局》，北京：商務印書館，2018 年，P376。

未復而禍亂內興」。[029] 大儒朱熹之父朱松曾多次向宋高宗趙構上疏陳中興之策，並強調：「晉之元帝、唐之肅宗志趣卑近，功烈不終，可以為戒。」趙構贊同。[030] 史籍當中，難見有人稱司馬睿什麼中興。本書所論中興歸於「盛世」範疇，也不視司馬睿稱帝為「中興」。

這樣，我整理中國歷史上總共15個，其中帝制時代11個。

中興的反義詞是「中衰」。歷史上諸多中興之譽，也有「嘉道中衰」之怨。

為了更能突出歷史四季的特色，開國之初的「光武中興」、「建炎中興」列於春之卷，其餘列本卷。

帝制時代之前的中興

一、少康中興

「堯舜盛世」之後，「公天下」變「家天下」，夏王姒啟又將位傳給自己的兒子太康。沒想到，太康太不爭氣，不是自己爭取來的江山，一點也不珍惜。他為父王發揚光大的是遊獵，「不恤民事」，民怨鼎沸。有一次，一走就是3個多月，忘乎所以到黃河以南。有窮氏部落（今山東德州一帶）趁機反叛，奪取夏的都城。夏都說法較多，姑且認為是陽城（今河南登封）。當太康高高興興帶著獵物回到洛水邊時，有窮氏重兵阻攔，不讓他回都城。太康無奈，只好在陽夏（今河南太康）築城駐下。這時，距太康繼位僅2年。太康5個弟弟陪著母親在洛水南岸等待他回來，苦苦盼了20餘年，直到太康死，也沒能再見面。

---

[029]　《資治通鑑》卷92，〈晉紀〉14，6冊，P3694。
[030]　《宋史全文》卷20上。

「后羿」這個名字不陌生。不過，至少有兩個后羿，我們熟知的是前一個，即神話傳說中美女嫦娥的丈夫，射日英雄。再一個后羿是夏朝時期東夷族有窮氏的領袖，也是個射術高超的英雄。前一個后羿連老婆都管不住，讓她私奔到月亮上去。這個后羿能幹多了！姒太康有國難回，就是這個后羿率領族人做的。想必「家天下」的觀念當時已經普及，所以后羿搶了太康的權，卻不敢自己稱王。20多年後，太康死，后羿仍然不敢坐姒姓的帝位，便扶持太康的弟弟姒仲康當傀儡。這種事，以後歷史上常會看到。姒仲康在位13年死，后羿又讓他的兒子姒相繼位。然而，后羿與太康本質相同，造反只不過是為了特權享樂，《左傳》說他「恃其射也，不修民事而淫於原獸」。為了有更多時間和精力遊獵，他將政事全委託給大臣寒浞。寒浞是寒國（今山東濰坊一帶）人，從小嬌生慣養，胡作非為。寒浞可不信「家天下」那一套，自立為王，改國號為寒。

寒浞攻占夏都時，他以為把夏王的子孫斬盡殺絕了。沒想到，夏王相一個懷孕的妃子從城牆的狗洞爬出，逃回娘家有仍（今山東濟寧），生下遺腹子男孩，取名少康。

少康有志氣，長大後當主管畜牧的小官。不料走漏消息，寒浞立刻派長子寒澆率軍追捕。少康逃往有虞（今河南虞城），因禍得福，被國君虞思招為女婿。虞思對這女婿越看越喜歡，把城邑賜給他，賞良田10頃，士兵500名。少康廣交天下勇士，決心復國。

少康的力量畢竟有限，難於匹敵。於是，他利用一個美麗的女僕，名叫「女艾」，要她喬裝打扮，打入寒浞宮中，不斷送回情報。有人解讀《楚辭》中一段描述：「少康襲擊寒澆，寒澆躲得很隱密，身披堅甲，以為萬無一失。少康根據女艾的情報找到他，在田間放犬追逐，殺了澆，割下他的頭。」[031] 據說女艾是中國歷史上第一位女間諜，也是世界上最早有記載的

---

[031] 《楚辭・天問》：「惟澆在戶何求於嫂，何少康逐犬而顛隕其首。女歧縫裳而館同爰止，何顛易

女間諜。關於世上最古老的職業，眾說紛紜，有說法是妓女，也有說是間諜。她對少康擊敗寒浞，顯然發揮了重要的作用。

這時，寒浞年近80歲，只能躲在深宮裡。他的部下見大勢已去，紛紛反叛。寒浞想自殺來不及，被光著屁股拉出來，一片一片割，凌遲至死。寒浞另一個兒子寒豷，則被剁成肉醬。於是，少康重建夏朝「家天下」。

少康在母親肚子死裡逃生，夏朝則在少康手上死裡逃生。姚大中認為：「實質而言，夏朝的『朝代』意義，需至少康才堪稱建立，其統治也才堪稱穩固。」[032]

少康在位21年。那麼，他的中興是怎樣的景象？很遺憾，史籍沒什麼記載，幾乎一片空白。為什麼只在乎少康復國，而不在乎他治國？是忽略，還是不堪目睹？

「少康中興」後歷史沉寂了200多年。然而，柏楊說：「似少康的故事，在中國流傳不衰。尤其當一個政府受到嚴重打擊，失去大量疆土，岌岌可危時，一定會強調這個故事，用以鼓勵士氣和增加信心。」[033] 這次中興的意義僅如此。

從此形成一個傳統：江山是誰家的就是誰家的，弄丟了，撿回來還得還給誰家。後來的歷史，無數次強調這一點。整個帝制時代及以前幾千年的歷史，生產數據及百姓常常被「公有」，國家權力卻始終被私有。

■ 二、盤庚中興

在夏朝日益衰弱的同時，商部落迅速發展壯大。前1766年，商部落領袖湯興兵伐夏，戰前隆重誓師，控訴夏桀盤剝、壓迫人民的罪行，宣告

厥首而親以逢殆。澆謀易旅何以厚之，覆舟斟尋何道取之」。

[032]　姚大中：《姚著中國史》卷1，P95。
[033]　柏楊：《中國人史綱》上冊，P71。

自己是秉承天意征伐，拯救人民於水火之中。商人士氣大振，一舉推翻夏王朝。然後在西亳（今河南偃師）召開「景亳之命」大會，獲得3,000諸侯擁戴，湯成為天下新主。

據說湯長命百歲，長子太丁比他早死，只好選太丁的兒子太甲繼位。太甲也不爭氣，把朝政弄得亂七八糟。顧命大臣伊尹看不過去，將他幽禁3年，閉門思過。等他認知到錯誤，才恢復他的王位。為此留下一成語——伊霍之事，伊指的就是伊尹，霍指西漢的霍光。他們輔政、攝政，雖然沒篡位，但是權傾朝野，讓很多大臣不安。不過效果不錯，太甲脫胎換骨，推行德政，「諸侯咸歸殷，百姓以寧」，有點盛世的樣子。可是，太甲死後，其子沃丁繼位，伊尹去世，國力中衰。沃丁去世，其弟太庚繼位，國勢沒起色。太庚之子太戊，任用一批能臣，國家恢復元氣，他在位75年，其子仲丁繼位。這時，東南方的夷族興起，並向商朝發起挑戰。仲丁雖然將外敵擊退，自身也被重創。仲丁死後，他的兄弟們爭奪王位，誰勢力大，誰就即位，一亂百餘年。

據說，現代生意人稱「商人」，就是由遠古的商民族演化而來的。他們最早的祖先外出洗澡時，看到一枚玄鳥蛋，吞食後懷孕生子。「玄鳥」即古人所稱的燕子。燕子春來冬去，居無定所，或在樹洞、樹縫營巢，或沙岸鑽穴，或啣泥黏在樓道、屋頂、屋簷為巢，年復一年。他們以鳥為圖騰，殊不知這成為他們命運的徵兆。

商朝國都最早在亳邑（今山東曹縣）。後來，由於九王亂，不得不一次次遷都。仲丁時遷於隞（今河南鄭州），河亶甲遷於相（今河南內黃），祖乙遷於庇（今山東魚臺），此外還有專家學者說曾遷都於囂（今河南鄭州西北）、邢（今河北邢臺）、奄（今山東曲阜）等地。商朝400餘年，有記載的遷都多達14次。《古中國簡史》說：

本卷開篇話：每朝之末都有另一種可能

我們若在地圖上把仲丁到盤庚間的幾次遷都路線描繪出來，就很容易看出，商人這幾次遷徙，是從西逐漸向東轉移的。這與成湯由東向西的遷徙卻正好方向相反，這實際上是商人勢力從西方向東方後退。[034]

商王朝的統治者當時很可能不這樣認為，但他們無疑了解到這樣遷都的危害。因此，盤庚上臺後，決心扭轉這種歷史。

盤庚認為，賢人所說「人唯求舊，器非求舊，唯新」有理。用人當然要用「舊人」，日久才見人心，才知其德才。而器物制度，新的一般意味著更加先進，與用人不同。商王朝經過九王百來年的折磨，處於如同「顛木」即將倒地、腐爛的危險境地。他提出的對策仍然是遷都，只是方向要從奄遷到「殷」，即今河南安陽西面的小屯村。

面對強大的反對勢力，盤庚強調「非敢違卜」，即不敢違背「天命」。盤庚大講「天命」和先王遺命，並將反對遷都的貴族找來，苦口婆心勸說，軟硬兼施，遷都大業總算完成，國家也逐漸安定。盤庚遷都之後，「行湯之政，然後百姓由寧，殷道復興。諸侯來朝，以其遵成湯之德也」。[035] 學者認為，商朝與北非的埃及、兩河流域的亞述等國，是當時世界同時期的幾個文明大國，且「亞述由城邦共和國制到君主專制帝國的轉變，時間也大致相當於中國商代盤庚遷都前後」。[036]

從此，商都穩定在殷城，以後200多年沒再遷都。因此，商朝又稱「殷商」，或「殷朝」。近代在安陽小屯村一帶發掘出大量文物，證明那曾是商都遺址，稱「殷墟」。

盤庚死後，他的弟弟小辛繼位。小辛放棄盤庚的治國之策，商朝國運又衰落。他在位時間有的說是3年，有的說是21年，還有的說是50年，詳情幾如空白。

---

[034]　許海山：《古中國簡史》，P170。
[035]　《史記》卷3，〈殷本紀〉，1冊，P74。
[036]　《中國政治制度史》，P110。

三、武丁中興

小辛死時由其弟小乙繼位。小乙在位 10 年，死時由其子武丁繼位。小乙在位期間政績如何？無考。

小乙顯然沒什麼政績，不過他培養了一個好太子武丁。他讓武丁小時候「久勞於外」，生活於平民之中，知稼穡之艱難，不至於說出沒飯吃就喝肉粥的胡話。

武丁與一般「新官上任三把火」不同，繼位後「三年不鳴」。有人說他為父喪守孝，其實在深謀遠慮，求賢若渴。有天夢見聖人，身穿紅衣。醒來，他命畫家畫出這夢中之人，然後命官員到各地找尋。結果找到一個叫傅說的人，正在工地打工。農工會是治國能臣嗎？武丁自己也懷疑，便微服私訪，到工地跟傅說一邊搬磚塊，一邊暢談治國理政，發現他果然有真知灼見。那麼，該怎樣讓朝中大臣也相信呢？武丁說是根據先帝託夢找到的人才，沒人敢反對，便破格提拔他為宰相。

除了傅說，還有如甘盤，也稱「師般」，受小乙遺命輔政，武丁禮聘為相，是唯一一個既見於卜辭又見於文獻記載的大臣。再如祖己，又名「孝己」，武丁長子，祖庚之兄。一次祭祀成湯時，忽然有一隻孔雀飛到鼎的耳上鳴叫，武丁覺得是不祥之兆，祖己則趁此機會進諫父王勿憂，先修政事，這就是「孔雀鳴鼎」典故的來源。他有孝名，每晚要起床 5 次，看父母是否睡得好。但他生母早逝，繼母不喜歡他，吹了不少「枕邊風」。武丁索性讓他流放，藉以考察民情。不想他經受不住艱苦考驗，憂憤而終，武丁痛心不已。

更令人驚嘆的是還有女才。武丁 60 位妻子中，其中一位叫「婦好」。甲骨文中有關婦好的記載達 200 多條。1976 年，在安陽小屯西發掘出婦好的墓，也是唯一儲存完整的商代王室成員墓葬。墓主人的身分清楚，沒有

失盜。共出土隨葬物品 1,928 件，其中青銅器 440 多件，玉器 590 多件，骨器 560 多件，還有石器、象牙製品、陶器及貝殼。在大量青銅器中，多件鑄有「婦好」的銘文，其中有一件「鉞」。古代的斧鉞主要用於治軍，是軍事統帥權，即王權的象徵。據記載，婦好曾多次率軍征伐土方、羌方、巴方等。征羌方那場規模最大的戰爭，就是她統兵，是迄今所見商代用兵最多的一次。在對巴方的作戰中，婦好領兵布陣設伏，斷敵退路，等待武丁擊潰敵軍，逐入埋伏範圍，予以全殲。這是中國戰爭史上記載最早的伏擊戰，婦好也被稱為中國最早的女政治家和軍事家，中國歷史上第一位有據可查的女英雄。此外，從出土的器物來看，婦好是一位有較高職權的王后，也是執掌神權的「巫」，經常主持祭天、祭先祖、祭神泉等各類祭典，又任占卜之官。《左傳》說：「國之大事，在祀與戎。」婦好同時職掌祀與戎，可見她的地位有多重要。

武丁共有 10 位賢臣。在眾多賢臣的輔佐下，政治、經濟、文化和軍事諸方面推出一系列新政，國家很快復興。針對外部的威脅，武丁率軍出擊──

土方：在今山西、陝西至內蒙古以北地區，距商王畿較近。當時，土方經常侵掠商地。卜辭記載，有一段時間土方入侵，呈報多起，可見敵情之急。武丁多次親征，率兵少則 3,000，多則 5,000。結果，土方領袖被殺，其地歸商。後來，武丁經常到那裡視察，卜辭稱「王省土方」。

鬼方：又稱「易國」、「赤狄」、「丁零」等名，比土方更北，是後來匈奴族的祖先。武丁討伐鬼方，激戰 3 年才獲勝，鬼方遠逃而走。據說，鬼方遷到南西伯利亞東起貝加爾湖、西至巴爾喀什湖一帶。

羌方：位於西部，地廣人眾，十分強大。卜辭記載，武丁對羌方的戰爭，一次就調動 1.3 萬人，被俘羌人有的強制生產工作，有的當作祭祀中敬獻給神靈的犧牲品。

武丁透過戰爭，拓展了商朝版圖和勢力範圍，西起今甘肅，東至海濱，北及大漠，南逾江漢流域，成為包含眾多部族的泱泱大國，實際上奠定了秦始皇之前華夏族的大體疆域。《詩經》頌揚武丁威武，奮力討伐南方的楚國，深入它險阻的內地，將其民俘虜，占領其領土。[037]這顯示：武丁時期商朝勢力已達到南方的荊楚之地。

武丁每次征服後，在那裡築城邑，實行最直接、也最有效的統治。為此，武丁把自己的妻、子、功臣以及臣服的異族領袖分封在外地，稱侯或伯，開分封制先河。這是商朝的極盛時期，也有人稱「武丁盛世」。

武丁在位 59 年去世，由其子祖庚繼位。祖庚在位 11 年，政績不詳。其弟祖甲在位 33 年，《尚書・無逸》說其初期尚能「知小人之依，能保惠於庶民，不敢侮鰥寡」，末年則「重作湯刑」，且淫亂，國勢又衰退。

四、宣王中興

西周共傳 13 代，其中第十代姬胡，諡號「厲王」，意指暴虐，是中國歷史上為數不多被冠以此號的帝王之一——並不是中國歷史上暴君少，而是因為諡號是後人加封，為尊者諱。不過，也有學者認為厲王被汙名化。

一般來說，厲王一方面「國進民退」，把大大小小的行業收歸官府經營，與民爭利，貴族和平民都很不滿。學者認為，歷史上有十多個國家都有過社會主義改革實驗，可追溯到西元前 2100 年的蘇美時期，並說「中國也曾經嘗試幾次國家社會主義」，如漢劉徹及王莽時期。[038] 如果此說可成立的話，那麼最早應該是周厲王時期吧？周厲王還大興「紅色恐怖」（周朝崇拜紅色），派祕密警察抓所謂「誹謗」，殘酷鎮壓，導致人們見面不敢說

---

[037] 《詩經・殷武》：「撻彼殷武，奮伐荊楚，采入其阻，裒荊之旅。有截有所，湯孫之緒。」

[038] ［美］威爾・杜蘭（William Durant）、艾芮兒・杜蘭（Ariel Durant）：《歷史的教訓》（*The Lessons of History*，又譯《讀歷史，我可以學會什麼？》），倪玉平、張閱譯，北京：中國方正出版社，2015 年，P103。

本卷開篇話：每朝之末都有另一種可能

話，只能用眼神示意……

僅僅3年後，即西元前841年，中國歷史從此開始有不間斷的文字紀錄，從半信史時代步入信史時代。那麼，這第一頁中國歷史新紀錄，記下了什麼？記下的是一件驚天動地的大事：「國人」不滿到極點，群情激奮，團結起來將厲王趕跑。當時，國都城內的人稱「國人」，城外的稱「野人」或「鄙人」。「國人」中有貴族，也有平民，包括百工、商賈及下層奴隸。這個事件史稱「國人暴動」或「國人起義」。因為厲王被從國都鎬京（今陝西西安長安區）驅逐到一個養豬的地方去（今山西霍縣），所以又被稱為「彘之亂」。當時的「國人」很文明，只是將暴君趕走了事，沒有追殺。大臣們推舉召虎、周定公兩人共同行政，號為「共和」，史稱「共和政治」。

14年後，厲王在彘死了，召虎公開一個驚人的祕密：當年「國人」圍攻王宮時，他把幼小的太子靜藏在家裡，讓人們殺的是他自己的兒子。現在，他和周定公主動還政，擁立長大成人的太子靜，即周宣王，共和結束。這14年雖然有不間斷的文字歷史，但沒記下什麼大好事，也沒記什麼大壞事，很平靜。這個傳奇故事，跟少康遺腹子逃亡有幾分相似。

宣王的王位來之不易，但他並不珍惜，沉湎後宮，疏於朝政。幸好他有個好妻子姜氏。風水輪流轉，兩漢時期美女多出竇家，兩周時期美女多出姜家，《詩經》中有幾位姜姓美女。所以，我們有理由想像周宣王的這位姜氏也是美麗的，他沉湎後宮是可以理解的。出乎意外是，這姜氏深明大義，主動摘掉耳環、簪子請罪，說她讓宣王起了淫逸之心，必然導致鋪張浪費，進而天下大亂。宣王聽後大為感動，從此勤於朝政，為中華文化留下一個「姜后脫簪」的典故。

宣王重用召虎、周定公、尹吉甫等賢臣，效法成王、康王的歷史經驗，針對其父的弊政實行改革。

首先是廣開言路，虛心聽取各方意見，警告官員不要荒怠政事，不要

壅塞庶民，不要中飽私囊，不要欺負鰥公寡婦，不能酗酒鬧事。1843 年，陝西岐山出土一口鼎，是西周晚期的重器，文字作者為「毛公」，因而名為「毛公鼎」。鼎內壁鑄有銘文 32 行，近 500 字，是現存青銅器銘文中最長的一篇。其內容敘事完整，專家學者稱抵得一篇《尚書》，是研究西周晚年政治史的重要史料。銘文大意是：「百官對外釋出政令，制定各種徭役賦稅，不管錯對，都稱頌朕英明，這樣恭維可能導致亡國啊！從今以後，沒有事先請示你，誰也不能對外胡亂釋出政令！」[039] 由此可見宣王明智得很，不專斷。銘文書法還堪稱西周晚期金文的典範。毛公鼎 1949 年遷臺後，成為國立故宮博物院的鎮館之寶，屬永不更換的展品。

其次，「不籍千畝」。以前每年春耕時，天子舉行「籍田禮」。因為集體耕種，公田之法難以繼續，籍田禮名存實亡，於是宣王廢除此禮，放寬對山林川澤的控制，激發人們生產的積極度。

就這樣，國內形勢很快開始轉好，諸侯重又來朝，周室威信有所恢復，軍力壯大。周初西北部的戎狄漸漸發展壯大，從此「戎狄交侵，暴虐中國。中國被其苦⋯⋯」[040] 周王曾經被迫遷都到犬丘（今陝西西安灃西新城），也曾興師北伐但失敗。宣王安內後，即努力解除外部威脅。

伐西夷：前 824 年開始大規模反擊戎人，尹吉甫率師進攻至今甘肅鎮原一帶，迫使西戎向西北退去。同時對昆夷（西北古族）和獫狁（秦漢前稱匈奴）發動征戰，令他們不再敢進犯。

征淮夷：前 826 年命召虎等率軍出征，沿淮水東行，迫使那一帶方國中最強大的徐國（今江蘇泗洪一帶）臣服。各方國迎接王命，進獻貢物。

討南國：征討申戎（今陝西、山西間）、條戎（今山西運城中條山北）等，但只有征申戎獲勝，其餘失敗。

---

[039] 〈毛公鼎銘文〉：「余之庶出，入事於外，專命專政，蓺小大楚賦，無唯正聞，引其唯王智，廼唯是喪我國，歷自今，出入專命於外，厥非先告歇，父歇捨命，母又敢專命於外。」
[040] 《漢書》卷 94 上，〈匈奴傳〉上，6 冊，P2772。

本卷開篇話：每朝之末都有另一種可能

殊不知「姜后脫簪」的作用有限，也許是紅顏易老之故，姜后魅力不再，甚至紅顏薄命……總之，周宣王的「妻管炎」很快痊癒。他又變得深居宮中，貪圖享樂。同時，他變得過於好戰，後繼乏力。前789年伐姜戎，軍力幾乎喪失殆盡，他本人也差點被俘。他不注重生產，卻要「料民」——即調查人丁戶口以加強稅賦。兵役和徭役過於沉重，農奴紛紛逃跑，不少田地成草場。他逼迫魯國廢長立幼，不服就出兵討伐，不僅使魯國陷於混亂，還讓「諸侯從是而不睦」[041]。諸侯不肯再出力保衛王室，有的甚至蓄謀叛亂。他本人晚年就重現危機，貴族感到不妙，用腳投票。司馬遷在評論楚國興亡時感嘆說：

國之將興，必有禎祥，君子用而小人退。國之將亡，賢人隱，亂臣貴。[042]

太史公此論當否，此後兩千多年的歷史多有證。所以，「宣王中興」頗有爭議。

專家學者評論：「追溯歷史，我們會發現即使對於因社會形態迥異而產生的不同王朝，人們都能將這個王朝理想化來為己所用。持續到戰國時代的周王朝，對於戰國時代的諸侯國而言，無疑是各國想直接繼承其權威的對象，同時也是各國希望扳倒其權威的對象。」「我們也能從若干制度的利用狀況看出周宣王時期被認為是理想的時代……這時僅僅恢復了厲王的年號而已」。[043]

---

[041]　《國語》，〈周語上〉。
[042]　同注35，卷50，〈楚元王世家〉，P1595。
[043]　《中國的歷史‧殷周春秋戰國》，P78。

上篇
中興的來龍去脈

上篇　中興的來龍去脈

第一章
昭宣中興

【提要】

　　漢昭帝劉弗陵、宣帝劉詢時期（前86～前49年），在大臣霍光輔佐下，平定西域，緩和社會矛盾，儒法兼備，民生經濟發展。

　　霍光雖然功勳卓著，也恪守本分，但身後被家族陷害了。周公是可疑的，霍光是可信的。趙匡胤之流真真切切把人家孤兒寡母的天下奪取了，有幾人罵？史上不公之事太多了！

來龍：漢武帝的「狂悖」

劉徹創造了「漢武盛世」，卻也為國家和皇室造成了深重的災難。曾有大臣描述當時：「赤地數千里，或人民相食。」[044] 所幸劉徹晚年意識到罪過，深刻檢討自己「即位以來，所為狂悖，使天下愁苦」，脫胎換骨，劉氏江山僥倖未失，詳見第一章。

雖然漢室死裡逃生，但漢室之人死不能復生。剩下4個皇子：一是劉旦，博學經書雜說，好星曆數術、倡優射獵。劉據死後，他很有希望成為太子，可是操之過急，上書請求入京師，激怒劉徹，反被壓制。二是廣陵王劉胥，為人驕奢，好倡樂佚遊。三是昌邑王劉髆，李夫人之子，李廣利外甥。李廣利和劉徹姪兒劉屈氂策劃謀劉髆為太子，事發後李廣利還投奔匈奴，劉屈氂被腰斬。前88年，即劉徹去世前一年，劉髆去世。四是最小的兒子劉弗陵，據說很像劉徹少年之時。

問題是劉弗陵年僅8歲。為此，劉徹雙管齊下，一方面為防止自己死後主少母壯，呂后之事重演，將劉弗陵生母趙鉤弋賜死，使趙氏沒有親人可以成為外戚；另一方面命畫工畫一幅周公背負周成王的圖，賜予霍光，其意昭然若揭。霍光是劉徹的奉車都尉，「出則奉車，入侍左右」，用現代話來說，就是駕駛人員兼祕書，深受劉徹信賴。同時，還委託其他官員共同輔佐，如車騎將軍金日磾、左將軍上官桀、御史大夫桑弘羊等。史稱「政事一決於光」。[045]

也許真有所謂「天人感應」，劉徹殺戮太盛，報應到他子孫身上。前74年，劉弗陵21歲，年紀輕輕就病死，而劉弗陵沒有兒子，漢室又面臨選繼承人的難題。本來也不太難，選昌邑王劉髆的兒子劉賀，即劉徹親孫

---

[044] 《漢書》卷75，〈眭兩夏侯京翼李傳〉，6冊，P2361。
[045] 同上，卷68，〈霍光金日磾傳〉，6冊，P2210。

子。然而劉賀太不爭氣，進京繼位途中，也忍不住派人搶掠民間美女和財產。史載，他當皇帝 27 天，做了 1,127 件荒唐事，平均每天 40 件。霍光忍無可忍，與大臣們商議，奏請太后同意，將劉賀（漢廢帝）廢了，改立劉徹唯一的曾孫劉詢（劉病已），即漢宣帝。

劉詢雖然年僅 17，但可謂歷經滄桑。這得提及慘不忍睹的「巫蠱之禍」：太子劉據與丞相雙方兵馬在長安街巷激戰 5 日，劉據兵敗，帶著兩個兒子出逃，藏在湖縣一位好心的窮人家裡，又被官吏發現，無處可逃，只得自縊。兩位皇孫也被殺，幸好尚在襁褓中的劉詢逃過一劫，但也被下獄。又幸逢負責此案的邴吉心善，知道太子被誣陷，憐憫這個無辜的嬰兒，要忠厚的女囚在寬敞乾淨的房間哺育他。後來，劉徹生病，望氣者說長安監獄有天子氣，他還命令將獄中人連夜處死。邴吉緊閉大門，拒絕執行。天亮了，劉徹也清醒些，嘆道：「天意啊！」於是大赦天下，劉詢才得救。要不是僥倖碰到一連串好人，劉詢哪逃得出一連串死局？當然，從他繼承皇位來說，那得益於劉賀出奇之糟。

劉賀出奇之糟而能得以及時制止，在那沒有民主機制的專制時代，更是奇蹟。錢穆認為明清以前的中國並不能說是皇帝專制，有一定道理。且說劉詢，歷史證明他是位好皇帝。西漢制定廟號、諡號在歷史上最嚴，11 個皇帝僅 4 個有正式廟號，劉詢是其一（另 3 位是劉邦、劉恆、劉徹），可見其功德之高，也可見霍光在選皇位繼承人方面之慧眼與公心。

最大亮點：化敵為親

劉徹在位 50 多年，與匈奴作戰 40 幾年。匈奴遭到沉重打擊，但他們南侵之心未改。步入「昭宣中興」，發生根本性變化，他們內部王位爭執，

外部則四面樹敵，倍受打擊，實力開始衰退。雖然還有些騷擾，但已是強弩之末，逐步變為朝貢。如果畫張圖示意這期間匈奴與漢的關係，那是一條拋物線。不過我又想，拋物線雖然直觀，但無法畫出，因為相關事件無法轉換成具體數據，還得用文字來描述。

上升線段：即矛盾衝突增加階段。劉弗陵繼位這年冬，也許是想報復劉徹，也許是想給新上任的小皇帝一個下馬威，匈奴進犯朔方，殺掠邊民。前85年，匈奴內訌，開始衰落。北疆沉寂了幾年，也許內訌平息的差不多，前80年，突然發兩萬騎入侵。漢軍追擊，斬獲9,000人。匈奴害怕，遠走西北。第二年，匈奴遣9,000騎兵駐受降城（即居延城，今內蒙古額濟納），聽命於漢。從此，侵盜之事日少。前78年春，匈奴賢王部4,000騎，又分3路進犯張掖。張掖太守率軍反擊，大破之，僅幾百人逃回。從此，匈奴不再敢犯張掖。前72年，即劉詢繼位第三年秋，匈奴似乎想試試漢室新帝的實力，一邊頻頻侵漢，另一邊侵烏孫。烏孫王及其有美麗名字的解憂公主連連致書劉詢，表示願出精兵5萬，東西夾擊匈奴。劉詢自然樂意，由5位將軍率15萬騎出征。

轉折線段：前71年，聽聞大軍從長安出征，匈奴嚇壞了，馬上安排老弱趕著畜產遠遠迴避。漢軍到，俘斬敵級3,000餘。同時，烏孫王率5萬騎從西路進軍，俘斬匈奴4萬餘，畜70餘萬頭。冬，匈奴王親率數萬騎報復烏孫，俘虜一些老弱。不料天降大雪，人馬凍死，生還不足1/10。這時，丁零、烏桓又和烏孫聯合，趁勢向匈奴進攻，殺敵數萬，獲馬數萬。又因飢餓，匈奴死3/10。這樣，匈奴實力大衰，依附的小國紛紛瓦解。隨後，劉詢又派3,000騎分4路進擊匈奴，生俘數千。匈奴終於被這一連串打擊制服，只想與漢和親，邊境漸趨寧靜。

下降線段：即衝突減少，轉為友好階段。前68年，劉詢認為匈奴不再構成威脅，撤去塞外諸城，讓百姓休養生息。匈奴王聽到這消息，非常

高興，馬上派人作媒，想與漢和親。匈奴其中一部落卻不高興，連忙率兵進犯漢邊境，想破壞匈奴王與漢和平。漢軍發兵屯要塞，那部落只得逃去。秋，匈奴一位酋長率數千人趕著畜產降漢。前 64 年，匈奴又招惹，出兵進犯漢在車師屯田的官兵，漢另派 7,000 屯兵相救，也被圍困。劉詢派張掖和酒泉騎兵救援。前 62 年，羌與匈奴勾結，想攻鄯善和敦煌，從而阻斷漢與西域的通道。漢派使者出訪羌，曉以大義，他們因而放棄陰謀。前 60 年，匈奴王率眾降漢，漢將鄭吉發動西域各國 5 萬人熱烈歡迎。鄭吉威震西域，趁勢在烏壘城（今新疆輪臺）設西域都護府，負責督察烏孫等 36 國。從此，漢的號令行於西域全境。不久，匈奴撤去在西域的官員，並派員朝漢，賀歲又和親，其樂融融。

前 58 年，匈奴內部又發生爭王位事件，相互廝殺。次年，漢朝多位大臣提議趁機滅匈奴。御史大夫蕭望之則認為這樣出兵，他們必然遠逃，無功而返，不如派使者前去安撫。在他們疲弱時予以關懷，讓他們感恩，以圖長遠友好。劉詢採納這個建議。前 56 年，匈奴一王子在內部紛爭中失敗，逃來降漢。不久，又有匈奴大將不滿內亂，率數萬人降漢。第二年，因為匈奴來降越來越多，漢便在西河（今內蒙古伊盟）、北地（今甘肅慶陽）設屬國，專門安置匈奴降者。前 54 年，匈奴王對漢稱臣。劉詢認為北疆平定，撤減邊卒 20%。隨後又有匈奴人因內戰失利降漢，匈奴王遣使入漢賀歲。前 52 年，匈奴王叩訪五原（今內蒙古包頭）邊塞，奉獻國珍。劉詢派使者前往迎接，所過之郡，軍民夾道歡迎。匈奴王抵長安，上國書稱臣。劉詢賜璽綬、冠帶、黃金等。匈奴王謙卑說：「單于非正朔所加，王者所客也，禮儀宜如諸侯王，稱臣昧死再拜，位次諸侯王下。」劉詢則要求對他「以客禮相待，位在諸侯之上」，禮樂融融。回程時，劉詢派 6,000 騎送他出朔方，並贈穀 3.4 萬斛。匈奴分裂派聞知，連忙遠逃。從此，烏孫以西至安息（今伊朗）各親近匈奴的小國，都轉而尊漢。前 50 年，匈奴兩派都遣使朝漢，漢予優待。

此外，這時期的經濟不能不說。

◎《鹽鐵論》

「昭宣中興」經濟方面留下了詳實史料，這就是著名的《鹽鐵論》。不過，這實際上是一本政論性散文集，內容不限於經濟，還涉及當時政治、軍事、外交、文化等多方面。

為從經濟上加強中央集權，劉徹以來推行鹽鐵官營、酒類專賣及統一鑄幣等一系列新政。這些政策收到良好效果，但也為農業、工商業和百姓生活帶來一些影響，特別是剝奪地方諸侯和富商大賈的既得利益，引起強烈不滿。當時百姓納稅最多 40 億錢，而皇室收入達 83 億錢，即透過國有企業、壟斷經營等方式，占總財政 2/3 的收入。換言之，比例不到 10% 的工商業，卻承擔了總財政 2/3 的負擔，可見國有企業對經濟壓榨到何等程度！結果，一大批高官非常富有，例如御史大夫杜周、大司馬霍光、丞相田蚡、丞相張禹等等。

於是，前 81 年，召集各地賢良文學 60 多人，與官員共同討論民生問題，後人稱之為「鹽鐵會議」。會上，雙方對財經政策、屯田戍邊與匈奴關係等一系列重大現實問題，展開激烈爭論。這是中國歷史上第一次規模較大的國家大政辯論會。30 年後，大臣桓寬根據這次會議的官方紀錄，加以「推導、衍生」整理，把雙方問題詳盡追述出來，寫成《鹽鐵論》。這本書在經濟思想史和文學史上，都具有重要價值。

劉徹時期一系列經濟改革的主推手桑弘羊，是此時期的官方代表人物；另一方是各郡國推薦來的社會賢達，即民間代表。民間代表從儒家教化著眼，呼籲罷黜鹽鐵專賣，還利於民；桑弘羊則從國家利益著眼，明確表示專賣不可廢，尖銳對立。《鹽鐵論》整理得也很精彩，每個問題都有「大夫曰」與「文學曰」，官方觀點與民間觀點針尖對麥芒。據兩漢文化專

家的總結歸納，文學賢良主張罷鹽鐵的理由：

一是鹽鐵官營、酒類專賣、均輸、平準、算緡、告緡、鑄五株錢等舉措，都是與民爭利，應當還利於民；

二是官府製作的鐵器規格統一，但質劣價高，售後服務又跟不上，貽誤農時；

三是均輸、平準政策在實施中，強徵賤買，因壟斷造成物價飛漲，奸商囤積，並沒有達到均衡勞逸、方便貢輸的目的；

四是鹽鐵官營支持征戰，而長期戰爭影響民眾生活，內地民眾苦於兵役與徭役，邊民苦於戍守防禦；

五是禮義為立國基礎，權勢財利是為政的殘賊，不推崇仁義無法教化民眾，不大力務農無法使國家富強。

桑弘羊等人堅持官營的理由：

一是鹽鐵官營是國家為征戰而採取的政策，如果廢除，將導致軍費不足，無法完成武帝征伐四夷的未竟大業；

二是鹽鐵私營為諸侯反叛提供了經濟基礎，促進其勢力擴張和邪惡，造成壟斷，「一家害百家」；

三是官府資金充足，器具完備，鐵器規格和價格統一，不論對國家或民眾，都有利；

四是古代有「名山大澤不以封」的傳統，鹽鐵官營政策符合傳統；

五是均輸、平準的目的是為了「平萬物而便百姓」，國富民足；

六是儒方士用「五行」配「五方」，顯示均衡有無、流通萬物為天地之道；

七是鹽鐵官營等經濟政策，對內開闢了山林川澤的財利，使各種貨物越來越豐富，國庫充盈，民眾不困乏，農業與工商共利，上下富足；對外

則可以削弱敵國的經濟實力。[046]

爭論結果，廢除全國酒類專賣和關內鐵官，算是折衷，有所改，有所堅持。更重要的是，透過爭論展現出官方取悅於民的誠意，民間則體諒官方政策的苦衷，為變法中興掃除了思想障礙，有比盤庚遷都、趙武靈王改胡服更周密的思想政治工作。特別是官方與民間觀點對立，文學賢良們沒有盲從官方，為現實政治作修飾，堅持為民代言，為政策提供詳實資訊；而官方也沒有箝制言論，面對尖銳批評，只是「默然」、「怫然」，事後仍然「列大夫」封爵，與前朝秦始皇「焚書坑儒」及稍後的「黨錮之禍」形成鮮明對照。或許可以說明：一個朝氣蓬勃的、前進中的社會，是不需要「文字獄」的，好比萬物萌生的春天，並不需要風刀霜劍。

◎減租稅

這時期，減輕農民負擔，解決農民實際困難，是常有的事。如前 85 年，遣使放貸給無種子、無口糧的貧民；同年又因災，免收所貸出的種、糧，且除當年田租。前 79 年，詔不收本年度馬口錢（牲畜稅）。第二年春，免中牟貧民的租賦，停止運糧進京 4 年。前 77 年，免民 4～5 年「口賦」（劉徹開始向 7～17 歲兒童徵收的人頭稅），以及所欠達 3 年的「更賦」（22～56 歲男子要服力役或兵役，不願親身踐役的，可以出錢代役）。前 74 年，詔減口賦錢 30%。前 73 年，免當年租稅。前 71 年，詔受災的農民免租賦。前 67 年，因邊境屯戍駐軍久勞百姓，詔流民歸還，權借公田，貸種、糧，並免徭役。次年，詔減天下鹽價。前 64 年，免收受災者當年租賦。前 55 年，詔減天下口賦。前 52 年，減民算賦（向成年人徵收的人頭稅）30%。第二年，免當年田租。次年，49 郡國同日地震，詔勿收租賦。

---

[046]　詳見陳桐生《鹽鐵論全本全注全譯》前言，北京：中華書局，2015 年，P2～3。

各級官吏將勸課農桑、發展生產作為首要政務。委派農業專家為「勸農使」，巡視全國，指導農業生產。這樣，農業連年豐收，穀價創漢代最低。

史稱當時：「北邊自宣帝以來，數世不見煙火之警，人民熾盛，牛馬布野」，「政教明，法令行，邊境安，四夷親，單于款塞，天下殷富，百姓康樂，其治過於太宗（劉恆）之時。」[047] 不過，現代學者認為：

> 由於漢武帝大力扶植宗法地主勢力，特別是允許商人買官，鼓勵地主兼營商業，造成商人、地主、官僚的結合，使土地兼併與農民的破產和貧困，加速度進行，從而激化了階級矛盾和社會矛盾。這就導致了西漢後期社會的黑暗，並為外戚王莽篡漢立「新」提供了條件。[048]

這段話的言外之意，一方面說「漢武盛世」對綜合國力的揮霍，像過度的春藥一樣，嚴重透支了西漢這個大漢的身體；另一方面也說明「昭宣中興」並未能使這種大傷王朝元氣的透支，得以根本性恢復。

此外，這時期的司法也值得一說。

「編蒲抄書」典故，說有個叫路溫舒的人，家裡很窮，沒錢讀書，只好幫人放羊。他發現蒲草的葉子很寬，靈機一動，摘幾片蒲葉編成一張蓆子，然後把借來的書抄寫在上面學習。就這樣努力不懈，他成為一個有學問的人，舉孝廉入官。這件事編寫成「幼兒成語故事」和「幼學〈千字文〉」，廣為流傳。其實，路溫舒還有一件更重要的事青史留名。前67年，在司法部門任職的路溫舒上書劉詢，反映當時刑罰太甚：「死人之血流離於市，被刑之徒比肩而立，大辟之計歲以萬數，此仁聖之所以傷也。」[049] 他還具體批評嚴刑逼供，問案人員利用犯罪嫌疑人的求生心理，

---

[047] 應劭：《風俗通義·正失》。
[048] 白鋼：《中國政治制度史》，P205。
[049] 同註44，卷51，〈賈鄒枚路傳〉，5冊，P1810。

故意把他們的口供引導到犯罪的陷阱。為此建議：改變重刑罰的政策，「尚德緩刑」，廢除誹謗罪。看完這份奏章，劉詢即增設司法官員 4 名，加強對地方司法機構的控制，以慎刑獄。柏楊評論：

> 路溫舒的奏章，使我們發現中國人權所受的蹂躪，自古就沒有有效的保護。這份奏章，是中國最早爭取人權的呼聲，雖然很溫和，很微弱。[050]

此外，還有太守鄭昌上疏，請刪定律令，以正其本，使愚民知所避，奸吏無所弄。從路溫舒和鄭昌上書的內容來看，當時司法還滿黑暗的。所幸一出生就坐牢的劉詢不像劉徹，採取了一系列改革措施。他上臺當年提拔執法公平的官員，數度解決疑案。此後更多，如前 69 年，要求定罪量刑一律從輕。前 66 年，以刑事訊問致死人數的多寡來考核獄卒優劣；第二年，為周勃等 136 人的子孫平反。前 64 年，開展全面檢查，並對治獄不平者不用。前 62 年，詔 80 歲以上，除誹謗、殺、傷人者不論罪。前 54 年，又派 24 名官員巡行天下，查冤獄及苛暴不改的官吏。這樣，初步改變劉徹時期人人自危的恐怖局面，緩和社會矛盾。

但對貪官汙吏嚴懲不貸。田延年是功臣，是酷吏，也是「大老虎」。想當年田延年任河南太守，非常殘暴，每到冬天集中處決死囚，往往血流數里，人稱「屠伯」。但霍光想廢昌邑王而另立劉詢之時，尚有猶豫，田延年鼓勵他下定決心。因此，劉詢上臺後很感激田延年，封他為侯，提拔為大司農，主管全國財政。沒想到他貪財，在修建劉弗陵墓壙時，利用僱牛車運砂的機會，貪汙了 3,000 萬錢。御史大夫田廣明替他說情：「《春秋》上有以功覆過的大義。當初廢昌邑王時，如果沒有田延年一番慷慨忱辭，哪有皇上今天？現在，由官府拿出 3,000 萬替田延年贖罪，不就得了嗎？」[051] 劉詢堅持要審判。田延年嘆道：「即使縣官肯寬恕我，可我有何

---

[050]　柏楊：《中國人史綱》上冊，P257。
[051]　同注 44，卷 90，〈酷吏傳〉，P2715，「《春秋》之義，以功覆過。當廢昌邑王時，非田子賓之言大事不成。今縣官出三千萬自乞之何哉？」

面目進牢獄？」他不肯主動受審，拿一把刀想自殺又下不了決心，在自家園子裡來回踱步。過幾天，聽外頭傳來鼓聲（類似現代警笛），他連忙自刎。田延年之死，倒展現了一絲貴族的餘暉。

去脈：亂漢者果然太子也

實際上劉詢不允許批評劉徹，且諸多繼承劉徹，史書常寫他「修武帝故事」、「循武帝故事」。大臣蓋寬饒曾以死進諫，直斥劉詢：「如今聖道漸廢，儒說不行，把宦官當周公，用法律替代《詩經》。」[052] 太子劉奭也對父皇提意見：「您持刑太深，應當多用儒生！」對此，劉詢斥責道：「漢家自有制度，本以霸王道雜之，奈何純任德教，用周政乎？」劉詢覺得「亂我家者，必太子也」[053]，很想改立太子。劉詢在是否更換太子的猶豫間去世，劉奭繼位，即漢元帝。

大權在握，劉奭放手「純任德教」。繼位當年，孔子第十三世孫孔霸上書請「奉孔子祭祀」，他即詔封孔霸為關內侯，賜食邑800戶及黃金200斤，號褒成君，負責祭祀孔子事務。同時，以儒家標準選官用人。太學博士弟子，由劉詢時的200人激增上千。這些博士弟子每年按甲、乙、丙三科考試，合格即授以相應的官職。因此，當時社會流傳一句話：「遺子黃金滿籯（竹籠），不如一經。」讀儒經當官，成為當時入仕的主要途徑。

這時期，雖然有「昭宣中興」的老本可吃，人口數達頂峰，本著「明犯強漢者，雖遠必誅」的原則[054]，使漢匈百年大戰終告一段落，但劉奭「純

---

[052] 同上，卷77，〈蓋諸葛劉鄭孫毋將何傳〉，6冊，P2424，「方今聖道浸廢，儒術不行，以刑餘為周、召，以法律為《詩》、《書》。」
[053] 同上，卷9，〈元帝紀〉，4冊，P195。
[054] 同上，卷70，〈傅常鄭甘陳段傳〉，P2264。

任德教」的國策，在內部很快出現負面效應。豪強大地主兼併之風盛行，過於放縱外戚、宦官，而「德教」並不能解決這些實際問題，社會危機日益加深。中國古代四大美女之一王昭君，就是被劉奭遠送那荒漠的。

再說劉奭身體太差，不到40歲就頭髮脫落，牙齒也掉。這樣，他只好將政事委以宦官石顯。石顯少年時因犯罪被處宮刑，外巧內陰，先後譖殺京房、賈捐之等能臣。他權傾朝野，結黨營私，搜刮資財多達一兆，把官場弄得亂七八糟，國勢一天比一天衰弱。

略議史評之不公。

中國傳統史書的結構，可謂一分為二，一是整理史實，二是評論。當然前者是主體，後者雖然簡約，但四兩撥千斤，很引人注目，特地標注「太史公曰」、「臣光曰」、「贊曰」、「論曰」之類。例如舊縣志在寫山川名勝之餘，就直接評論說：「山川之顯晦，亦何常之有哉……觀於泰邑之山川，而知天下固大有奇在也。」主觀得很，感情色彩很強烈。既然寫史了，我不能不嘗試，各式各樣的評論方式都試試。

「昭宣中興」37年，其中前20年都由霍光主持朝政。最重要的政績，是與匈奴由戰轉和，轉捩點就發生在霍光手上。劉徹留下的是一個爛攤子，如果霍光平庸，非常可能就沒有這個復興了。如果霍光想篡位，這還會是漢室的末日。霍光之功不可沒，大於劉弗陵、劉詢。

「家天下」之主若沒本事，工作可以讓別人做，但位不能改他姓。好比上門女婿，名分不可讓。當然不乏女婿把女兒騙跑，掌大權而將皇位奪走的，這並不少見，比如王莽、朱全忠、趙匡胤等。霍光不是沒條件，還有被別人篡奪的風險。與霍光同樣輔政的上官桀不服：「你霍氏可以攝政，我為什麼不行？」於是，依附皇帝之姐蓋長公主，結成反霍聯盟，將官氏年幼的孫女送入宮，封為婕妤，想透過公主和孫女，取代霍光與劉弗陵。

還有一個人更憤憤不平,就是燕王劉旦。他比劉弗陵年長,理當立他為太子,由他繼位,怎麼能讓給那麼小的弟弟呢?經過幾年密謀,形成以蓋長公主和劉旦為首的兩股反對勢力,他們聯合起來政變。

前80年,霍光外出休假,他們認為時機已到,便叫一個人用劉旦的名義上書給這時年已14歲的劉弗陵,說霍光在檢閱京都兵備,附近道路戒嚴,還跟匈奴勾結。霍光擅自調兵,目的是為了推翻劉弗陵,自立為帝。為保衛劉弗陵,建議召劉旦入朝。他們的圖謀是:這奏章呈上後,劉弗陵會立即按奏章內容宣布霍光的罪狀,緊接著組織朝臣脅迫霍光辭職。萬萬沒想到,劉弗陵將此擱置,不予理睬。第二天,霍光得知上官桀等人的陰謀,便站在「周公負成王圖」前不動。劉弗陵見霍光沒來上班,連忙向朝臣打聽。上官桀以為勝利在望,煽風點火說:「因為燕王揭露他的陰謀,他不敢來上朝了!」劉弗陵即召霍光入朝,卻勸慰說:「朕知道那奏章是造謠誹謗!你調動兵力,燕王遠在外地怎麼知道?何況你如果真要謀反,用不著大動干戈!」[055] 大臣聽了無不驚嘆,沒想到小小皇帝如此聰明善斷。常讀小皇帝的先進事蹟,不敢不信,只恨自己10多歲還愚拙得很,看來古人發育早啊!

上官桀等人陰謀被揭穿後,不甘罷休,乾脆赤膊上陣。他們計劃由蓋長公主設宴請霍光,埋伏兵卒將他殺了,然後廢劉弗陵。又一次出乎他們意料的是:這陰謀被蓋長公主門下一名官員知道並密報。於是,劉弗陵、霍光先發制人,將上官桀等人逮捕,誅殺他們家族。蓋長公主和劉旦自知罪孽深重,先後自殺。

這時,霍光如果要假戲真做,應該很容易。他可以發動轟轟烈烈揭露批判劉徹運動,結合這次政變,加油添醋,讓全國人民唾棄劉氏統治,而

---

[055] 同上,卷68,〈霍光金日磾傳〉,P2212,「朕知是書詐也,將軍亡罪……將軍之廣明,都郎屬耳。調校尉以來未能十日,燕王何以得知之?且將軍為非,不須校尉。」

將霍光打扮成救星。從他能夠廢劉賀改立劉詢的情況來看，這是非常可行的。而從王莽、趙匡胤們的實踐來看，還可能是輕巧的，且可能光耀史冊。

如果霍光有愛惜羽毛的潔癖，那麼他可以像曹操。曹操「挾天子以令諸侯」，成為事實上的皇帝，逐步將或明或暗的對手清除。孫權勸曹操稱帝，曹操將孫權的信拿給大臣們看，生氣說：「這不是擺明要把我往爐火上推嗎？」群臣也奉勸曹操自立。曹操仍不肯，說：「如果真有那個天命，那我就當周文王吧！」[056] 曹操至死沒稱帝，只是將官爵傳給兒子曹丕。第二年，劉協禪讓曹丕，追諡曹操為魏武帝，果真類似周文王了。

或許霍光真的這麼想，他的妻兒們則非常可能這麼想。他兒子、女婿、弟弟都任要職，霍光的夫人還不滿足，想將自己的小女兒立為皇后。可是，劉詢下詔說：「朕落難時的一把劍，你們幫我找回來！」[057] 群臣明白了，他要立的是從民間帶回的糟糠之妻許平君。霍光夫人不甘善罷，竟然指使將許后毒死。許后的兒子立為太子後，霍光夫人又想毒死這個太子。

霍光死後第三年，霍家人利令智昏地密謀以霍皇后（霍光之女）的名義廢掉劉詢，改立霍光一個兒子為帝。劉詢大怒，誅殺霍氏數千家。不過，我覺得這很可能是樁冤案，因為劉詢此前削了霍光兒子、女婿的實權，至少可以說是引蛇出洞「陽謀」逼的。即使是真的，那也意味著妻兒們很可能探過霍光的心意，認定霍光不可能會有二心，不得不等他死後一搏。這一搏，有人認為讓霍光抹黑，我覺得更顯霍光的光輝。

霍光雖然功勳卓著，也恪守本分，但身後被家族陷害了。劉詢在未央

---

[056] 《資治通鑑》卷68，〈漢紀〉60，P2734，「是兒欲踞吾著爐火上邪……若天命在吾，吾為周文王矣。」

[057] 同注44，卷97上，〈外戚傳〉，P2918，「公卿議更立皇后，皆心儀霍將軍女，亦未有言。上乃詔求微時故劍，大臣知指，白立許婕妤為皇后。」

宮設麒麟閣專門陳列功臣的畫像，霍光只寫官職和姓，略其大名，略示懲戒。曹操更糟！如今你問一下，恐怕十之八九回答：「奸臣！」那是戲文的影響。而趙匡胤真的把人家孤兒寡母的天下奪取了，有幾人罵？史上不公之事太多了！

第二章
孝文中興

【提要】

　　北魏孝文帝拓跋宏在位期間（471～499年），實行一系列漢化改革，重推「俸祿制」、「三長制」、「均田制」，社會經濟全面大發展。

　　假如馮太后像王政君那就糟了，面對乙渾將軍那樣比王莽來勢更凶猛的篡權，肯定跟小皇帝一起成為刀下鬼，北魏的歷史在466年便可能終結。歷史，往往是英雄創造的！

來龍：政變頻頻

北魏朝中多血腥。著名的太武帝拓跋燾被太監宗愛所殺，擁立其子拓跋余，可是當年宗愛又將拓跋余殺了，然後立拓跋燾之孫拓跋濬，即文成帝。拓跋濬吸取教訓，即位後馬上殺宗愛個措手不及，並動用五刑，滅其三族。拓跋濬在位13年，其間恢復佛教，和平外交，與南朝劉宋、北方各國互通商賈，息兵養民，逐漸安定。不過鮮卑貴族與漢族的矛盾依然突出，百官腐化，百姓反抗愈演愈烈。同時，內部鬥爭仍然激烈，謀權奪位的事接連不斷，被處死的大臣不計其數。

465年，拓跋濬病死，由其子拓跋弘繼位。拓跋弘繼位時年僅9歲，尊奉嫡母皇后馮氏為皇太后攝政。大將軍乙渾看拓跋弘年幼，假詔大肆排斥異己，害死多位大臣。看著乙渾橫行霸道，拓跋弘沒轍，只能躲在馮太后那裡痛哭。馮太后一時也為難，只能拜乙渾為相。可是乙渾的野心越來越大，不滿足於丞相，陰謀發動宮廷政變。第二年初，馮太后詔命大臣率軍突然包圍乙渾府，把他殺了，穩定皇權。

471年，17歲的拓跋弘要將皇位禪讓給叔父，遭到群臣反對，只好作罷。沒幾日，他又下詔傳位給皇太子拓跋宏。拓跋宏時年才4歲，只能繼續由馮太后攝政。

最大亮點：政治、經濟與民俗大改革

■ 一、都城改遷

鮮卑族相對落後，但他們很有進取心，一樣樣向漢族學習，一步步向中原逼近。開國皇帝拓跋珪為了便於向漢族學習，將國都南遷到平城（今

山西大同）。在平城營宮室，建宗廟，立社稷。據統計，新建宮殿苑囿、樓臺觀堂等重大工程上百處，分皇城、外城、郭城，外城方 20 里，外郭周圍 32 里，有 12 個城門。建築之繁多，前所未有。為了滿足這個需求，從長安遷能工巧匠 2,000 戶到平城。

然而，平城也不理想。第一，對漢化國策來說，平城還是偏北，深入漢族不夠。第二，他們有志於統治全中國，都城太偏北會不利於管理政治、經濟、文化更發達的中原。第三，平城偏北地寒，糧食產量有限，而京城人口日益增加。平城沒有水陸漕運，從關內運糧到平城，費時費力，成本昂貴。第四，地理環境欠佳，多山，乾旱，氣溫偏低，秋穀歉收，雲中、代郡諸多百姓餓死。當時有人作〈悲平城〉詩：「悲平城，驅馬入方中，陰山常晦雪，荒松無罷風。」因此，490 年，24 歲的拓跋宏親政後，第一件大事就是把都城再南遷一些到洛陽。

正如我們在「盤庚中興」所看到，遷都觸動大批貴族的利益，阻力很大。拓跋宏的策略與盤庚不同，對遷都之事祕而不宣。493 年，拓跋宏親自率步兵、騎兵 30 多萬，說是南征齊國。到洛陽時，秋雨連綿一個月，道路泥濘，行軍非常困難，拓跋宏卻照樣下令繼續前進，官兵吃盡了苦頭。大臣們對伐齊本來就有情緒，因為 43 年前一次南征，北魏 10 萬大軍慘敗，從此一聽「南征」二字就不寒而慄。如今大雨，或許是天意。文武百官跪到馬前，叩諫停止進軍。拓跋宏說：「如果大家實在不願南下，那就把國都遷到這來，怎麼樣？」大家聽了，面面相覷，不敢輕易開口。拓跋宏催促說：「不能猶豫了！同意遷都的往左邊站，不同意的站到右邊。」他們雖不願意遷都，但相對來說，顯然比戰爭好，於是不約而同站到左邊。

拓跋宏委派任城王拓跋澄回平城，向王公貴族宣傳遷都的好處。隨後，他自己趕回平城，召集他們座談。貴族反對意見還不少，可是一條條被拓跋宏駁回。那些人實在講不出什麼理由了，只好說：「遷都是大事，是凶是吉

還是卜卦聽天由命吧！」卜卦結果可能有利，也可能不利，萬一不利就前功盡棄。拓跋宏不冒這個險，連忙說：「卜卦是為解決疑難事。遷都的事已經沒有疑問了，卜什麼卦？我們祖上遷過幾次，不是一次比一次好嗎？」

不到半年，留在平城的貴族陰謀另立朝廷，與洛陽對抗。太子拓跋恂肥胖，怕洛陽天氣熱，又不願說漢語、穿漢服，非常留戀鮮卑舊俗，因此被他們拉攏，密謀逃回去參加叛亂。拓跋宏到外檢查工作時，拓跋恂乘機選御馬3,000匹，準備奔回平城。領軍發現異常，馬上派兵嚴守宮門，阻止他們的陰謀。拓跋宏聞訊，立即返回洛陽，追究拓跋恂，廢為庶人。次年，有人揭發拓跋恂謀反，拓跋宏便令他自盡，時年15歲，粗棺常服，就地埋葬。

就在拓跋恂被廢當月，恆州刺史穆泰等人謀反，推舉朔州刺史陽平王拓跋頤為領袖。這些人大都是鮮卑舊貴族及其後裔，他們不滿拓跋宏重用中原儒士，對遷都等改革都反對。拓跋宏考量他們有的年老體衰，未加責難，沒想到他們更加放肆，陰謀叛亂。拓跋澄等人出擊，及時平息，捕100餘人下獄。

497年，拓跋宏北巡平城，慰問拓跋澄等人，順便親審叛逆，沒一個喊冤叫屈。這次叛亂，留在平城的貴族，只有于烈一族沒捲入。從此，于烈族受器重。一些舊貴族和北方少數民族酋長，反映受不了洛陽暑熱，拓跋宏也靈活，允許他們秋居洛陽，春還部落，時稱「雁臣」。

二、經濟制度改革

◎俸祿制

官吏應當得到相應的報酬。早在戰國時期，中原各國任用官吏就形成了薪俸制度。可是北魏剛從部落酋長聯盟發展成國家，各方面落後。到這

時期，他們還沒有俸祿制，各級官吏沒有薪資，得依賴貪汙、掠奪和皇帝隨意獎賞養家活口，跟匪徒搶劫分贓沒有太大差異。在建國之初也許沒什麼問題，隨著建政穩定，戰事減少，掠奪的機會也少，問題越來越突出。官吏搜刮民脂民膏，導致社會矛盾、衝突日益增加。拓跋濬和拓跋弘時期，曾多次下令禁貪，並有人提出發「班祿」的建議，未被採納。

484年，北魏終於開始仿效兩漢魏晉舊制實行「班俸祿」，規定在原來的戶調之外，每戶增調3匹、穀2斛9斗，作為百官俸祿來源，不得自籌。內外百官，以品級高低確定俸祿等次。從此，再貪絹一匹就處以死刑。

這改革引起鮮卑貴族的反對，淮南王出面要求斷祿。馮太后很民主，組織群臣討論。大臣高閭反駁：「俸祿制可以讓清廉者不生貪念，讓貪者不再貪。如果不是這樣，那麼貪者繼續貪，清廉者則難以保持清廉。」[058] 馮太后採納了高閭這個意見。為了貫徹落實這項新政，朝廷派使者分巡各地，專項查處這方面的違法者。拓跋宏的舅舅李洪之，時任刺史，貪財無度，被令在家自盡，地方官員因貪腐被處死者40餘人。一時間，行賄、受賄幾乎絕跡。而官民犯其他罪時，都予寬大處理，每年判死刑的不過五、六個。

◎均田令

東漢以後，戶籍分「士族」與「庶民」兩種。士族即官員，分品級，不僅自己可以擁有土地，還可庇蔭親屬──稱「蔭戶」。庶民要向官府繳納60%的租稅，士族與蔭戶可以不繳。問題是，還有人為了免稅冒充蔭戶，官府租稅流失嚴重。所謂「均田令」，就是不論官民貧富，一律平攤賦稅。分田方式如下：

---

[058] 《魏書》卷54，〈高閭傳〉，P808，「今給其俸，則清者足以息其濫竊，貪者足以感而勸善；若不班祿，則貪者肆其奸情，清者不能自保。難易之驗，灼然可知，如何一朝便欲去俸？淮南之議，不亦謬乎？」

一是男子年15歲以上授露田（只種穀物）40畝，女性20畝，但不准買賣，年老免課，身死還田。

二是百姓原有土地為桑田，桑田是世業，不在還授之列。每人可擁有20畝。原本沒有的，可以分田，不足的補足。隨著人口增減，多餘部分可以賣，不足部分可以買，但買賣都不能超過應得比例。桑田還必須種一定數量的桑、榆、棗。

三是奴婢授田相同，耕牛1頭授田30畝，限4牛。

四是土廣人稀的地方，如果民有餘力，可借地耕種；以後人口增加或有新戶遷來，再依制授田。地少人多的地方，增丁應授田。無田可授，民又不願遷徙的，以其家桑田抵充新丁應授之正田。如不能授足，舉家不給。再不足，全家正田減額。願遷徙的，可到任意空荒之地，但不得逃避賦役。地足之處，不得無故遷移。

五是官吏給公田，刺史15頃，太守10頃，縣令和郡丞6頃，離職時移交下任，不得轉賣。

均田令限制土地兼併，使自耕農穩定占有土地，加速封建化。錢穆評論：

此種制度可用兩句話概括之，即「同富約之不均，一齊民於編戶」。即不論貧富，一律徵收賦稅。一切人民平等，官與民同樣是國家公民，政治上軌道了，中國（在北方）統一了。此乃魏孝文帝根據讀書人而改革經濟制度，故寓獨特的歷史文化精神，與西洋不同。」[059]

在黃仁宇看來，拓跋宏其他改革「不過承認已有的趨向，或是錦上添花，對現有的行動予以裝飾而已」，「拓跋民族在中國歷史上最大的貢獻為：重新創造一個均勻的農村組織，非如此，則大帝國的基礎無法立

---

[059]　錢穆：《中國經濟史》，P141。

足」。[060] 均田令歷經北齊、北周到隋唐，實施約 300 年，變動的只不過是具體數目。

◎三長制

北魏建國後，利用各地宗主管理地方。宗主是一些大大小小的割據勢力。蔭戶多數沒有戶籍，屬於宗主的私家人口，國家不能徵調，也不能干預。顯然這不是長久之計。

486 年，建立「三長制」，取代「宗主督護制」，規定 5 家為鄰，設 1 鄰長；5 鄰為里，設 1 里長；5 里為黨，設 1 黨長。三長制與「均田制」相輔而行。三長的職責是檢查戶口，徵收租調，徵發兵役與徭役。任三長者，可免一、兩人的官役。三長直屬州郡。從此，中央管理到達基層，「以大督小，從近及遠，如身之使手，乾之總條」。[061]

「三長制」使蔭戶成為國家的編戶，實質上是與豪強地主爭奪戶口和勞動力，因此又引起鮮卑貴族的反對。不過，三長還得從大族豪強中產生，他們不僅本人可以享受免徵特權，親屬中還有 1～3 人可以享受同樣待遇，因此反對不太強烈。何況賦稅很快減少到過去的十幾分之一，地主與平民都擁護。[062] 逢災，令各地開官倉賑濟或借貸給飢民，並允許他們逃亡。飢民路過之地，由當地官府供食；所到之處，由當地「三長」負責安置。[063]

後來，「三長制」成為北齊、隋、唐時期的鄉里組織。

---

[060] 黃仁宇：《中國大歷史》，P110。
[061] 同注 58，卷 110，〈食貨志〉，20 冊，P1907，「欲使風教易周，家至日見，以大督小，從近及遠，如身之使手，乾之總條，然後口算平均，義興訟息。」
[062] 《資治通鑑》卷 136，〈齊紀〉2，9 冊，P5652，「既而課調省費十餘倍，上下安之。」
[063] 同上，P5660，「聽民出關就食。遣使者造籍，分遣去留，所過給糧廩，所至三長贍養之。」

三、民俗改革

同時，拓跋宏還進一步推行漢化改革，全面摒棄鮮卑舊俗，採納漢族的生活方式和典章制度，具體內容：

一是禁止鮮卑貴族、官員及家屬著胡服，一律改穿漢服。486年正月初一開始，拓跋宏上殿也穿戴漢族皇帝的禮服和冕旒。

二是禁止鮮卑貴族講鮮卑語，一律改說漢語。年齡30歲以上者可以逐步改，30歲以下者及官員，不得繼續使用鮮卑語，否則降職或罷官。

三是將鮮卑族姓氏改為漢族姓氏，皇族由「拓跋」改為姓「元」。將老祖宗的姓都改了，這可不符儒家精神。可是拓跋宏解釋：「北方人稱『土』為『拓』，稱『後』為『跋』。鮮卑人的祖先是黃帝的後代，以土德而稱王，所以稱拓跋。土是黃中之色，萬物之元，所以應改姓為『元』。」拓跋宏率先將姓名改為元宏（為閱讀方便，本書用原名），太子拓跋恪改為元恪。其他如「勿忸于」改姓「于」，「獨孤」改姓「劉」，「丘穆陵」改姓「穆」，「步六孤」改姓「陸」……總共118個姓，全都由複音節改為單音節或雙音節，讓我們今天讀來順口多了。

四是鼓勵鮮卑貴族與漢族貴族通婚。

五是採用漢族的官制、律令。

六是學習漢族的禮法，尊崇孔子，以孝治國，提倡尊老、養老的風氣。

七是凡已遷到洛陽的鮮卑人，一律以洛陽為原籍；死於洛陽的鮮卑人，必須葬於洛陽附近的邙山，不准回平城安葬。

此外，度量衡也要求改長尺大斗，依《周禮》制度頒之天下。

不難想見，一個民族要全面革新有多麼困難。然而，拓跋宏的意志不可動搖。499年初，拓跋宏在南征途中染病，不得已回洛陽，但堅持上

朝。他責問拓跋澄：「朕離京以來，舊俗改變了多少？」拓跋澄回答：「聖上教化日新！」拓跋宏聽了很不高興：「朕昨日入城，分明看見車上婦人還頭戴帽子、身著小襖，怎麼說日新？」戴帽、穿小襖是鮮卑婦女的舊服。拓跋澄辯解：「穿舊服的不多。」拓跋宏很生氣：「你這話是什麼意思？難道你想滿城的人都穿舊服嗎？」[064] 拓跋宏要求很嚴，誰也別想含糊帶過。

北魏這期間的一系列改革，有個鮮明的主題——漢化，亦即封建化。對剛從部落走出來的鮮卑而言，顯然是一大非同尋常的進步，也顯示出他們遠大的理想抱負。專家學者認為：「孝文帝斷然推行多項改革，還有另外一個出於個人的原因，即他在保持身為鮮卑人意識的同時，又逐漸產生了遠遠超出鮮卑意識之上的階級意識——身為中華皇帝的意識。」[065] 他們已經獲得半個中國，有什麼理由不奢望整個中國？可惜，出師未捷身先死，拓跋宏倒在南征疆場，偉大理想沒能實現。可是，北魏作為正統王朝，逐漸得到漢人的認同，被稱為「北朝」，與「南朝」相提並論，統治華北地區達一個半世紀之久。

去脈：「成也儒教，敗也儒教」

499 年拓跋宏駕崩，17 歲的太子元恪繼位，即宣武帝。元恪上任第一把火便擴建新都洛陽，堅拒鮮卑族遺老們重返故里，鞏固父輩改革成果。隨後南伐，先後攻占揚州、荊州、益州等地，北魏國勢盛極一時。然而，朝中腐敗已無孔不入，如顧命大臣、元恪的叔父元禧侵吞大量田地和鹽鐵產業，另一輔政親王元詳則大做倒買倒賣的投機行為生意。外戚專權突

---

[064]　同注 62，卷 142，〈齊紀〉8，P5896，「此何言也！必欲使滿城盡著邪？」
[065]　《中國的歷史・魏晉南北朝》，P221。

出，高肇利用國舅的寵幸逼殺元詳。首都市長元愉對此極為不滿，起兵謀反，在信都（今河北邢臺）另立山頭。更要命的是，北方中下層民眾的不滿與日俱增，軍人也感到邊緣化，各類反叛此起彼伏。如北地（今陝、甘、寧一帶）平民，聚集數千人在長安城北叛亂，並派人向南齊聯繫，請求武力支援。秦地、雍州等7州迅速響應，多達10萬之眾。反叛像癌細胞一樣，向全國擴散。元恪分身乏術，窮於應急。

元恪在位16年，33歲病逝，由6歲的次子元詡繼位，重新陷入內亂的惡性循環。元詡在位14年，算這時期中最長的，被胡太后毒死。接著一個22歲的皇帝在位僅兩年，被軍閥所殺。再接下來3個皇帝都只在位兩年，被廢或殺。最後一個在位3年，被殺並篡位，北魏一分為二。

略議孝與忠。

以漢族為主的中原社會較四鄰少數民族地區先進，這是顯而易見的。有些少數民族想憑武力掠些好處，有些則深感自卑，如後唐李嗣源每天晚上向天禱告：「臣本蕃人，豈足治天下！世亂久矣，願天早生聖人」。[066] 漢化的方向是正確的。然而，漢化改革在某種意義上來說，就是儒家化，但全盤接受儒教，就顯得東施效顰，得不償失了。本來他們的宮廷很簡單，現在被儒教弄得很複雜；本來他們帝王與大臣關係很親密，現在被儒教弄得等級森嚴；本來官府與人民的關係很融洽，現在被熱衷於製造「人上人」的儒教弄得天壤之隔。

儒家認為百善莫大乎孝。喪禮則是孝的展現，格外重要。父母過世，明確要求子孫守孝3年，實際執行27個月，2年1季度。為什麼呢？因為當年母親哺乳你共要27個月，現在得償還。守孝期間要天天守在靈堂，810多天都哭喪著臉。會不會要求太過分呢？孔子的學生宰我曾提出

---

[066] 《新五代史》卷6，〈唐本紀〉，40冊，P45。

質疑，師生發生矛盾，爭吵得很厲害。宰我認為守孝3年太長，1年就夠了，並從正反兩方面論證。孔子詞窮，只能說如果心安理得，你就守1年吧！宰我一氣走了，孔子罵他不仁，怎能這樣報達父母！[067] 孔子為什麼如此固執呢？因為先秦儒家認為孝比忠重要，父比王更重要，「為父絕君，不為君絕父」[068]，伍子胥為報殺父之仇，招引敵國來殺楚王，還是被認為賢人。但漢朝，儒家開始大變，此是另外話題。

一般人都不願或者沒辦法守孝3年，只因為儒教及官府鼓勵，才有些人像爭當節婦烈女一樣競相出格。

孔子與學生發生爭執，說明「三年之喪」在當時就有人不願遵行。後來，漢文帝主張「以日易月」，只要守孝36天即可。到晉武帝更簡單——心喪三年。所謂「心喪」，即「戚容如父而無服也」。拓跋宏卻食古不化。488年冬，李彪建議：「朝廷大臣遇父母逝去，喪假一滿，就回來工作，穿綾羅綢緞，乘華貴馬車，跟著皇上出席祭典，參加酒宴，實在有傷兒子的孝心，違背天理。我認為凡遇祖父母、父母去世，除非戰爭時期，都應當讓他們守孝3年。」

490年馮太后去世，享年49歲，諡號「文明皇后」。臨終時，她像曹操一樣，特地遺囑要求下葬後即脫去喪服，不必拘泥古禮。大臣勸拓跋宏脫喪服，他卻說：「中古時未實行守孝3年制度，是因為君主更換太頻繁。朕德行還不夠，但登帝已12年，足以讓全國人民了解。在這個時候，朕如果不能充分表達哀痛與懷念之情，不令人遺憾嗎？」大臣說：「自古以來天子沒有實行守喪三年的制度，所以太皇太后特囑節哀。」拓跋宏說：「太皇太后那樣遺囑，是擔心我因此耽誤朝政。你們諸位，也是如此用心。朕上下都不違拗，荒廢朝政，打算繼續穿著喪服，每逢初一、十五去墓地祭

---

[067]　《論語・陽貨》：「宰我問：『三年之喪，期已久矣。君子三年不為禮，禮必壞；三年不為樂，樂必崩。舊穀既沒，新穀既升，鑽燧改火，期可已矣。』」

[068]　郭店楚簡，〈六德〉。

拜。」[069] 爭論了老半天，大臣們只得聽從。496 年，拓跋宏重申群臣要認真執行守孝 3 年的制度，難怪他死後被尊為「孝文帝」。他那影響深遠的經濟改革，反而變黯淡些了。

皇帝如此，大臣不敢不重視。他們本來很簡單，父母死後，可以很快化悲痛為力量，更加努力工作。可現在得硬性執行守孝 3 年的制度，除非是大戶人家，幾人能夠 3 年不工作而有衣食呢？於是官員平時必須貪汙，加緊累積，以備父母死後 6 年的失業期。

此外，拓跋宏還將正被歷史拋棄的漢族士大夫門第制度強行搬到鮮卑社會，生硬地製造出新的門第，分 6 等：第一等膏粱門第，三世中出過 3 個宰相（三公）；第二等華腴門第，三世中出過 3 個相當於宰相的領導者（尚書令、中書令、尚書僕射）；第三等甲姓門第，三世中出過重要部長（尚書）；第四等乙姓門第，三世中出過次要部長（九卿）或市長（刺史）；第五等丙姓門第，三世中出過顧問官或國務官員（散騎常侍、太中大夫）；第六等丁姓門第，三世中出過副部長級官員（侍郎）。

朝廷用人，只問門第，不問才能。各等門第都有相應的官位，平民別想有當官夢。拓跋宏為此辯護說：「出身名門望族，即使沒有出眾的才華，也有很好的品德，所以朕要選用！」[070] 你想這樣的制度會產生什麼樣的後果？漢人都不得不棄之如敝屣的東西，他卻要撿去當寶貝，可能會有好結果嗎？

儒教好比中醫補藥，身體虛弱之時，適當進補是正能量；如果盲目進補，便適得其反，不信你將高麗參當青菜試試！

---

[069] 同注 62，卷 137，〈齊紀〉3，P5690，「竊尋金冊之旨，所以奪臣子之心，令早即吉者，盧廢絕政事故也。群公所請，其志亦然。朕今仰奉冊令，俯順群心，不敢暗默不言以荒庶政。唯欲衰麻廢吉禮，朔望盡哀誠，情在可許，故專欲行之。」

[070] 同注 62，卷 140，〈齊紀〉6，P5840，「苟有過人之才，不患不知。然君子之門，借使無當世之用，要自德行純篤，朕故用之。」

專家學者評論:「北魏王朝為我們提供一個關於游牧部落徹底、快速接受華夏文明的經典例證。到西元529年北魏王朝終結時,它已變成一個實際上的漢族國家。事實上,這也是它垮臺的原因。」[071]正所謂「成也儒教,敗也儒教」,北魏是第一例,但不是最後一例。

人們對「孝文中興」評價不一。一方面,認為馮太后的改革大都有可操作性,解決了實際問題,影響到隋唐的經濟制度。另一方面,拓跋宏的改革則太過激進,造成皇室的分裂。

「孝文中興」又稱「太和改制」,「太和」只是拓跋宏所用3個年號之一,即477～499年,而他任期總共29年。所以,稱「太和改制」不太確切,可是稱「孝文中興」也不太確切,因為拓跋宏實際執政時間僅最後9年,而他繼位時不滿5歲,連參與都談不上。何況有些改革在前一任就開始了。當然,嚴格來說,每一個中興、盛世,都有冠名不夠精準的問題,沒必要計較。這裡提及,只是為了引出這時期改革的真正主角——馮太后。

馮太后原名馮錦,漢族,本是北燕皇族,因飛來橫禍,被沒入宮中,僥倖被選為拓跋濬的貴人,繼而立為皇后,尊為皇太后。拓跋珪仿效劉徹,規定凡后妃所生之子被立為儲君,生母都要賜死,以防母以子貴,專擅朝政。拓跋弘兩歲時,生母李氏被賜死,馮后擔當養育之職。

465年,年僅26歲的拓跋濬去世,同歲的馮太后開始守寡。12歲的拓跋弘繼位,尊她為皇太后,由她輔政。將軍乙渾欺他們孤兒寡母,一步步篡權。馮太后密定大計,一舉收捕乙渾,鎮壓叛亂。接著宣布由她臨朝稱制,掌控朝政大權,杜絕再發生類似的陰謀。18個月後,拓跋宏出生,其母也被賜死,於是馮太后停止臨朝,轉而集中精力教養這個孫子。

馮太后跟數百年後遼國的蕭太后非常相似,也許後者正是學她。身為女人,她們敢愛敢恨,一方面在守寡中大膽愛自己所喜歡的男人;另一

---

[071] [英]薩繆爾・E・芬納(S. E. Finer):《統治史》(*The History Of Government*)卷2,P146。

方面勇於，且善於清除情敵或政敵。470年秋，馮太后的情人李弈被人誣陷，拓跋弘將他殺了。馮太后非常生氣，逼迫拓跋弘交出皇位。拓跋弘生性喜歡仙道，不爭不拒，想傳位給一位叔父。馮太后不同意，只得禪位給不滿5歲的太子拓跋宏，自己當太上皇。這一年，他只有18歲，歷史上最年輕的太上皇。他並未完全放權，馮太后感到不安，又將他軟禁，隨後死，有人認為是被害。

馮太后用高超的政治智慧和鋼鐵般的手腕，實行一系列大刀闊斧的改革。同時，馮太后精心培養拓跋宏。拓跋宏也刻苦，不僅儒家經典熟於心，史傳百家無不涉獵，詩賦文章皆好。馮太后親自作《勸戒歌》300餘章和《皇誥》18篇，供他學習。486年正月初一，拓跋宏開始參與朝政。從此，重要詔敕冊文，大多授意他起草。可以說，如果沒有馮太后身傳言教，拓跋宏很可能沒有身為「中華皇帝」的遠大理想，他的漢化改革也很可能沒那麼全面，沒那麼堅定，在中國歷史上也就很可能跟他前後任一樣默默無聞。

不過，馮太后與拓跋宏也許有些難言之隱。學者提出：

我們不禁要問，為什麼與中國歷史上遼、金、元、清等征服王朝透過實施多種政策、努力加強本民族的團結不同，胡族出身的孝文帝顛覆了異民族統治的基礎，推行被後人認為使自己王朝提前滅亡的政策呢？[072]

有人認為馮太后與拓跋宏其實是母子關係，該書同意這種看法，並花了相當大的篇幅分析論證。北魏是少數民族政權，這時期尚保留許多原始婚姻形態與遺風，貞節觀念更是淡薄。胡族有一種收繼婚的風俗，即繼承家業的兒子，娶父親生前的夫人為妻（生母除外）。也就是說，拓跋宏很可能就是馮太后與拓跋弘生的兒子。所以，拓跋宏對名義上的祖母馮太后特別親切、孝敬與忠誠，以致人們抱不平說他對馮太后家人太優厚，而待

---

[072]　同注65，P214。

自己生母李氏家人太苛刻。然而，兒子娶父親生前的夫人為妻，這種風俗在儒家看來愚昧。因此，拓跋宏堅定地推進全面漢化改革的個人動因，除了他想當「中華皇帝」的奢望，還出於「希望將自己從過去的愚昧、黑暗中解放出來的強烈意志」。[073]

不管怎麼說，馮太后對拓跋宏特別有責任感。否則，她如果像王太后——王政君，那就糟了。王政君是劉奭皇后，劉驁生母，劉欣奶奶，是中國歷史上壽命最長的皇后之一，其身居后位（包括皇后、皇太后、太皇太后）長達 61 年，歷史給足了她機會。然而，夫君沒成明君，兒子和孫子也沒成明君。她長時間大權在手，卻沒有作為，不僅沒能挽救漢室，反而有意無意幫王莽篡漢。她太多普通女人那種自私與善良，偏愛姪兒王莽，也偏愛後宮家人班稚（當然班稚無辜），沒有原則立場。即使看出白石上「宣告安漢公王莽為皇帝」的文字不可信，並明說「這是騙人的，不能聽」，也無法堅持，被輿論牽著鼻子走。直到王莽登基廢漢、索要玉璽，悲憤不已，也只像一般潑婦那樣洩洩氣。假如馮太后像她，面對乙渾將軍那比王莽來勢更凶猛的篡權，肯定會跟小皇帝一起成為他的刀下鬼了。那麼，北魏的歷史在 466 年便終結，而不會有什麼「孝文中興」。歷史，往往是英雄創造的。

---

[073]　同注 65，P221。

第三章
元和中興

【提要】

唐憲宗李純在位期間（805～820年），果斷對軍閥開戰，取消宦官監軍，藩鎮割據暫告結束，中央權威初步恢復。

如果李純像朱由檢就慘了！李愬「投敵」證據更是確鑿。要是像朱由檢那樣輕信，也就沒有雪夜奇襲之捷，就此斷送大唐也不是沒有可能。

來龍：軍閥與太監架空皇權

縱觀大唐20帝，近300年歷史，幾乎沒有一個皇子善終。李亨是李隆基第三子，在爭寵奪嫡中偶然勝出，又偶然登上皇位。他本來可以說是個好人，但不是能人，國泰民安之時，恐怕也無法勝任一國領袖之職，何況這烽火連天的亂世。他犯了一系列大錯，首先是向回紇借兵平息「安史之亂」，條件是「克城之日，土地、士庶歸唐，金帛、子女皆歸回紇」[074]，即收復首都之日，允許他們縱兵搶掠長安（後改為洛陽），錢財與美女全給他們。這裡「子女」指美女，如《漢書》：「朕飾子女以配單于，幣帛文錦，賂之甚厚。」既愚蠢又可恨！他忘了老祖宗李淵起兵時向突厥求援，暗中卻交代：「胡人兵馬入中國，實際是大禍！」可李亨竟然以洗劫百姓為條件，讓我迄今不敢相信。可這不僅有約，還有暴行：「回紇進洛陽後貪得無厭，洗劫不休，百姓只好湊一萬匹絲織品央求他們住手。」[075] 我覺得李亨借兵根本不是為了拯救國家和人民，只是為了拯救他個人的權力。他比安祿山之流更可惡！

第二大錯：759年底，平盧節度使王玄志病逝，部將自行推舉接班人，李亨卻沒能及時維護中央權威，遷就追認，只求維持現狀，表面穩定和諧。這開了一個糟糕的先例，有如骨牌被推倒，從此一個個節度使跟著模仿，驕兵悍將隨意逐殺、廢立節度使的事經常發生。

李亨在另一場宮廷政變中受驚暴死，其子李豫接任，即代宗。他雖然最後平定「安史之亂」，但繼承、發揚父皇的錯誤，一方面再次向回紇借兵，並同樣許諾讓他們劫掠洛陽，大火數月不熄，1萬多人被燒死；另一方面，大赦安祿山、史思明的舊將、親族，讓他們變成新的節度使，在

---

[074] 《資治通鑑》卷220，〈唐紀〉36，13冊，P9230。
[075] 同上，P9240。

內地形成近 50 個新的藩鎮。他們在各自轄內擴充軍隊、委派官吏、徵收賦稅。特別是「河朔四鎮」，即駐幽州的盧龍節度使，駐恆州的成德節度使，駐魏州的魏博節度使，駐青州的平盧節度使。其他節度使見了，自然眼紅，紛紛跟著學。換言之，紛紛學著跟中央鬧獨立，形成一個個事實上的獨立王國。「安史之亂」後，中央財政收入銳減 2/3，這皇帝該怎麼當？

更令人難堪的是，人才也往地方流，中央機關空位沒人補。有的人從正四品高位貶到地方，但全家都開心，只恨貶得太晚；而有的地方官得罪了人，遭受的懲罰，是把他推薦到中央去。

更要命的是，關鍵之時藩鎮不肯出力。戰爭威脅傳來，他們首先想的不是打仗，而是自保，把敵人引到別人的地盤了事。有時也會積極出兵，但出工不出力，只為中央政府的「出界糧」，那是平時補貼的 3 倍。

黃仁宇認為：「唐朝的帝制，可算是一種極權的產物，只是它的基礎無非儒教之紀律。當這紀律敗壞時，此極權也無法維持。」[076] 這話可謂入木三分。「儒教之紀律」是什麼？應該是禮、義、忠、信之類吧！這類東西好比遊戲規則，得雙方恪守才有效。碰到頂頭上司要悔棋耍賴，你只能忍著。「謀逆」在歷朝歷代都列為天大之罪，十惡不赦，可實際上也得雙方默契。碰到那種逆天造反的亡命之徒，什麼方法也沒用。所以，皇帝及大臣們對節度使沒轍了。

當然，皇帝及大臣們肚量是有限的。779 年李豫去世，其子李適繼位，即德宗。李適很有中興之主的氣勢，一上臺就推一系列新政。成德節度使李寶臣病死，其子李惟岳上表請求繼承父位，李適果斷拒絕。沒想到，魏博節度使、淄青節度使和山南節度使竟然和李惟岳聯手，以武力抗議。李適調兵萬餘戍守關東，並親自在長安設宴犒勞征討兵馬，決心打掉他們的囂張氣焰。初期獲得戰果，但由於李適利用藩鎮打藩鎮，導致參與削藩戰

---

[076]　黃仁宇：《中國大歷史》，P133。

役的幽州節度使等人不滿，形勢發生逆轉，「河朔四鎮」聯合對抗朝廷。783年，準備調往淮西前線的兵馬途經長安時，因為賞賜不均，又嫌伙食太差，士兵譁變，史稱「涇原之變」。又因為苛捐雜稅太甚，長安城裡的百姓居然不支持朝廷，而支持叛軍，禁衛軍也不抵抗，李适只好倉皇逃往奉天（今陝西乾縣），而曾擔任涇原軍統帥的朱泚稱大秦（後改為漢）帝。第二年初，李适下〈罪己詔〉，自我批評「天譴於上而朕不寤，人怨於下而朕不知」，「朕實不君」，[077] 宣布赦免叛亂的藩鎮，表示今後「一切待之如初」。直到這年七月才收復京師，重返長安。從此，李适對藩鎮也轉為姑息。

805年李适去世，其子李誦繼位，即順宗。李誦時年45歲，年富力強，卻不幸中風，口不能言，政事委以大臣王叔文等人。王叔文有大志，進行一系列改革，包括限制藩鎮，一時間「人情大悅」、「市裡歡呼」，史稱「永貞革新」。無奈藩鎮已經尾大不掉，夥同宦官發動宮廷政變，擁立太子李純，即憲宗。李誦在位僅8個月就被廢，王叔文等被貶或被殺，改革失敗。

這時期的唐帝，越來越像春秋戰國時期的周王。

最大亮點：中央權威重樹

李純即位沒幾天，就與藩鎮勢力接火。西川節度使韋皋死，副手劉闢按常習自命為「留後」（即代理），請求朝廷予以任命。用現代俗話說，就是「先上車，後補票」，把朝廷當橡皮圖章，李純不願同意。不過，李純剛上任，百廢待舉，不便計較，於是改而調他到中央機關任職，劉闢拒絕上

---

[077]　同註74，卷229，〈唐紀〉45，P9652。

任。年末，李純來個折衷，將他任命為副節度使主持工作，他還不滿意。

第二年初，劉闢竟然發兵占梓州，要併吞東川節度使。此時，李純已站穩腳跟，不再客氣，立即調兵遣將反擊，收復梓州。李純與宰相杜黃裳討論藩鎮問題，杜黃裳說：「藩鎮之患，縱容已久，陛下必欲振舉綱紀，宜稍以法度裁制藩鎮，則天下可得而理也。」[078] 李純認為有理，於是加派大將高崇文征蜀。高崇文治軍以嚴著稱，有個士兵途中吃飯，折斷百姓一雙筷子，就被斬首示眾。進入城市，街邊商家不受驚擾。同年攻陷成都，逮獲劉闢，送京師問斬。

此外，夏州駐軍留後楊惠琳，本來以為主持工作後自然轉正，沒想到這年忽然派來新的節度使，他煽動士兵拒絕。李純沒商量，馬上調兵征討。夏州的官兵害怕，連忙將楊惠琳殺了，傳首京師。

見李純接連出鐵腕，節度使們不得不有所收斂。同年，平盧節度使李師古死，部眾推舉其弟李師道為副使，自覺上報中央。李純先任命為留後，不久再任命為節度使。其他紛紛主動請求入京匯報工作。武寧節度使生病，早早就呈請朝廷任命留後。

鎮海節度使李錡惶惶不安。他請求進京朝見，李純同意後，他又猶豫，一次次拖延日期，最後說病了，等明年。宰相武元衡說：「李錡想見就見，想不見就不見，見不見天子還由他說了算？」李純認為有道理，召他進京。李錡心虛，索性造反，殺大將和所轄5州刺史。李純削李錡的官爵和宗室屬籍，令淮南節度使率兵征討。李錡派部將張子良出擊，張子良卻鼓動士兵：「李錡謀反叛逆，我們處境很危險！為什麼要跟著他去做滅族的事呢？不如為朝廷效力，轉禍為福！」於是他們反戈一擊，將李錡捕了，押送京城。李純將李錡和他兒子腰斬，從犯流放，沒收李錡的家產，準備運往京城。翰林學士裴垍、李絳建議：「李錡的財產是從當地幾州巧

---

[078] 同上，卷237，〈唐紀〉53，P9980。

取豪奪的，現在把這些財產運走，恐怕會讓當地民眾失望。請賜給浙西的百姓，替代本年租賦。」[079] 李純欣然贊同。用沒收的贓款接濟當地百姓，是得人心的好事。

比李錡更頑固、更狡猾的還在後頭。809 年，成德節度使王士真死，其子王承宗自為留後。王承宗叔叔王士則怕惹禍，連忙向中央報告，得到讚許，任命為神策大將軍。李純很想藉此機會出兵，整一整河北各鎮。裴垍卻反對：「節度使世襲問題由來已久，突然取代它，恐怕他們不會輕易接受。如果他們暗中結黨，那就麻煩了！況且目前江淮正遭水災，官府與百姓都困難，最好暫緩。」李純同意。王承宗沒得到任命，深為不安，一次次上表解釋，並進獻德州、棣州。同年，任命終於下達，同時委任德州刺史薛昌朝為保信節度使（駐廬州），兼領德、棣兩州。薛昌朝是王承宗的女婿，本來是雙喜臨門之事，可是有人挑撥：「薛昌朝背著你與中央有勾當，不然怎麼會有這種事？」王承宗一聽生氣了，出兵襲廬州，抓了薛昌朝。李純先禮後兵，派員勸說。王承宗抗命，李純免他的職，派太監吐突承璀率兵征討。

當時，有好幾個文豪在朝中為官，如柳宗元、劉禹錫、元稹、韓愈、孟郊、李賀等等。白居易時為翰林學士，積極度非常高，曾寫樂府詩 100 餘篇，婉言規諫時事。他為此進諫：「興天下兵，未有以中人專統領者」，只有近年來才有太監監軍。這樣做，我擔心「四方聞之，必輕朝廷。後世且傳中人為制將自陛下始，陛下忍受此名哉」？再說，將軍受太監節制，「心有不樂，無以立功」。[080] 中人指太監。其他大臣也紛紛表示反對。李純覺得理屈，只好免吐突承璀的職。

---

[079] 同上，P10002，「李錡僭侈，割剝六州之人以富其家，或枉殺其身而取其財。陛下閔百姓無告，故討而誅之，今輦金帛以輸上京，恐遠近失望。願以逆人資財賜浙西百姓，代今年租賦。」

[080] 《新唐書》卷 119，〈白居易傳〉，36 冊，P3406。

吐突承璀雖然沒軍職，還是以欽差大臣的身分前往監軍，結果軍威政令不振，一次次戰敗。當時，駐潞州昭義節度使盧從史支持王承宗，暗中聯手。李純發覺，將他誘捕，綁赴京城。可是，李絳進言：「雖然盧從史暗中奸謀，但如果將他驅逐，讓人取而代之，必將人人自危。」於是，把他換個地方為官了事。王承宗也知趣，派使者上中央，說是受盧從史離間，請求繳納賦稅，由朝廷任免官吏，讓他改過自新。李純見好就收，810年頒詔為王承宗平反，將德、棣二州授還給他，諸道行營撤銷。

　　魏博節度使田季安生活放蕩，性情暴躁。他部將田興倒是既武又文，性情恭謙。田興多次規勸田季安收斂些，田季安認為他想收攏人心，要殺他，但他腿快，跑了。812年，田季安病死，他夫人將年僅11歲的兒子田懷諫立為副使，掌管軍務，請田興回來輔佐。怎麼能讓他們自行作主呢？有人請求出兵討伐。李純對河北幾鎮早就耿耿於懷，自然不願放過機會。可是李絳建議：「田懷諫乳臭未乾，不得不依靠朝廷。臣認為不必出兵，可以等他們主動歸降。」

　　田懷諫的軍政全由家僕蔣士則決斷，而他為所欲為，引起眾怒。朝廷任命還沒到，部將們感到不妙，要推舉田興為留後。田興卻安慰說：「不得冒犯副使！我想還是要遵守朝廷法令，請求中央任命。」大家同意。於是殺了蔣士則，田懷諫搬出軍府，坐等朝廷任命。

　　李純聞訊，連忙召見李絳：「魏博的形勢果然如你所料！」於是一邊派人去慰問，一邊趕製任命書。李純本來只想將田興任命為留後，李絳說對這樣忠心的人，應當破格，直接任命節度使。田興與他的將士們歡欣雀躍。

　　不久，李絳進而說：「魏博50多年沒得到朝廷恩澤了，如果沒讓他們感到喜出望外，無法安撫士兵，也無法讓四鄰羨慕。因此，建議獎賞150萬緡錢。」大臣們同意獎賞，但認為太多。李絳說：「田興不貪獨立王國的

好處，不顧引起四鄰怨恨，毅然歸順。為了國家大計，怎能不捨得錢呢？錢用完了還會有，良機一旦失去，不會再來。假如調 15 萬兵去攻魏博 6 州，何止 150 萬！」李純深有同感，立即表示：「朕粗茶淡飯，積蓄錢財，正是為了平定四方。否則，錢堆在國庫裡有什麼用？」[081] 於是，立即派人帶著 150 萬緡錢去魏博發賞，並宣布免除魏博 6 州百姓賦稅徭役 1 年，歡天喜地。唐、宋皇帝喜歡拿姓名當獎品，第二年，還為田興賜名「田弘正」。

　　魏博的轉變，刺激了其他節度使。他們有的想：「跟朝廷對抗下去，到底有什麼好處？」有的恨田興破壞了幾十年的「潛規則」，派人離間，田興沒有上當；想討伐田興，但不敢行動。

　　淮西節度使是當年為防止安祿山叛軍南下而設的方鎮，初有 12 州，「安史之亂」後多數州郡被分割，只剩下申、光、蔡 3 州，差不多相當於現在河南駐馬店和信陽兩市，只有三、四萬兵力。814 年，淮西節度使吳少陽病死，其子吳元濟匿不發喪，偽造吳少陽上表稱病，請求任命吳元濟為留後。朝廷不同意，吳元濟便派兵掠舞陽、葉縣等。李純不是吃素的，調 16 鎮、9 萬大軍去鎮壓。當時，吳元濟四鄰都聽命於朝中，兵力又具壓倒性優勢，兵到亂除。

　　第二年，平盧節度使李師道、成德節度使王承宗接連幾次上表，請求赦免吳元濟，李純拒絕。沒想到，李師道發兵 2,000 人趕往壽春，說是輔助官軍，實際上悄然援助吳元濟，派特務燒官軍帛 30 餘萬匹、穀 3 萬餘斛。又派特務刺殺力主削藩的宰相武元衡和裴度。當時，天還未大亮，大臣們點著蠟燭在路上趕往宮中上班，刺客將武元衡射死，並砍下他的頭顱帶走；裴度跌進水溝，僥倖撿回一條命。刺客還留紙條：「毋急捕我，我

---

[081] 同注 74，卷 239，〈唐紀〉55，P10078，「朕所以惡衣菲食，蓄聚貨財，正為欲平定四方。不然，徒貯之府庫何為！」

先殺汝。」氣焰囂張，京城大駭。有人說這是王承宗手下人做的，抓幾個殺了，並派兵討伐王承宗。

暗殺沒能讓李純和裴度退縮。只是沒想到，這仗打了4年還打不下。特別是西線戰場，四易主將，第三任全軍覆沒，第四任居然祕密妥協。那些將領打了勝仗就吹牛，打了敗仗就隱瞞。朝中幾年後才知道真相，李純痛加責備，威脅如果再不獲勝，要嚴加懲處。因為戰局曠日膠著，中央財力吃緊，民力困乏，朝中大臣紛紛建議罷兵。裴度態度堅決：「淮西不平，兩河不安，猶人有心腹之疾，終將成大患。」為此，他主動請纓，親臨前線督戰。李純很感動，親自送行到城門。裴度臨別還說：「此去賊滅，有日見陛下；賊不滅，則無歸期。臣與賊不共戴天！」君臣老淚縱橫。817年，裴度到達北線戰場。吳元濟不敢小看，將精銳部隊調來，與官軍隔河對峙。

這年初，西線戰場官軍再次易帥，新的主將李愬謀略過人。他知道士兵厭戰，竟然說：「皇上知道我柔弱，特地要我來安撫你們。至於帶兵作戰，那不關我的事！」這話傳開，將士們輕視他。李愬抓了重要俘虜李祐，為了解情報，以禮相待，甚至與他同住一帳。有人說李祐是奸細。李愬怕這些非議傳到朝廷，便一邊將李祐押送進京，一邊密奏：「如果殺了李祐，我就無法獲勝！」李純會意，將李祐押還李愬處理。李祐感激得一塌糊塗，什麼軍事機密都說出來。李愬組織2,000人敢死隊，號稱「突將」，加以特別訓練。

同年「往亡日」，算命先生說是「往者去也，亡者無也。其日忌拜官上任、遠行歸家、出軍征討、嫁娶尋醫」，李愬卻率「突將」們出發。敵人毫無戒備，順利攻占吳房的外城。李愬卻乘勝而退。他說：「這並不是我們的目的！」他派員向裴度匯報自己的整盤計畫，得到讚賞。於是，他率9,000兵，分3路出征。去哪裡？李愬說只顧往東走。走60里後天黑，大

雪紛飛，休整吃飯，然後又行軍。諸將請示進軍目標，李愬這才說要去蔡州擒拿吳元濟。諸將大驚失色，以為果然中了李祐奸計，只是不敢抗命。又走了70里，到蔡州城下，這時半夜，雪下得更大，守軍毫無覺察。雞叫時雪停，李愬突入吳元濟門外。士兵緊急叫醒，吳元濟還睡眼惺忪說：「肯定是俘虜偷盜，天亮把他們殺了！」不久，士兵又來告急，吳元濟不以為然，說：「可能是我們值夜班的將士回來要寒衣吧！」等他相信是官兵時，已經太遲，只得乖乖當俘虜。淮西軍主力當日投降，拖了多年的戰役一夜結束，吳房從此改名「遂平」。

然而，與藩鎮的戰爭遠沒有句號。吳元濟敗了，在鄆州的李師道不願束手就擒，憂恐交集，草木皆兵，令轄內百姓不許聚會宴飲，不許在路上交談。幕僚李公度看出他的心思，勸道：「自從李純上臺以來，劉闢、李錡、田季安、盧從史、吳元濟，都仗著手裡有軍隊、地方險要，可他們哪個不是家破人亡？」李師道覺得有理，便上表請求送交人質，進獻沂州、密州和海州。李純很高興，派員前往安撫將士。可是，李師道「妻管嚴」，老婆不肯讓兒子當人質，反而勸說：「李家世代擁有這片土地，怎能輕易獻出去？大不了官軍來討，敗了再獻也不遲！」李師道也覺得有理，要殺李公度解氣，被勸阻，還是囚禁了他。這時，朝廷使者追來，李師道道歉：「父子情深，將士也有壓力，所以遲遲沒送。過一段時間保證送去！」使者回京，匯報：「李師道反覆無常，恐怕得用兵。」再等一段時間，李師道仍然沒動靜。另一位幕僚賈直言抬著棺材進諫，還畫一張李師道與妻子、兒女被囚的畫進獻，李師道不僅不聽，反而也囚禁了他。然後，上表說軍中將士不願交送人質與割讓土地。李純大怒，發兵討伐。

韓愈獻計：「吳元濟就擒後，王承宗嚇破了膽。如果讓我帶著丞相令去勸說，不用出兵就可以讓他歸順！」果然，王承宗正處於恐懼當中，一聽使者忠告，隨即上表交送人質，進獻德州和棣州。李純很高興，立即下

詔恢復他的官職爵位。

官軍逼近鄆州，首戰告捷，送40名俘虜進京。李純只誅李師道一人，不殺戰俘，想回家的，發給盤纏。消息傳開，李師道的將士接二連三歸附。李師道的部將劉悟為人寬厚，人稱「劉父」。有人挑撥說：「劉悟喜歡收買人心，現在率一萬大軍守陽穀，恐怕另有企圖。」李師道聽信，派人帶著他的手令，要求劉悟的副手殺他。不想，這副手與劉悟關係很好，將手令交給他。劉悟對諸將嘆道：「我與諸位不顧死活抵抗官軍，沒半點負李師道，他現在卻要殺我，諸位也難免。既然如此，我們不如忠於天子，求個平安！」於是，他們連夜殺回鄆城，一舉將李師道父子斬了。

「安史之亂」後60年來，藩鎮跋扈，河南、河北30多州自行任命官吏，也不向朝廷交納貢賦，至此全部恢復，中央權威重樹。加之這些年風調雨順，五穀豐登，斗米僅2錢，周邊相對來說也很平靜，被譽為「元和中興」。

東漢後期，陝西華陰縣西嶽華山廟立一碑，稱「華山廟碑」，又名「華嶽碑」，原碑早被損毀，唐玄宗御製華嶽碑也只剩殘碑，但在當時仍號稱「天下第一碑」。809年，李純執政才四、五年，吐突承璀迫不及待拍馬屁，建安國寺，豎「聖德碑」，參照華嶽碑標準，並準備了萬緡高價僱名人撰寫碑文，請李純批示。李純笑納，命李絳執筆。李絳卻批評說：「堯、舜、禹、湯聖君，都沒有自己樹碑立傳，只有秦始皇那樣的暴君才會自吹自擂，您是想學誰呢？」李純一聽，臉面無處放，當場叫吐突承璀將碑樓推倒。吐突承璀來個緩兵計，說碑樓太大，一時推不了，慢慢拆吧！李純嚴厲說：「多用幾頭牛，還怕推不倒嗎？」吐突承璀不敢再說，馬上用上百條牛去推倒。[082]

---

[082] 同上，卷237，〈唐紀〉53，P10024，「上厲聲曰：『多用牛曳之！』承璀乃不敢言。凡用百牛曳之，乃倒。」

後來，的確呈現一片中興景象，大臣讚揚更多。如史官李翱讚頌李純：「神斷武功，自古中興之君，莫有及者。」[083] 819年春，宰相裴度將李純這十幾年的勤政、智謀編寫成文，趁一次宴會高興時進獻，請求宮中蓋印後交給史官。李純卻不同意：「你這麼做，好像是朕要求你寫的，不妥啊！」[084] 看來，李純牢記了李絳10年的話。現代學者認為李純是唐朝「後半期唯一有成就的皇帝」。[085]

去脈：藩鎮重回半獨立狀態

819年，韓愈的學生、史官李翱上書，這份諫很值得一讀。不愧是史官寫的，在歷史性的時刻，提出歷史性的建言。李翱直言不諱說：「至此，李純只有武功，文德方面還需要從6方面努力，一是革弊政，二是用賢良，三是改稅法，四是減租賦，五是強邊防，六是善納諫，否則太平盛世無指望。」[086] 李純對李翱此諫態度如何，不得而知。李純謙遜，但並不善於納諫。因為委派太監監軍之事，白居易進諫批評，李純不得不有所採納，但懷恨在心。他對李絳發牢騷：「白居易小子，是朕拔擢至名位，而無禮於朕，朕實難奈。」[087] 從史實來看，也沒採納李翱之諫，非常遺憾。

李純在位15年，死時年僅43歲，可謂年富力強。如此壯年且任期不

---

[083] 《全唐文》卷634。

[084] 同註74，卷241，〈唐紀〉57，P10176，「如此，似出朕志，非所欲也。」

[085] 《劍橋中國隋唐史》，P489。

[086] 同註74，卷241，〈唐紀〉57，15冊，P10178，「定禍亂者，武功也；興太平者，文德也。今陛下既以武功定海內，若遂革弊事，復高祖、太宗舊制；用忠正而不疑，屏邪佞而不邇；改稅法，不督錢而納布帛；絕進獻，寬百姓租賦；厚邊兵，以制戎敵侵盜；數訪問待制官，以通塞蔽。此六者，政之根本，太平之所以興也。陛下既已能行其難，若何不為其易乎……太平未可期矣！」

[087] 《舊唐書》卷166，〈白居易傳〉，32冊，P2958。

太長的明君也難善終,令人遺憾。藩鎮被暫時壓制,李純以為功成名就,不再進取,不再信任賢臣,不再納諫,而熱衷於享樂。

李純跟他的老祖宗們一樣,奉太上老君李聃為遠祖,以道教為國教。810年,宦官張惟出使新羅回來,說了個離奇故事:「在一座孤島上,遇一位神仙,這神仙說:『唐朝皇帝乃吾友也,煩請傳語。』」張惟說得天花亂墜。李純想:「我前世難道不是仙人?」從此,他不斷下詔搜求天下方士,訪求長生不老仙丹。

818年,有人推薦方士柳泌,說他非常神靈。李純大喜,立即命柳泌進京煉丹。煉了一段時間,報告:「聽說臺州天臺山是一座仙山,有很多奇花異草。如果陛下讓我去那裡當官,我能為陛下求得仙藥。」李純居然真的命他代理臺州刺史。諫官紛紛反對:「從來沒有讓方士出任刺史的先例!」李純發怒:「用一州之力就能讓人主長生不老,你們為什麼捨不得呢?」[088] 從此,群臣莫敢言。柳泌在臺州瞎忙一年,當然拿不出什麼仙藥,只好學秦始皇時的徐福、盧生們,走為上策。他捨不得遠遁,只帶著妻兒逃入深山。地方官派兵把他抓回,解往長安。可是李純不僅沒治柳泌的罪,又任命他為翰林待詔,繼續煉丹。李純服了這些「仙丹」後有不良反應,一是口渴難耐,二是脾氣暴躁時神智不清,狂怒像猛虎。他身邊的人真是伴君如伴虎了,宦官、宮女動不動就被他喝令推出去斬首。

第二年,負責《起居注》的官員裴潾斗膽進諫:「金石這類東西本來就有毒,經過火煉,更不是五臟所能承受。古時君主服藥,臣下必定先嘗。方士既然說好,那就請他先服一年,證實無毒、有效,再獻陛下不遲!」李純看了很生氣,貶裴潾,繼續服丹。820年,李純服藥後果然暴死。《伊索寓言》(Aesop's Fables):「一個農夫牽一頭驢過懸崖,怕牠掉下去,總要往內拉一些,可那驢堅決不肯,偏要往外一些,結果驢掉了下去,農夫

---

[088]　同注74,卷240,〈唐紀〉56,P10158,「煩一州之力而能為人主致長生,臣子亦何愛焉!」

嘆道：『你勝利了！』」看來，李純也勝利了！徹底戰勝了裴潾們！

有人說李純是宦官陳弘志殺的，這不是空穴來風。身為如此天大命案的嫌疑犯，陳弘志不見什麼歷史記載。他的做案動機——如果凶手真是他的話——很可能僅僅是李純服丹藥後，脾氣暴躁、毆打宦官，不意觸發「激動殺人」。李純是太監扶上皇位的，最後又被太監奪命，似乎是某種宿命。太監作亂在中國歷史上不是第一次，也不是最後一次，但唐朝是在李純手上開始的。從此，唐朝皇帝的廢立都由太監操縱。這麼說來，是某種報應。

更糟的是，繼李純位的太子李恆（穆宗）不爭氣，政務荒廢，被李純好不容易壓下的藩鎮勢力，很快又重新抬頭，「元和中興」的成果毀於一旦。

當年成德節度使王承宗死，諸將欺新皇帝不務正業，舊病復發，按「老規矩」，擁立其弟王承元接管軍政大權。李恆預設，只是對幾大「軍區司令」作統一調整，希望此舉能削弱各節度使對原轄區的絕對控制權。調令下去，表面似乎平靜。

盧龍節度使劉總雖然被史書寫成「性陰賊險譎」，實際上可以算是個做不得壞事的老實人。他毒殺父親，然後矯父命殺兄，篡位奪權，事後良心發現，老是夢見父兄血肉模糊的鬼魂，被折磨得沒辦法。劉總突然上表請求出家當和尚，朝廷不知道劉總葫蘆裡賣什麼藥，試探性下一詔，任命他為侍中兼天平節度使，同時將宣武節度使張弘靖調任盧龍節度使。劉總只想辭職，一再上疏，言辭誠懇，且表示願將家宅捐為寺。李恆這才下詔賜劉總法名大覺，賜寺名報恩，贈一套僧衣。同時還送天平鎮的旌節斧鉞，暗示他如果反悔，隨時可以走馬上任。不料，詔書還沒到，劉總已剃度，還殺了十幾個挽留他的人，連夜逃出，不知去向。幾天後，在河中發現他的屍體，自殺、他殺不明。

劉總臨走前上奏朝廷，主動要求把盧龍一分為三，並推薦3個可靠的

人選，獻 1.5 萬匹良馬。如果李恆能抓住這個機會，將盧龍徹底改造為中央直轄區，那中央對河北藩鎮的約束力將大大增加，很有可能進而根除藩鎮之亂。遺憾的是，李恆沒有採納劉總的建議，只是把盧龍劃成兩道，其中大部分交給張弘靖。張弘靖政治上絕對可靠，問題是文官出身，講究繁文縟節，讓那些驕兵悍將很反感。

張弘靖寵信的部將韋雍更是讓人怨恨，不但剋扣糧餉，甚至當面對士兵說：「現在天下太平，你們能拉兩石重的弓，還不如認識一個『丁』字！」[089] 這話激怒了士兵。一天，韋雍出行，一個低階軍官不小心衝撞到韋雍的衛隊，他立刻命人把那小軍官拖下馬，逮捕下獄。當天晚上，士兵譁變，衝進張弘靖的府第搶掠，囚禁張弘靖，殺了韋雍及多名幕僚和軍官。次日，張弘靖又閉口不肯談判，亂兵們只好擁立朱克融為盧龍留後。

消息傳到長安，李恆匆匆罷了張弘靖，將昭義節度使劉悟調任盧龍節度使。可是，劉悟拒絕。幾日後，成德也發生兵變，部將王庭湊率眾殺了從魏博調來的節度使田弘正及幕僚、將吏和一家老小 300 多人，自任留後，上表請求朝廷任命。田弘正是中央樹的旗幟，這麼多年號召「藩鎮學田弘正」，怎麼會如此下場呢？

李恆很憤怒，命魏博等幾大軍區一同出兵，共討叛賊王庭湊和朱克融。魏博節度使李愬悲憤難當，立刻穿起喪服，率軍出征。可是剛開路，李愬突然病倒。李恆只好任命田弘正的兒子、前涇原節度使田布為魏博節度使，讓他為父報仇。王庭湊和朱克融毫不示弱，縱兵在易州一帶燒殺擄掠。

征戰才兩個月，國庫告罄。宰相們說：「王庭湊殺田弘正，而朱克融留張弘靖一命，罪有輕重，請赦免朱克融，集中殲王庭湊。」李恆即任命朱克融為盧龍節度使。這是李純之後第一次對藩鎮妥協，而有了第一次，

---

[089]　同注 80，卷 127，〈張弘靖傳〉，P3509，「天下太平，而輩挽兩石弓，不如識一丁字。」

就很容易有第二次、第三次……河北三鎮相繼脫離中央，重新回到半獨立狀態，包括「會昌中興」、「大中中興」時期，也不得不予以預設，直至唐朝滅亡。

略議用人與疑人。

李純有中興之志，有革數十年積弊之勇，更重要的是，有知人善任之術。他身邊不乏能人，如杜黃裳、李絳、裴度為他運籌劃謀，總舉大綱；高崇文、李愬、李光顏等為他南征北戰，平定四方；杜佑、白居易、韓愈等為他舞文弄墨，章制詔敕。唐朝後期，再沒有這樣人才濟濟的局面。

最讓我感動的是裴度。征討淮西，幾年不下，文武百官紛紛打退堂鼓，裴度自己也被暗殺負傷。在這種情況下，他依然堅持主戰，讓李純不失信心。裴度並非光靠嘴巴，主動請纓到前線督戰，大有「風蕭蕭兮易水寒，壯士一去兮不復還」之悲壯。正是他發現、起用卑微的李愬為西路統帥，並撤了成事不足、敗事有餘的監軍太監，讓李愬能自由發揮軍事天才，才使雪夜奇襲成功，一舉奪取削藩戰爭關鍵一仗的勝利。

當然，最關鍵的還是李純。早在即位之初，他便與宰相杜黃裳論過君臣問題。他說：「自古以來，有些帝王勤勤懇懇、政績卓越，可也有些帝王端身拱手，無為而治，究竟哪個好？」杜黃裳認為問題不在於帝王是否勤政，而在於是否能用人，「夫人主患不推誠，人臣患不竭忠。苟上疑其下，下欺其上，將以求理，不亦難乎！」[090] 李純深有同感，付諸踐行。

如果李純像朱由檢就慘了！朱由檢也有中興之志，且很勤政，卻被史家稱為「不是亡國之君的亡國悲劇」。朱由檢的原則是「錯一事則罷一官，丟一城則殺一將」，挑選了大量官員。然而，他卻還是落得「有人而無人之用，有餉而無餉之用，有將不能治兵，有兵不能殺賊」[091] 的絕境，十

---

[090]　同注 74，卷 237，〈唐紀〉53，P9982。
[091]　《明史》卷 255，〈劉宗周傳〉，62 冊，P4398。

足的孤家寡人。如此,他的人氣越發變得不如李自成了。

袁崇煥掛帥遼東,採取「用遼人守遼土,且守且戰,且築且屯」的策略,使清軍3年裏足不前。在閹黨干擾下,兵部尚書高第自毀遼東防線,關外只剩袁崇煥鎮守的寧遠一座孤城,清兵大舉圍攻。朝廷與山海關諸將都以為寧遠必失,不發救兵,而袁崇煥拒絕投降,「懾服眾志」、頑強奮戰,反而使清軍慘敗逃回。努爾哈赤嘆道:「我25歲起兵以來,戰無不勝,不想今天吃了袁蠻子一大虧!」接下來,清軍換一手,讓明軍拾到〈滿州國主致袁督帥麾下〉函。朱由檢派心腹太監出城查訪,被清兵逮住,請他們喝酒,席間說與袁崇煥如何聯繫,太監逃脫回來「如實」匯報。朱由檢相信袁崇煥投敵,中離間計,將他處以凌遲——活活剮3,540多刀,「百姓將銀一錢,買肉一塊,如手指大,啖之。食時必罵一聲……」[092] 一大將軍就這樣活生生被剮進了千萬人之口,其殘酷,你拿根細細的縫衣針輕輕戳一下自己的指頭,便可以想像。袁崇煥忍受那3,540多刀,還會有幾個人願意替朱由檢賣命?

李愬「投敵」證據更是確鑿。各軍每天都有報告,說李祐是敵人的奸細,而李愬不僅重用他為軍官,還與他同床徹夜密談。當時軍中有明令:讓敵人奸細留宿的,殺全家。在這種情況下,李純依然信任李愬,送回李祐,放手讓李愬密謀奇襲,果見奇功。史書評曰:「愬儉於奉己而豐於待士,知賢不疑,見可能斷,此其所以成功也。」[093] 否則,要是像朱由檢那樣輕信,李愬哪能逃脫「通敵罪」?那樣,也沒有雪夜奇襲之捷了,吳元濟很可能繼續頑抗下去,還非常可能會進而逆轉整個削藩形勢(歷史證明這假設並非不可能),就此斷送大唐。

---

[092]　計六奇:《明季北略》卷5。
[093]　同注74,卷240,〈唐紀〉56,15冊,P10142。

第四章
會昌中興

【提要】

唐武宗李炎任期雖短（840～846年），但大幅裁官，將貪官與「十惡」相提並論，大禁佛教，抵禦外敵，國勢大振。

假如李炎像胡亥，讓邪惡的「恩人」牽著鼻子走，非常可能也變得好獵聲色，更可能無法平息藩鎮的反叛與回鶻的侵擾，唐朝的末日不也可能提前於此時嗎？

來龍：皇帝勇敢地玩樂

帝王往往享樂過度，樂而忘憂，置「天命」於不顧。晉大臣傅咸警告說：「奢侈之費，甚於天災」，可是沒幾個帝王放在心上。李純的兒子李恆就是如此。

李恆繼位那年已經 25 歲，是一般人大談理想抱負並為之打拚的大好時光，當然也是揮霍青春的大好時節，他選擇後者。李恆是第三子，長子意外病死，最受李純寵信的太監，直到最後都在努力立次子，只因李恆的母親非常強勢，最後占了上風。應該說機會來之不易，李恆懂得珍惜，只遺憾不是用於事業。李恆當上太子那年 17 歲，換言之，又接受了長達 8 年的接班人專業培訓，現代博士也該畢業了，他卻仍然沒有培養出一顆愛國、愛崗與愛民之心，可見儒家為帝王師的理想也失敗得很。

李恆愛好廣泛，例如狩獵、馬球、酒宴等，唯獨不愛朝政。著名的華清池，也稱「華清宮」、「驪山宮」，那是李隆基和楊貴妃的風流別宮，直到現代還遊人如織。但在「安史之亂」後，唐帝很少去那裡，都怕犯忌。李恆卻不顧晦氣，特別愛去。大臣進諫：「眼下北邊吃緊，形勢多變。如果有緊急奏報，陛下卻不在宮中，如何是好？」李恆回答：「朕決意成行，你們就不要再煩我了！」他還是帶著上千人馬浩浩蕩蕩去享樂，置國家安危於不顧。李純獲得了政治、軍事的勝利，但也耗空了國庫。如今再經李恆一番揮霍，財力更是吃緊。藩鎮無視中央的局面，在李恆手上死灰復燃，毫不奇怪。

也許李氏祖先在天之靈看不過去，822 年，李恆在一次打馬球時墜馬，進而中風，一病不起。他感到絕望，令太子李湛監國。李湛這年才 16 歲，因此宦官請郭太后臨朝執政。這郭太后是著名賢臣郭子儀之孫、昇平公主之女，一聽發怒：「當年武后稱帝，幾乎亡國。我家世代忠義，豈能跟武

后同日而語？自古以來，有女子為天下主而能創盛世的嗎？」[094] 說著，將送來的檔案撕了。這郭太后顯然是儒書讀多了，未免迂腐。太監干政沒好事固然至理，可是女人執政並不一定是壞事。即使武則天，雖然以鐵的手腕對付公開或暗中的反對派，但她不拘一格選用人才，儘管宮內血淚飛濺，宮外仍太平安寧，一些史學家稱之「亂上而未亂下」，不僅無外患之憂，且在經濟、文化方面，都有很大發展，被譽為「武周之治」，並非像有些人或郭太后的印象那麼糟糕。假如郭太后勇於擔當，那政局非常可能比頑童似的李湛要好些。

824年，李恆病死，李湛繼位，即敬宗。李恆有5子，其中3個先後當皇帝，即李湛與文宗李昂、武宗李炎，這在唐朝歷史上絕無僅有，算是李恆這輩子最大的貢獻。但我想，一個人如果說生子女是最大貢獻，實在不算是什麼表揚。

李湛跟他父親一樣貪圖享樂，有過之而無不及。其實，古代公務員比現代更辛苦。從《詩經》看，雞鳴便要起床，摸黑穿衣，連奔帶跑去上班。唐朝差不多，也得摸黑穿衣上朝。前文有述，宰相武元衡就是點著蠟燭，在上班路上被刺殺的。當然也有例外，如李湛的老祖宗李隆基就「春宵苦短日高起，從此君王不早朝」。如果李隆基能堅持早朝，多放精力在政務上，「安史之亂」也許不會發生。可是什麼政績也沒有的李湛，沒學李隆基開創盛世的本事，倒學他不上早朝，日上三竿還不上朝，有的大臣等不住昏倒在地。在大臣催促下，他才姍姍而來。大臣劉棲楚痛心地說：「陛下以少主，踐祚未幾，惡德流布，恐福祚之不長也」，頭叩龍墀，血流滿面。[095] 李湛無法不感動，表示納諫，但堅決不改。當時在浙西為官的

---

[094] 《資治通鑑》卷243，〈唐紀〉59，15冊，P10266，「昔武后稱制，幾危社稷。我家世守忠義，非武氏之比也。太子雖少，但得賢宰相輔之，卿輩勿預朝政，何患國家不安！自古豈有女子為天下主而能致唐、虞之理乎！」

[095] 《新唐書》卷175，〈劉棲楚傳〉，37冊，P4062。

李德裕進諫〈丹扆六箴〉，一是「宵衣」，諷李湛上朝太少、太晚；二是「正服」，諷李湛服飾車馬有違祖法；三是「罷獻」，諷李湛到處搜求珍物玩賞；四是「納誨」，諷李湛不聽忠臣之言；五是「辨邪」，諷李湛寵信小人；六是「防微」，諷李湛隨意外出遊玩。李湛讀了有點感動，表揚一番，但一樣不改。大臣勸他不要去驪山遊幸，明說：「從周幽王以來，遊幸驪山的帝王都沒好結果，秦始皇葬那裡二世而亡，玄宗在那裡修行宮而安祿山亂，先帝（李恆）去了一趟，回來就駕崩……」李湛聽了，竟然說：「驪山真有那麼晦氣嗎？我更想去試試了！」

李湛勇敢地玩樂，疏於朝政，宮中多次發生凶案。《唐史演義》載，長安街頭算命先生蘇玄明為染坊役夫張韶算一卦，說：「張兄你命中有大福大貴啊！你應當坐在金鑾殿上跟我喝酒。當今皇上白天打球，晚上獵狐，忙得不可開交，大都不在宮中，我們可以去試試！」他們糾集100多名流氓、地痞、小混混去闖宮，嚇得正在打球的李湛慌忙躲到軍中去，而張韶們真的在清思殿過一把皇上癮，坐在御榻上喝幾杯，感覺非常好。張韶高興的說：「一切果然像你算的卦一樣！」蘇玄明提醒說：「你以為進宮來真的只是一頓飯嗎？」

張韶之亂很快被平息，但李湛夜路走多了，難免碰上鬼。826年的一天，李湛打夜狐回宮，興猶未盡，又與宦官劉克明等28人喝酒。酒酣耳熱，李湛入室更衣，大殿上燈燭忽然熄滅，劉克明等人將李湛殺了。這種帝王被謀殺，很難說是國之不幸。

劉克明殺李湛後，偽造遺旨，迎李恆之子絳王李悟入宮繼位。兩天後，另一派宦官王守澄等指揮神策軍殺了劉克明和李悟，另立李昂為帝，即文宗。

李昂這年18歲，倒是很想做一番事業，一上臺就去奢從儉，減宮女3,000餘名，五坊鷹犬除少量校獵外，均放出，教坊與翰林院也裁員1,200

餘人。李湛每月上朝不過一、二日，李昂恢復傳統，每一、三、五、七、九單日上朝。當然，相對來說，這些都是雞毛蒜皮，最嚴重的問題何在，路人皆知。828年策試舉人，有位名叫劉蕡的考生直言不諱指陳：「委天下大政於五、六宦官，國家淪落『將危』、『將傾』、『將亂』的境地，再不改革，必然『禍起蕭牆，奸生帷幄』」，建議恢復唐初政策：宦官不授三品以上高官，不涉政事，而只負責門衛、庭內掃除雜事。對此，考官們無不嘆服，卻沒人敢錄取。直到902年，太監韓全誨等軟禁唐昭宗李曄，軍閥李茂貞救出，殺了韓全誨等，左拾遺還想起劉蕡此諫，說：「如果當年採納了劉蕡的建言，防微杜漸，太監怎麼可能囂張到現在這種地步？」李曄聽了，感慨萬千，連忙追贈劉蕡官職，並尋訪他的子孫，授以實職。[096]

李昂不是傻瓜，明白劉蕡這話切中時弊，但也不敢公開錄取他，只能暗暗決心像劉宋劉義隆那樣，盡快將宦官的囂張氣焰打下去。他也清楚宦官一手遮天，身邊沒幾個人可信賴。於是，他新提拔貧寒出身的宋申錫為宰相，密旨暗中掌握軍隊來除宦官。不想這宋申錫太忠厚，走漏風聲。勢力最強的宦官王守澄馬上反擊，誣宋申錫暗中聯合漳王李湊謀反。李昂剛好心裡早對李湊有疙瘩，一聽大怒，立即下令斬宋申錫。經其他大臣勸諫，才發現上當，但宋申錫仍死於貶所。後來每提起此事，李昂便「流涕泫然」。一個皇帝淪落到這般境地，令人不敢相信。

李昂不甘失敗，改變策略。當宦官從民間引進身懷祖傳祕方的醫生鄭注時，李昂將賭注壓到他身上，發展為自己的心腹。鄭注又帶來他的好友李訓。李訓是民間道士，不引人注目，宦官也沒在意。鄭注和李訓身輕言微，可他們的智商與情商並不低，與李昂3人湊成一個諸葛亮，巧妙利用宦官派系相互間的重重矛盾，步步得手。

---

[096] 同上，卷178，〈劉蕡傳〉，P4102，「使蕡策早用，則杜漸防萌，逆節可消，寧殷憂多難，遠及聖世耶？今天地反正，枉魄憤懫，有望於陛下。」

王守澄曾3次操縱皇帝廢立，又掌控神策軍大權。擒賊先擒王，一般來說，應當先除王守澄。可是，鑑於自身力量薄弱，鄭注和李訓倒是依靠王守澄，先幫他清除對手，成為他的親信。李訓很快高居相位，鄭注則成為鳳翔節度使。然後，他們用一杯毒酒，神不知鬼不覺將王守澄除掉。這時，李昂與鄭注、李訓進而密謀利用王守澄出葬機會，將以仇士良為首的宦官集團一舉全殲。沒想到，鄭注去鳳翔搬兵時，李注卻生異心，另設圈套搶先滅掉仇士良，想獨占大功。

　　835年一天早朝時，有人奏報禁軍院內石榴樹上夜降甘露。甘露是甜美的露水，向來被視為吉祥的象徵。為此，李訓立即建議李昂前往觀看。李昂要乘轎，無法說走就走，命李訓先去。李訓回報說那水未必是甘露，不可輕易宣布，否則天下軍民來慶賀，發現有誤，那可不好。於是，李昂又命仇士良多帶幾名宦官去查驗。仇士良不知是計，欣然應允，可他一進禁軍大門，就敏銳發現有異，這時剛好風吹動帷幕，現出幕後的伏兵，他立即奪門而退。這些久經陰謀的宦官，各個不笨，直奔含元殿，七手八腳將李昂抬起就逃，入宣政殿緊閉宮門。然後逼李昂下詔，神策軍四面搜捕李訓及其手下，對市民也逢人就殺。鄭注到鳳翔搬兵，途中聽說李訓失敗，只得返回鳳翔，但監軍已在那裡埋伏重兵，鄭注被殺。其他被殺官吏還有六、七百人，同黨1,000餘人，血流成渠，史稱「甘露之變」。

　　京城835年那陣不大不小的風，吹散的或許是一次歷史重大機遇。它很容易讓我們想到1930年，那是希特勒奪權之前兩年多，希特勒坐在一輛轎車的「死亡座」（前右位）上，車與大卡車相撞，如果司機晚一秒鐘煞車，很可能沒有第二次世界大戰。無獨有偶，1944年那天，希特勒被會議桌下一個定時炸彈炸傷，如果那炸彈稍近一些，第二次世界大戰很可能提早結束。歷史的偶然性不可小覷。

　　宦官制度在世界許多地方都曾存在，似乎僅日本沒有，而中國扎根最

深，影響最大。中國歷史上，宦官完全把持朝政、最為專橫跋扈是東漢、唐朝和明朝，而且都是後半期，這說明太監風光是王朝衰亡之兆。唐朝宦官猖獗始於李隆基授予高力士高官，「甘露之變」步入高潮。他們一點也不以做一個有生理缺陷的男人為恥，公開炫耀自己的權力，自稱「定策國老」（意指可廢立皇帝的元老），而將皇帝貶為「門生天子」（身為學生的天子）[097]。從此，宦官與朝臣之間的鬥爭此起彼伏，沒完沒了。因為衙署在宮城之南，內侍省在宮城之北，所以又稱「南衙北司之爭」。

「甘露之變」失敗，李昂落入宦官之手，名為皇帝，實為囚徒。偏偏他多愁善感，心情非常鬱悶。他常在宮中獨自徘徊，嘆息不已。他曾對宰相訴衷腸：「朕讀史書時，每每以當平庸君王為恥。朕可與你們談論國家大事，卻心有餘力不足，只能退朝後拚命喝酒，麻醉自己。」一次與翰林學士周墀閒聊，李昂問：「朕可以與前代哪些帝王相比？」周墀恭維說：「陛下同堯、舜！」李昂嘆了嘆說：「我想問的是，朕與周赧王、漢獻帝相比如何？」周墀嚇一跳：「周赧王、漢獻帝都是亡國之君啊！陛下大聖大德……」李昂正色說：「他們只是受制於強大諸侯，朕如今卻受制於宦官家奴，還不如他們！」[098] 說著落淚如雨，君臣失聲痛哭。從此，他不再上朝，直至840年初憂鬱而死，太弟李炎繼位。

最大亮點：大打老虎與蒼蠅

李炎是想做事的。他在「就職演說」中宣布：「本年二月八日之前，除了十惡不赦、背叛國家、故意殺人、貪贓枉法者，其他不管罪行輕重，一

---

[097] 《舊唐書》卷184，〈楊復恭傳〉，「吾於荊榛中援立壽王，有如此負心，門生天子，既得尊位，乃廢定策國老。」

[098] 《資治通鑑》卷246，〈唐紀〉62，P10434，「赧、獻受制於強諸侯，今朕受制於家奴，以此言之，朕殆不如！」

律釋放。」842 年，李炎加尊號後，又宣布大赦，但重申將「官典犯贓」與十惡、故意殺人等罪行並列，不在大赦之列。845 年又一次大赦，再次重申貪腐的官吏除外，並強調除去惡人，進賢納士，政令通暢，懲治貪贓枉法。將貪贓枉法與十惡、叛國、殺人之罪相提並論，可見李炎對廉政工作重視到何等程度，也足見當時官場腐敗嚴重到何等地步。

李炎加大對貪腐的打擊力度。第二年下詔：「朝廷刑罰，理當一視同仁。官吏貪贓枉法，不應該有特殊待遇。內外文武官收贓物絲絹 30 匹，一律處極刑。」不久又下敕，對官吏貪汙滿千錢的，即處以死刑。行文至此，我不由想起當時大文豪柳宗元的〈哀溺文〉，說五、六個人乘小船渡湘江，途中船破，只得下水游渡。不想一個平時最會游的落在後面，「為什麼？」同伴問。他說：「我腰上纏著 1,000 文錢呢！很重，游不快！」同伴說：「為什麼不扔掉呢？」他搖搖頭。一會兒更游不動了，已到岸的同伴大呼：「快把錢扔掉！都快淹死了，還要錢做什麼？」他又搖搖頭，於是淹死了。雖然在岸上，如果來路不正，1,000 錢也能讓人失去性命。古代錢幣換算，大約為：1 兩黃金 =10 兩白銀 =10 貫銅錢 =10,000 文銅錢。1,000 文錢才 1 兩銀子。李炎懲貪，比朱元璋那貪 60 兩銀子處死的力度大多了，連蒼蠅也打了。

官場腐敗，首先是制度問題。貪婪是人的本性，即使再好的盛世，也無法滅絕官員貪婪的本性，而只能從制度上遏制。制度有問題，貪腐非氾濫不可。唐朝官員薪水不高，有些尚無法養家活口，還有些地方不能及時發放，這就難免助長貪腐。為此，李炎即位不久，就調高百官薪資。第二年有奏，河東等較遠地區應適當多加薪資。同時，要及時發放，由各地觀察判官監督，按月發，不能拖欠挪用。如有違規，應當追究觀察判官的責任。李炎同意。還有一個現實問題：自古以來，很多人都是借錢進京趕考（稱「京債」），當官後急於還債，導致貪贓枉法。為此，特許由朝廷借款

給他們償債。可以說，李炎滿關心官員的實際困難。

但是，李炎關心有度，以不奢靡為底線。他上任當年就下詔，嚴禁官員無節制的遊宴，並取締進士曲江集宴。曲江在西安城區東南部，唐代皇家園林，有曲江池、大雁塔等勝景。唐時有個傳統，放榜之日在這裡舉行大型宴會，皇帝親自參加，新科進士與皇帝及王公大臣，一邊觀賞江邊天光水色，一邊品嘗宮廷御宴，盛大隆重，令人終生難忘。李炎顯然不是省油的燈，不惜拿優良傳統開刀，狠殺奢靡之風。此禁令影響到眾多人的眼福、口福及榮耀，自然招致不滿與非議。有人說是因為某黨派人士「尤惡進士」，其實站不住腳。李炎如果真的討厭進士，怎麼會借錢給他們還貸呢？

中國史上「三武一宗」滅佛運動，李炎為其中一武，不能不說說。

李炎一上臺就淘汰部分僧尼，開始拆毀小寺山房、蘭若等，並對僧尼活動進行限制。

第二年，加強對僧尼的管理，遣「保外無名僧」，不許置童子沙彌，令原本雜工巧匠和不修戒行的僧尼還俗。不許僧尼無限占有奴婢，限定僧留奴一人，尼留婢二人。令逃兵、罪犯、娶妻等違反佛教戒律的僧侶必須還俗，並沒收其財產。同時禁止僧尼步出寺院大門。僅長安城內約 3,500 人還俗。

第三年，加強對外國僧人的監管，要求申報居留理由。當時居留長安的外國僧人約 21 名，主要來自天竺、師子國（斯里蘭卡）、新羅和日本等。對其他外來 4 教 —— 即祆教、摩尼教、景教和回教 —— 也採取相應措施：令所有的大秦寺（景教）和摩尼寺一併撤毀；逐回紇教徒，多半死於道上；京城女摩尼 70 人，無從棲身的自盡；景僧和祆僧 2,000 餘人，放還俗。

第四年，拆天下山房、蘭若、普通佛堂和村邑齋堂，僧尼一律還俗，

送歸原籍。不許供養佛牙,除代州五臺山及泗州普光寺、終南山五臺寺、鳳翔府法門寺等有佛指骨之處,嚴禁供養和瞻仰。如果有送 1 錢,或僧尼在這些地方接受 1 錢施捨,均背杖 20。

第五年,即 845 年,進入高潮。七月,先毀山野大小寺廟,然後詔令上都、東都各留 2 寺,每寺可留僧 30 人;其他州各留 1 寺,上等寺可留僧 20 人,中等寺可留僧 10 人,下等寺可留僧 5 人。其餘僧、尼及大秦穆護(摩尼教)、祆教僧人也一併返俗。除經許可保留之外的寺廟,即由當地官府負責拆毀,其財產、田舍沒收入官,拆下的建築材料,用於修葺官舍和驛舍,佛像銅材、鍾磐等器,熔化後用於鑄幣。八月,詔令宣告佛教的危害,公布全國共拆佛寺 4,600 多座,勒令還俗僧尼 26.05 萬人、大秦穆護與祆僧 2,000 多人。為此,百官奉表稱賀。

一般認為中國史上四次滅佛的總體原因,一是物極必反,佛教發展過快過猛,招致道家和儒家不滿;二是影響經濟,一方面空耗財力,另一方面減少生產勞力,官府不適當禁止才怪。日本學者看法有所不同:「以國內高漲的排外勢力為動力,局勢終於突出發展到毀佛的地步。在這個意義上,會昌毀佛是一次民族主義的行動,也是邁向宋代的第一步。」[099]

我個人同意經濟原因說。因為楊堅崇佛,被北魏打下去的佛教,很快又氾濫起來。唐初全國僧尼 10 多萬,直接影響到官府賦稅,李淵便採取限制措施,淘汰大批。然而,武則天宣布「以釋教開革命之階,升於道教之上」[100],佛教幾乎變成國教。當時大臣擔憂:「今天下之寺蓋無其數,一寺當陛下一宮,壯麗之甚矣!用度過之矣!是十分天下之才而佛有七八,陛下何有之矣!百姓何食之矣!」[101] 為此,李隆基也採取過一些措施,可後來代宗李豫甚至允許僧徒出入宮廷,在宮中供佛誦經,以致大

---

[099] 《中國的歷史・隋唐時代》,P332。
[100] 《資治通鑑》卷 204,〈唐紀〉20,12 冊,P8524。
[101] 同注 95,卷 101,〈辛替否傳〉,31 冊,P2138。

臣「每侍上從容，多談佛事。由是中外臣民承流相化，皆廢人事而奉佛，政刑日紊矣」[102]。李昂也曾不安，說「古者三人共食一農人，今加佛、兵，一農人乃為五人所食，其間吾民尤困於佛。」[103]李德裕還出於儒家的情結，抨擊佛教「棄五常之典，絕三綱之常，殫盡財力，蠹耗生人」。[104]泗州原有「戒壇」，即僧徒傳戒之壇，剃度僧尼，有人藉機聚斂錢財，因此李純時期詔令禁止。到李湛時期，以皇上過生日為由，請求重開戒壇，四方人士雲集，當地官員大發橫財。當時在浙西為官的李德裕了解此情，急忙上書：「當地人家有3個丁男，必讓1個削髮出家，以逃避徭役。這種現象如果不加以禁止，拖到陛下誕辰日的話，猜想兩浙、福建會損失60萬勞力！」

早在李昂時期，就有大臣反映「僧尼猥多，耗蠹公私」的問題，並曾經「詔所在試僧尼誦經不中格者，皆勒歸俗。禁置寺及私度人」[105]，對佛教進行嚴格管理與限制。李炎即位後，接連出兵反擊回鶻、討伐昭義，財力吃緊，加之他信奉道教，對佛教本來就沒有好感，很自然打擊像蛀蟲一樣耗費天下財物的僧尼。史書明確紀載李炎「惡僧尼耗蠹天下，欲去之」[106]。透過禁佛，國家編戶增加近百萬，納稅田地增加數千萬頃。

此外，還得說說藩鎮問題。

841年，盧龍軍人譁變，部將陳行泰殺節度使史元忠，自主留後，請求朝廷認可，李炎拒絕。時任宰相李德裕建議：「如果數月不理，他們很可能自亂腳陣。」果不其然，不久傳來新消息，部將張絳殺了陳行泰，又請中央任命。朝廷再故意拖延。隨後，出兵進擊張絳，很快平定。

---

[102]　同注98，卷224，〈唐紀〉40，14冊，P9416。
[103]　杜牧：〈杭州新造南亭子記〉。
[104]　轉引自孫亦平：〈李德裕與中晚唐茅山道教〉，《宗教學研究》，2020年第4期。
[105]　同注98，卷245，15冊，〈唐紀〉61，P10380。
[106]　同上，卷248，15冊，〈唐紀〉64，P10544。

843年，昭義節度使劉從諫病死，其姪劉稹想照慣例要求繼任。當時忙於外戰，因此宰相多主張同意。李德裕力排眾議，主張討伐。他說：「昭義與河朔三鎮不同。河朔之亂已久，一時難以教化，不得不遷就些。昭義地處中原，一向忠義。如果也遷就，那麼四方諸鎮誰不想仿效？」[107]於是決定用兵，令成德節度使王元逵、魏博節度使何弘敬出征。河朔三鎮節度使都服從詔令，各道兵馬一起進擊。李炎吸取歷史教訓，一是要求各路兵馬像尖刀一樣，直插叛鎮的心臟地區；二是要求監軍不得干預作戰，賞罰與將帥一視同仁。何弘敬可能別有用心，出兵遲緩。李炎果斷詔命忠武軍王茂元向魏博方向移動，何弘敬大驚，怕內部生變，這才出師向劉稹開戰。

這年底，昭義之戰正激烈時，太原橫水的兵卒因賞賜不足譁變，推都將楊弁為領袖，攻占太原。這樣一來，朝中亂了手腳，有人建議兩地都停止討伐。李炎派宦官去太原探察虛實，宦官卻受楊弁賄賂，回朝虛張聲勢，說楊弁兵多將廣，列隊長達15里，且糧草充足，建議不可伐。李德裕明察善斷，當場問得宦官張口結舌，並建議：「楊弁微賤，絕不可恕！如果國力不及，寧捨劉稹！」李炎同意，立即下詔進擊。結果順利進入太原，攻入軍府，生擒楊弁，平息亂卒。第二年，邢、洺、磁3州先後投降。劉稹的部將郭誼、王協見勢不妙，便殺了劉稹，投降官軍。平定昭義之亂，是唐王朝對藩鎮割據的最後一次勝利。

再順便說說外事。「安史之亂」後，唐朝獨大變為大唐、回紇、吐蕃3地爭雄。

和親，是讓美女發揮比長城更有效的作用，看似風花雪月，其實是政治的犧牲品，血淚斑斑。唐使者送嫁將歸時，太和公主「宴之帳中，留連

---

[107] 同上，卷247，〈唐紀〉63，P10484，「澤潞事體與河朔三鎮不同。河朔習亂已久，人心難化，是故累朝以來，置之度外。澤潞近處心腹，一軍素稱忠義……朝廷若又因授之，則四方諸鎮誰不思效其所為，天子威令不復行矣！」

100

號啼者竟日」[108]。這時期，偏偏回鶻天災人禍，政權更迭頻繁，讓太和公主遭受更多苦難。她在回鶻生活22年，至少嫁3位可汗為后妃。在內戰中，太和公主被黠戛斯人俘虜。幸好黠戛斯人自認為是西漢名將李陵之後，與唐本為一家，便派人送她歸唐。回鶻汗國敗亡後，烏介自立為汗。烏介發兵襲擊，在途中搶回太和公主，並以太和公主的名義，請求唐朝冊封。李炎同意，特地派使者前往慰問，許借米3萬石，並正式封其為可汗。烏介不滿足，不斷借糧、借兵，還希望大唐幫他復國，根本不體諒大唐這時本身也有難處。未得到滿足，烏介就劫持太和公主南下，先後侵掠大同等地。

843年，李炎派石雄率軍回擊。石雄善於作戰，只愁沒對手。現在，他用一計，派人從城裡向城外挖10餘條地道，半夜殺出，直攻可汗的牙帳。唐軍到了鼻子底下，回鶻兵才發覺，烏介驚慌失措，棄輜重逃走。石雄追擊，在後被稱為「殺胡山」的南戈壁決戰，斬敵萬人，收降2萬餘，並搶回太和公主。烏介逃走，3年後被部下所殺。從此，強大一時的回鶻汗國分崩離析，兩國百年恩怨終於了斷，北部邊境安定了30多年。

再說太和公主回京，先進宮拜見太皇太后，接著參拜父親和哥哥的神位，然後換下盛裝，痛哭流涕，自言辜負重託，沒完成和親使命，請求降罪。李炎派人安慰，封她為「定安大長公主」。她那些異母姐妹心生嫉妒，7位公主居然抗命不肯出迎，回宮後也不去看望。李炎大怒，下令罰奪封絹，並記載於史，詔示後世。

「安史之亂」時，西域大部分唐軍被抽調回內地，只留少數，堅持40多年後，即李純時期也退出。回鶻汗國覆亡後，黠戛斯占據安西和北庭，但有意將此兩地交還給唐朝。李德裕等人反對：「安西離京城長安7,000多里，北庭5,000多里，在那重設都護府，得1萬士兵駐守。耗費這麼多

---

[108]　同注98，卷195，〈回紇傳〉，P3547。

人力、物力，去換一個收復失地的好名聲，沒有實際意義。」[109] 李炎便擱置。由此可見，李炎並不是一個盲目貪圖武功的帝王。

去脈：皇上忙成仙去了

李炎似乎受李昂壓制太久，迫不及待想報仇。李昂屍骨未寒，李炎的身分還只是皇太弟，仇士良建議令楊賢妃、安王李溶、陳王李成美自盡，他同意。仇士良怨恨李昂，建議凡是曾受李昂寵信的人，都要誅殺或貶逐。大臣們大為驚恐，建言：「陛下應當盡快舉行先皇喪禮，儘早商議國家大政，以便安撫天下。可現在沒幾天就殺這麼多人，全國各地的官吏都心驚肉跳，也傷害先皇在天之靈。如果那些人真有罪，等十天半個月，先皇入棺大殮後再追究也不遲啊！」[110] 李炎不聽。從這點來看，李炎這人骨子裡是個暴君。

李炎顯然還小心眼，對於沒及時、沒直接讓他當皇帝耿耿於懷。他要肅清李昂寵愛的「牛黨」，貶出宰相楊嗣復、李鈺，緊接著又派員追殺。李德裕等大臣看不過去，一起哭著請求赦免。李炎還不甘願：「看在你們面子上，且饒他們一命！」隨後又像老太婆般嘮叨：「朕繼位的時候，那些人何曾想到我？李鈺他們想的是陳王李成美，楊嗣復他們想的是安王李溶……」李德裕勸道：「那只是傳聞，是真是假誰知道呢？」李炎這才派人去追回殺手，但仍然要再貶一番才解恨。如此皇帝，能不令人恐怖？幸好

---

[109] 同注98，卷247，〈唐紀〉63，P10474，「安西去京師七千餘里，北庭五千餘里，借使得之，當復置都護，以唐兵萬人戍之，不知此兵於何處追發，餽運從何道得通，此乃用實費以易虛名，非計也。」

[110] 同上，卷246，〈唐紀〉62，P10436，「陛下自藩維繼統，是宜儼然在疚，以哀慕為心，速行喪禮，早議大政，以慰天下。而未及數日，屢誅戮先帝近臣，驚率土之視聽，傷先帝之神靈，人情何瞻！國體至重，若使此輩無罪，固不可刑；若其有罪，彼已在天網之內，無所逃伏，旬日之外，行之何晚！」

他早死！對李炎這類帝王而言，早死不能不說是一種幸運，既是國家之幸，也是他本人之幸！否則，在位稍久，難免不造成更多、更大的悲劇，中興的美名就無緣了。

李炎過度迷戀道教，常跟道士往來，還重新任命臭名昭彰的趙歸真為「道門教授先生」。李德裕進諫：「不可親近此人！」李炎不以為然：「放心，即使一百個趙歸真，也無法迷惑我！」李炎太過自信了，樂在其中。李炎滅佛，有李德裕之功，也少不了趙歸真之功。846年，丹藥煉成，李炎迫不及待服用，卻頓感不適，繼而狂燥，喜怒無常，話都不能說，當月死，年僅33歲。他本名李瀍，死前12天改名炎。「瀍」是河名，「炎」從火，難道他臨死還幻想煉丹為仙？

還得順便一說，李炎病重時，望著美麗可人的王姓妃子依依不捨，說：「我死了，妳怎麼辦啊？」王妃子說：「跟陛下到九泉！」李炎即「以巾授之」。李炎一死，王妃子馬上用這條巾上吊。

李炎被認為像一位過度活躍的「痴呆病人」。在位雖然才短短五、六年時間，跟現代政府一屆任期差不多，卻做了幾件歷史性的大事。

更重要是，他選的繼承人李忱出類拔萃，緊接著開創「大中中興」，彌補「會昌中興」太短之憾。

略議恩人與奸人。

任何一位領袖都不是孤家寡人，單槍匹馬，李炎也不例外。當昭義節度使想照老慣例繼任時，因為忙於外戰，宰相多主張同意，是李德裕力排眾議，於是決定對昭義用兵。太原橫水的兵卒因賞賜不足譁變，推都將楊弁為首，攻占太原。這樣一來，朝中亂了手腳，有人建議兩地都停止討伐。當李炎委派的宦官被叛軍收買，回朝為楊弁虛張聲勢，建議不可討伐時，又是李德裕明察善斷，力主討伐。僅這兩例，就可見李德裕在李炎平

藩鬥爭中所產生的關鍵作用。實際上,懲貪、禁佛等重大舉措,也多是李德裕的謀策。李炎曾想加封李德裕為太尉、衛國公,李德裕堅決推辭。李炎嘆道:「只恨沒有更好的官爵獎賞你!」王夫之評論:「李炎如果不早死,李德裕如果不被貶,唐朝完全可以復興。」[111]

如果李炎沒重用李德裕,最大可能是重用仇士良。仇士良顯然也是個能臣,但絕非善良之輩。他在宮中40多年,掌禁軍大權並把持朝政20多年,精於駕御皇帝的權術,深受先皇恩寵。「甘露之變」失敗後,挾持李昂,更為專橫。他幾次要廢李昂,當面歷數李昂的過失,李昂只能低頭不語。李昂病死,詔令李湛太子李成美繼位。只因為李成美不是仇士良立的,就殺李成美,另立李炎為帝。他是李炎的大恩人,於情於理都得重用他。然而,仇士良並非出於公心,他先後殺2王1妃4宰相。如果重用他,李炎只會是個傀儡,朝政只會繼續混亂,甚至危亡。於是,「帝明斷,雖士良有援立功,內實嫌之,陽示尊寵」[112],同時起用遭貶的李德裕。

仇士良以為李炎是自己扶持的,一切聽從他,永遠聽從他,殊不知只是暫時利用,便更加猖狂,對李炎指手畫腳。本來詔令都由宦官經手辦理,842年,李炎直接令李德裕起草詔書,削減禁軍糧餉。仇士良知道後發怒,威脅說:「如果這樣,我就帶禁軍抗議!」李炎毫不示弱,斥責「純為奸之人」,把他貶為內侍監。他感到很沒面子,稱病請求告老還鄉,但臨行時,傳授經驗給黨羽們:「不能讓皇帝有空閒,他有空閒就會讀書見儒臣,不遊玩,我等小人就沒機會了。為了我們著想,應當讓皇帝貪財好玩,我們就有機會了。」[113] 為了這些小人得志,仇士良公然教唆太監們努力將皇帝引往邪路,何其毒惡!讀到此言,我非常震驚。對於書中「反面

---

[111] 王夫之:《讀通鑑論》卷26,P782,「武宗不夭,德裕不竄,唐其可以復興乎!」
[112] 同注95,卷207,〈仇士良傳〉,37冊,P4485。
[113] 同上,P4486,「天子不可令閒暇,暇必觀書,見儒臣,則又納諫,智深慮遠,減玩好,省遊幸,吾屬恩且薄而權輕矣。為諸君計,莫若殖財貨,盛鷹馬,日以球獵聲色蠱其心,極侈靡,使悅不知息,則必斥經術,暗外事,萬機在我,恩澤權力欲焉往哉?」

人物」的心理描寫，往往以為只不過是作者揣測，「嫁禍於人」，從未見過如此赤裸裸的虎狼之心。宦官有意將帝王往昏君的方向引導，這是難得的鐵證。這話傳入李炎耳朵，李炎大怒，馬上削他的官爵，並抄他的家，只留他一條性命。可他受不了這等羞辱，不久病死。徹底擺脫這樣毒惡的「恩人」，是李炎之幸，更是大唐之幸。

仇士良很容易讓我聯想到趙高。趙高與大將蒙恬有怨，便勾結胡亥、李斯陰謀，竄改秦始皇的遺詔，賜扶蘇和蒙恬死，而改立胡亥，並蠱惑胡亥「如果坐天下不能為所欲為，那麼天下就成為天子的鐐銬」[114]，又借刀殺李斯，以致天下亂得不可收拾，強大的秦王朝迅速土崩瓦解，胡亥自己也被趙高所殺。假如李炎像胡亥，讓邪惡的「恩人」牽著鼻子走，那麼非常可能也變得好獵聲色而「極侈靡」，更可能無法平息藩鎮的反叛與回鶻的侵擾，唐朝的末日不也可能提前於此時嗎？

---

[114] 《史記》卷87，〈李斯列傳〉，3冊，P1988，「有天下而不恣睢，命之曰以天下為桎梏」。

第五章
大中中興

【提要】

唐宣宗李忱在位期間（846～860年），果斷結束「牛李黨爭」，收復被吐蕃所占領土，一洗200年之恥，獲得進一步興盛。

不難發現，唐朝皇帝前三、五年大都不錯，但「晚年」一個個轉身沉湎於得道成仙，而置江山於不顧。皇帝這種「終身制」職業，連皇帝本人也不耐煩。

來龍：二虎不能共一山

本來不想單獨寫這一章，一是與前一個中興相連，為什麼不能合併？「昭宣中興」就是劉弗陵與劉詢兩任合併。二是時間太短，「會昌中興」頭尾僅 6 年，「大中中興」僅 13 年，兩者合併也只有 19 年，在中興當中還是偏短。三是寫作體例上出現問題，每章前一部分都要花相當篇幅寫積弊，即中興之前提，可是「大中中興」之前也是中興盛世，「積弊」不就得空白？3 個理由，夠充足。可是認真一想，覺得還是有必要單獨寫，既然人們將此分別命名，肯定有所差別。任何盛世都不是完美的，問題是弊端及時改革，還是累積成患。換言之，沒有明顯的積弊，也有潛在之積弊。

唐朝的危機早在「安史之亂」就開始了，近百年來沒得到徹底治理。「元和中興」只有 15 年，「會昌中興」則比現代政府一屆多些時間，不可能將百年積弊一掃而淨。李炎時期尚未暴露，或者說沒來得及處理的積弊，多著呢！

在前一章，我們常看到李德裕的身影。實際上，因為某種原因，我還盡量「壓」著點，可他在這個歷史時期太活躍，歷史作用太突出了，就像地裡的種子，土掩、石壓都沒用。他的身影掩蓋著另一個人：牛僧孺。他們兩人是兩個朋黨的代表，壓著的也就是另外一大批人，難道那一大批人就不是土掩、石壓的種子嗎？

821 年，禮部侍郎錢徽主持進士科考試，前宰相段文昌等人寫信給他，推薦自己的近親。結果，中書舍人李宗閔之婿蘇巢登第，而段文昌推薦的全都名落孫山。為此，段文昌檢舉科舉不公。李恆詢問翰林學士李德裕等人，檢舉屬實。於是進行複試，原榜 14 人中僅 3 人勉強及第，錢徽等因此被貶。但有人鳴不平，勸錢徽揭露段文昌寫信推薦之事。錢徽笑笑說：「如果我問心無愧，哪需要這些證明？」[115] 說著，將那些書信全都燒掉，

---

[115]　《新唐書》卷 177，〈錢徽傳〉，P4080，「苟無愧於心，安事辨證邪？」

時人紛紛稱讚錢徽君子之風。然而，雙方矛盾並未灰飛煙滅，朝中大臣與宦官從此分裂為兩黨，一是以牛僧孺、李宗閔為首的牛黨，二是以李德裕為首的李黨。陳寅恪認為他們兩黨之間的分歧不僅是政見不同，也包括對禮法、門風等文化傳統的態度之異。史學界大體認為牛黨是新興的庶族地主，而李黨則是沒落的門閥世族。據說日本學者礪波護對「牛李黨爭」研究最仔細，他編了一份63人名單，其中牛黨41人，李黨22人。李德裕則稱，1/3的朝臣都捲入了朋黨。

據研究，兩黨分歧主要有二：一是牛黨多科舉出身，主張透過科舉取士；李黨多門蔭出身，主張透過門蔭取士。二是李黨主張對不聽從朝廷的藩鎮用兵，牛黨則主張姑息遷就。因為政見不同，加上個人恩怨，兩黨互相傾軋。大體來說，李恆、李湛、李昂時期兩黨交替進退，李炎時期牛黨失勢，李黨獨掌朝政，李德裕獨斷專行、排斥異己的作風，不但為反對派所恨，也為宦官所不滿。如841年，漢江發生水災，毀了很多房屋，李德裕認為鎮守襄陽的牛僧孺有罪，貶他回家賦閒。這顯然是公報私仇。總體來看，李黨執政功勳卓著，威震天下；牛黨執政無所作為，國勢日衰。但不管怎麼說，兩派近40年爭權奪利，加劇了政治危機，史稱「牛李黨爭」。

唐史專家岑仲勉認為，所謂的「李黨」指李宗閔，而李德裕屬「無黨派人士」，理由是李炎即位後，重用李德裕，將楊嗣復、李珏兩位宰相罷免，這二人被認為是牛黨。但李德裕並沒有落井下石，他建議從輕發落。再說李炎也曾慕名想重用白居易為宰相，李德裕則向來討厭白居易，便說他年老多病，表示反對。但他同時推薦白居易的族弟白敏中，而白敏中被認為是牛黨的重要人物。白敏中後來的確參與迫害李德裕。李德裕的確有功，這在前文已多次可見。學者認為：「兩個朋黨關係網路的許多細節尚晦暗不明」，「材料常常是矛盾百出和掛一漏萬，因而很難把朋黨的結合問題弄個水落石出」，甚至說「我們應該懷疑是否存在依附於牛李黨爭主角

的巨大垂直系統的派別集團」。[116]

「朋黨」原本指一些人為自私的目的互相勾結，朋比為奸，後來泛指士大夫結黨。中國自古深受朋黨禍害，比如東漢的「黨錮之禍」。宋朝簡直朋黨氾濫，「當時執政群體的普遍意識中，黨派的偏見超越了對歷史的尊重，即便這個群體的核心人物司馬光就是一位著名的歷史學家」。[117] 但這「黨」（factions）不是我們今天政黨中的黨（parties），它只是政治人物基於個人關係的鬆散結合體，類似於現代俗話說的「圈子」。唐朝的朋黨之禍早就有了，「牛李黨爭」名聲最狼藉，柏楊一針見血批評：

他們像蟲蛆一樣，沒有政治理想，只有私人恩怨，看不到遠景，只看眼前一寸的現實利益。個別檢查，如李德裕的能力，牛僧孺的道德，都使人人敬。可是，只要一涉及黨派，便立刻失去理性。[118]

李昂曾感慨：「去河北賊易，去朝廷朋黨難！」[119]「牛李黨爭」不是第一次朋黨之禍，更不是最後一次。清統治者特別怕朋黨，《四庫全書總目提要》甚至說「夫明之亡於門戶，門戶始於朋黨，朋黨始於講學，講學始於東林。」難道東林黨的負面影響甚於「閹黨」與那個頑童皇帝？1724年，雍正也撰一篇題為〈朋黨論〉的文章，駁斥歐陽修的「異說」，發印給大臣，意義非同一般。雍正對諸王、貝勒、滿漢文武大臣們闡釋，如果有組織朋黨的，朕絕不寬恕！雍正還殺氣騰騰說：「如果歐陽修活在現今，朕肯定饒不了他！」[120] 幸好歐陽修沒活到清朝。據說，末代皇帝溥儀最崇拜雍正。溥儀曾講授雍正的〈朋黨論〉給皇親國戚們，要求用實際行動表示絕不結黨營私，人人互相監視，對其他人的一言一行隨時要向溥儀打

---

[116] 《劍橋中國隋唐史》，P587、596。
[117] 崔銘：《王安石傳》，天津：天津人民出版社，2021年，P702。
[118] 柏楊：《中國人史綱》中冊，P203。
[119] 《資治通鑑》卷245，〈唐紀〉61，P10370。
[120] 《清世宗實錄》卷22，「設修在今日而為此論，朕必斥之，以正其惑世之罪。」

小報告，連昨夜有沒有跟妻子做愛也得如實回稟，不然就犯欺君之罪。越是專制，越是畏懼私結朋黨。結果，清朝倒是偏偏亡於真正的「革命黨」。

李忱是李純第十三子，而且庶出，按照「嫡長制」原則，皇位根本輪不到他。何況他家族在李純之後已有4位皇帝，或父死子繼，或兄終弟及，而李忱是李湛、李昂、李炎的叔叔，更要命的問題是──「宮中皆以為不慧」[121]。「不慧」是客氣話，不客氣說就是智障、古怪，至少也是弱智，人們稱他「疾兒」。小時候，兄弟姐妹們一起玩耍，他從不說話，一副彌勒佛樣子，被人取笑。但他因此得福。李炎病危，10多天無法說話，當時誰繼位，實際上是宦官說了算。宦官相互間爭權奪利，爭來爭去，對這個「傻瓜」倒是形成共識。因為5個皇子都年幼，無法臨朝理政，特立李忱為皇太叔，命他暫時處理軍國政事。不日，李炎一死，李忱繼位皇帝。沒想到，李忱一上臺後，完全變樣，人們驚呼「大智若愚」，原來「不慧」是裝出來的！

李忱不認為自己是李炎的繼承人，而是李純的直接繼承人。他指責兄長李恆大逆不道，其3個兒子李湛、李昂和李炎也是逆子。因此，他一上臺就全盤否定李炎時期對內、對外方針政策。當然，李炎那個中興問題的確很多，該怎麼做，昭然若揭。

最大亮點：加強官吏隊伍建設

李忱上臺第二個月，突然將李德裕貶往荊州，朝野驚駭。不久又起用牛僧孺、李宗閔等5位遭李炎貶斥的前宰相。他們都是「牛黨」，約定同日北返。只遺憾李宗閔命薄，當時遭貶在郴州，還沒上路就去世。至此，人

---

[121] 同注119，卷248，〈唐紀〉64，15冊，P10550。

們才明白,這是為「牛黨」平反。

從個人來看牛僧孺,一是為官清廉,士族韓弘當官時,曾厚賄宦官朝貴,死後朝中派人幫其幼孫清理財產時,發現簿上記著一大堆送禮名單,只有牛僧孺名下記著:「某月日,送錢千萬,不納。」二是好學博聞,與白居易、劉禹錫等常往來唱和,著有《玄怪錄》傳奇10卷,魯迅在《中國小說史略》中說:「造傳奇之文,薈萃於一集者,唐代多有,而烜赫者莫如牛僧孺之《玄怪錄》。」但從政績看,也許比李德裕遜色些。同時代著名詩人李商隱稱李德裕「成萬古之良相,為一代之高士」;梁啟超則將他與管仲、商鞅、諸葛亮、王安石、張居正並列,稱為中國古代六大政治家之一。兩人如果能共事,取長補短,該是國之大幸。偏偏他們如二虎不能共一山。在李炎、李忱時期,他們分別輔政,都開創盛世,只是他們個人都為此吃盡了苦頭。

李忱喜歡用奇才異政,特別偏好著名文人。他上臺後首先想用的宰相是有著「詩魔」之譽的白居易——這一點倒沒跟李炎唱反調。只可惜太晚,下詔時白居易已病逝8個月。李忱只能寫一首詩,說每一次想到白居易,朕都愴然淚下。[122] 詩將這位帝王對詩魔沉痛的惋惜之情,表達得淋漓盡致。

意猶未盡,愛屋及烏,李忱提拔白居易的堂弟白敏中為宰相。在這件事上,李德裕也是有恩的。想不到李德裕遭貶後,白敏中為保自己官爵,極力詆毀李德裕,使他又貶潮州,再貶崖州一個小小縣令,直至849年死於貶所。白敏中其他品行尚可,唯此忘恩負義、落井下石,讓人詬病迄今。

在為「牛李黨爭」平反的同時,李忱從多方面加強官員隊伍的建設。李炎任期雖然只有五、六年,但盲目提拔親信,高官氾濫,李忱接手後不

---

[122] 李忱:〈弔白居易〉,「綴玉聯珠六十年,誰教冥路作詩仙。浮雲不繫名居易,造化無為字樂天。童子解吟長恨曲,胡兒能唱琵琶篇。文章已滿行人耳,一度思卿一愴然。」

得不嚴格控制。當時三品以上服紫，四品服深緋，所謂賜紫賜緋即為升高官。李忱有時半年沒賞出一件。

當時地方最高長官刺史，李忱規定：「刺史人選初定後，須入宮接受他的面試，親自敲定。」他還常喬裝農民到民間私訪，並指示編纂一本《處分語》，記載各州戶田畝、山川風物、人情民俗之類，也許算是地方志書的前身，以供隨時查閱。他說：「朕以刺史多非其人，為百姓苦，故欲一一見之，訪問其所施設，知其優劣以行黜陟。」[123] 規定刺史任期屆滿，所治州縣戶口增 1,000 戶者可以提拔，逃亡 700 戶者，不僅得罷免，且 3 年內不得任職。

李忱對他的「恩人」——宦官，如同劉義隆，要皇位，殺父之仇也要報。李純說是死於仙丹，其實是死於宦官之手，據說郭太后與李恆母子也涉嫌。因為沒證據，李忱不便公開報復。郭太后受冷落，登勤政樓想自殺。李忱聽後，非常生氣。當夜，郭太后突然身亡，人們懷疑是李忱所為。當禮部照慣例要將郭太后安葬在李純墓旁時，他勃然大怒。大臣王皞斗膽辯解：「太皇太后是汾陽王郭子儀孫女，李純當太子時就是正妃，為天下國母，歷 5 朝，豈能不明不白突然廢止禮儀？」王皞說得義正詞嚴，不但沒用，反而被貶為縣令。

李忱追究弒父黨徒，殺戮和流放眾多宦官、外戚，以及當時的東宮官員。李忱也久有滅宦官之心，為「甘露之變」扼腕長嘆，認為李訓、鄭注也是小人。除此 2 人，當時所有死於宦官之手的朝臣，全都予以平反昭雪。宰相令狐綯建議，對宦官有罪必究，有缺不補，待其自然消耗，以至於盡。這奏章不意被宦官發覺，也導致反撲，但沒「甘露之變」那麼激烈。宦官知道李忱不好對付，只得收斂。李忱也沒進逼，只要他們別太過分就行。

---

[123] 同註 119，卷 249，〈唐紀〉65，15 冊，P10622。

李炎喜歡看戲，一些樂工、演員仗著他的寵愛胡作非為，甚至干政，影響很深。李忱上臺後，止住此風。祝漢貞以演滑稽戲出名，李忱也寵愛。有次，祝漢貞演出時突然觸及時政，李忱立即翻臉，怒道：「朕養你們，只是為了開心，怎敢干預朝政！」從此疏遠他，後來還因其子貪贓事發，將他流放。樂工羅程彈得一手好琵琶，也深得李忱厚寵，他卻放肆得很，竟敢因瑣事殺人。樂工們為他求情，說他有絕技。李忱說：「你們可惜羅程的絕技，朕可惜的是祖宗之法，這怎麼能夠相提並論！」[124]

李忱十分珍惜大臣的奏本，每次必洗手焚香後再捧起來讀。《貞觀政要》分類編輯李世民與魏徵、房玄齡、杜如晦等大臣的爭議、勸諫、奏議等，還記載了當時一些政治、經濟舉措。李忱讀《貞觀政要》後，特地起用魏謨為諫議大夫。魏謨是魏徵5世孫，在朝中只是個小小「起居舍人」，負責記錄皇帝的日常生活，但他忠於史實，秉筆直書。李昂曾經找他檢視《起居注》，他竟然拒絕，如實說：「為了警示後世君王，《起居注》善惡都寫。陛下只須努力向善，不必查閱《起居注》。」[125] 李忱起用他，再現魏徵直言極諫之風。李忱努力向李世民學習，以「至亂未嘗不任不肖，至治未嘗不任忠賢」為座右銘。他將《貞觀政要》書於屏風上，常常正色拱手拜讀。由於政績顯著，李忱果然被後人稱頌為「小太宗」。

在佛教問題上，李炎顯然有太過之嫌。李忱即位第二個月，便杖殺滅佛主謀之一趙歸真，又詔令京城長安增加8座寺廟，並恢復發放度牒，允許僧尼出家。如此一來，大臣紛紛表示反對前幾年的滅佛運動。847年，詔令全面恢復被廢的佛寺及相關政策，獲得信佛的朝臣以及大批民眾支持。但復甦太猛，像大壩被堵的水重新氾濫，也不能不引起有識之士的擔憂。進士孫樵進諫：「陛下即位以來，修復被廢的寺廟，重新剃度僧尼，

---

[124] 同上，卷249，〈唐紀〉65，15冊，P10610，「汝曹所惜者羅程藝，朕所惜者高祖、太祖法。」
[125] 吳兢：《貞觀政要》卷7，「國史既善惡必書，庶幾人主不為非法。止應畏有忤旨，故不得見也」。

幾乎恢復先帝之前的弊端。希望陛下加以制止，讓百姓得以喘息。」852年末，中央部門也奏稱：「陛下崇尚佛教，天下莫不奔走，恐怕國家財力無法承受，由此還常引發事端，建議陛下要求各地官員加以節制。」[126] 李忱同意。

此外，得說說當時的外部關係。

和平沒幾年，吐蕃又擾邊，沒完沒了。831年，吐蕃維州（今四川理縣）守將悉怛謀率全部人馬請求歸降，李德裕派兵占了維州。牛僧儒卻說：「吐蕃邊境，有萬里之遙，丟個維州沒什麼大礙。近年唐與吐蕃友好，如果有失大唐信用，重啟戰火，得不償失！」[127] 於是，李昂詔令將悉怛謀等所有人馬送還吐蕃，讓他們治罪。吐蕃對唐並不領情，847年春，竟然趁李炎喪禮時機，引誘党項族及回鶻餘眾，大舉入侵唐河西地區（今甘肅酒泉等黃河以西）。李忱命河東節度使王宰率軍反擊，將敵擊退。

849年出現好的轉機，吐蕃秦、原、安樂3州及7座關隘向唐投降。不久傳來更大捷報：唐軍收復河、湟地區（今青海、甘肅境內黃河和湟水流域）。那一帶百年前遭吐蕃侵占，一代代唐帝耿耿於懷，但是無奈，如今終於光復。當時著名詩人杜牧曾悲喜交加地寫一首詩，表現河、湟地區的百姓淪為異族臣民，身著戎服、牧羊驅馬，但「白髮丹心」，忠於漢家王朝。[128] 然而，一代又一代帝王只對涼州歌舞感興趣，只顧自己悠閒享樂。所幸杜牧在死前終於看到河、湟收回，目睹河西、隴右地區老幼1,000多人穿著唐服進長安，李忱登上延喜門親切接見。李忱頒詔：「河

---

[126] 同注119，卷249，〈唐紀〉65，P10584，「陛下崇奉釋氏，群下莫不奔走，恐財力有所不逮，因之生事擾人，望委所在長吏加以撙節。」

[127] 同上，卷244，〈唐紀〉60，P10340，「吐蕃之境，四面各萬里，失一維州，未能損其勢。比來修好，約罷戍兵，中國禦戎，守信為上。彼若來責曰：『何事失信？』養馬蔚茹川，上平涼阪，萬騎綴回中，怒氣直辭，不三日至咸陽橋。此時西南數千里外，得百維州，何所用之！徒棄誠信，有害無利。此匹夫所不為，況天子乎！」

[128] 杜牧：〈河湟〉，「元載相公曾借箸，憲宗皇帝亦留神。旋見衣冠就東市，忽遭弓劍不西巡。牧羊驅馬雖戎服，白髮丹心盡漢臣。唯有涼州歌舞曲，流傳天下樂閒人。」

西等3州和7關的土地農田,免租稅5年;其他被吐蕃侵占的州縣,也要盡快收復。」此7關指唐設的石峽關、石門關、木峽關、木崝關、六盤關、驛藏關、制勝關,史稱「原州七關」。李忱還親自撰寫一篇〈收復河湟制〉,感慨歷史性勝利之餘,強調今後要「足食足兵,有備無患」,以便「永致生靈之安」。此文收入《全唐文》。

850年,吐蕃討伐其反叛的鄯州節度使尚婢婢,宰相論恐熱親自率兵追擊,在唐河西8州大肆燒殺搶掠,方圓5,000里幾乎五穀不生。論恐熱過於暴虐,越來越多部眾不堪忍受,紛紛叛逃,淪為孤家寡人。第二年,他跑到長安朝見,請求擔任大唐節度使。李忱不同意,將他遣返。從此,河西地區再沒什麼大亂,重新開通「絲綢之路」,與中亞各國交流。

唐時党項人逐漸集中甘肅東部、陝西北部一帶,仍以分散的部落為主。唐在党項聚集地設羈縻州進行管理,有功的酋長被任命為州刺史等職。但他們也經常南侵,而唐軍連年發兵征討沒成果。851年,大臣孔溫裕上書,懇請停止征戰。李忱發怒,將他貶出。其實,李忱明白党項反叛的主要原因在於唐邊將本身,貪圖党項的羊、馬,經常欺侮、掠奪、誅殺,激怒党項民眾。於是,李忱改派文官代替邊鎮將帥,臨行還告誡要善待党項人。

不久,李忱又派白敏中去安撫党項,白敏中卻為難得很。說來有趣,李忱曾命白敏中為萬壽公主選佳婿,白敏中推薦新科狀元鄭顥。在我們現代一般人想像中,那可是天大好事啊!殊不知,古代有諺曰:「娶妻得公主,平地起官府。」清朝禮制規定,駙馬本人及其父母與公主見面,必須先行屈膝叩安禮;如果公主有賞賜,駙馬及其父母還要叩頭謝恩。不知道駙馬吻一下公主,是否也得屈膝叩禮。唐朝的公主同樣可敬不可愛。就說李忱的寶貝女兒吧!曾經將永福公主許配于琮,李忱卻忽然變卦。他說:「朕近日與這愛女一起吃飯,她竟敢當著朕的面將筷子折斷。脾氣這麼

糟，怎麼能當士大夫的妻子呢？」[129] 萬壽公主同樣讓人皺眉。有天，鄭顥的弟弟病了，她卻跑到慈恩寺看戲。李忱知道了，很生氣，將她召回，責罵道：「現在才明白士大夫為什麼不願與朕家通婚！哪有小叔病危，嫂嫂不去探視，反而去看戲？」可想而知，鄭顥吃了不少悶虧。所以，他很懷念原本想娶的女子，並痛恨白敏中。白敏中嘆道：「因為作媒，鄭顥恨死我了。如今我外出邊鎮，他肯定會趁機中傷。我恐怕離死期不遠了！」沒想到，李忱命人拿出一個紅柳木盒子，交給白敏中說：「鄭顥打給朕的小報告都在這裡！朕如果相信它，你這身官服還能穿到今天？」[130] 行文至此，我也忍不住要向李忱表示敬意，想必白敏中更是感激涕零。

白敏中隨即出發，很快回稟党項已平定。李忱說南山的党項部落還有些搶掠事件，應該在銀州、夏州授田，讓他們安定下來。不久，南山的党項部落也請求歸降，李忱赦免他們。952年，又有部分党項人擾邊，李忱另派一個翰林學士去招撫，同年便全部歸降。

去脈：皇上可能出家去了

有學者「強烈地」將李忱任期稱為「清算和評估過去的時代」，具體分為三個階段，第一階段從登基至850年，致力於加強權力，罷免李黨成員，解決佛教問題，重新統一西北諸州，頻繁更換宰相；第二階段是851～856年，宰相任期較長；第三階段是857～859年，迷戀仙道，日益躁怒，又頻繁更換宰相。因為史料不足，「很難詳細地評價宣宗的後兩個時期」，「雖然唐王朝此後名義上存在了大約40多年，但9世紀末年，應該視為五

---

[129]　同注119，卷249，〈唐紀〉65，P10624，「上曰：『朕近與此女子會食，對朕輒折匕箸。性情如是，豈可為士大夫妻！』乃更命琮尚廣德公主。」
[130]　同上，P10580，「此皆鄭郎譖卿之書也。朕若信之，豈任卿以至今日？」

代時期的開始」。[131] 換言之，大唐至此名存實亡。

李忱晚年重蹈他祖宗的覆轍。858年，他吃了方士的仙丹，口渴煩躁，對臣下疑心加重。第二年，他吃了醫官的藥，背上起毒瘡，宰相都不得見。臥床一個多月，什麼時候駕崩都不知道，有傳說是出家去了。

李忱去世前一年，發生一系列叛亂。嶺南、湖南、江西、宣州的軍隊，相繼譁變。安南都護府（今越南河內）李涿貪婪殘暴，強迫蠻人將馬、牛賣給他，引起怨恨。這年，蠻人勾結南詔軍入侵。中原軍人的譁變一般都及時平息，南方的邊患則延續了好多年。

總體來看，李忱在位雖然才13年，安內攘外，他逝世那年國庫充盈，貨物堆積如山，戶部錢幣多到幾乎無法計算，各州也普遍富裕，有的州積錢多達300萬緡，的確在「會昌中興」的百尺竿頭，更進一步，無愧「小太宗」之譽。遺憾的問題也不少，其一是不會憐香惜玉。據《唐語林》載，他曾迷戀一位絕色佳麗，忽然清醒，擔心重演李隆基的悲劇。左右建議將她放出宮，他竟然說：「放回去朕會想念她，不如賜一杯鴆酒！」真狠心啊！大臣伴君如伴虎，美人伴君也如此。

李忱有11個兒子，因為擔心諸子爭奪，遲遲沒立儲，臨死才密囑立三子李滋為太子。沒想到，宦官王宗實等假詔立鄆王李漼，即懿宗。李漼時年18歲，血氣方剛，風華正茂，朝野寄以新的希望。翰林學士劉允章上〈直諫書〉，直言不諱揭露時下隱伏著「國有九破」的問題，一是終年聚兵，二是蠻夷熾興，三是權豪奢僭，四是大將不朝，五是廣造佛寺，六是賄賂公行，七是長吏殘暴，八是賦役不等，九是食祿人多，輸稅人少。同時「民有八苦」，一是官吏苛刻，二是私債爭奪，三是賦稅繁多，四是所由乞斂，五是替逃人差科，六是冤不得理、屈不得伸，七是凍無衣、飢無食，八是病不得醫、死不得葬。劉允章誠懇表達，如果能治理這九破

---

[131]　同注116，619，618。

八苦,「太平之日,昭然目前」;否則,繼續「不以萬國為心,不以百姓為本」的話,他只好「葬江魚之腹,不忍見國難危」。[132] 似乎為劉允章之諫佐證,李漼上臺這年末,浙東爆發大規模起事,歷經 8 個月才平息。不久又發生軍隊譁變,農民也加入,浩浩蕩蕩 20 多萬人,好不容易才平息。李漼以為從此天下太平,沉湎於享樂,同時走到滅佛的另一個極端——佞佛,把皇宮簡直變成寺院,可想而知,他還能剩多少精力處理朝政?

李漼在位 10 年,趁病重,宦官殺他,擁立其長子李儇為太子。李儇才 12 歲,更是貪玩,成為太監手中的傀儡。874 年,終於爆發王仙芝與黃巢更大規模的起事,大唐於 907 年壽終正寢。

日本學者一方面承認「蘊含在唐朝內部的柔性結構所具有的強韌性」[133],另一方面又認為,「無論是容許武后奪取政權,還是在玄宗朝個人之間的恩寵關係左右政治,抑或是最後讓宦官專權成為可能等等,這些都是這種體制所具有的特質帶來的結果。說嚴重一點,就是隋唐制度的漏洞太多、體制過於落後。」[134] 是的,「制度的漏洞太多、體制過於落後」了!李忱們儘管有使命感,成功地堵住一些漏洞,死裡逃生,但他們沒徹底堵住,沒能從體制上堵住死灰復燃的可能性,於是又一個中興變成迴光返照的代名詞。

略議帝位終身制。

李忱不幸,也有幸。不幸是非長子,沒早繼位,有幸是意外繼位,且接的是盛世。接盛世之位,也是既有幸又不幸,有幸是基礎好,不幸是錦上添花難。縱觀中國歷史上 40 餘個盛世,在盛世基礎上再創新盛世,屈指可數,大都是在亂世基礎上開創新盛世。換言之,盛世的接班人大都是庸君,甚至昏君,而難有明君。

---

[132]　詳見《全唐文》卷 804。
[133]　《中國的歷史・隋唐時代》,自序 P4～5。
[134]　同上,P423。

接到一個好的底子,想做事業的,往往只需「無為而治」,蕭規曹隨。如果是胸無大志之輩,那就真的什麼也不做了,躺在那裡吃老本,將前任盛世成果揮霍一空,這種昏君遠比李忱多。南齊武帝蕭賾在位時注重經濟,力行節儉,與北魏友好,減少軍事,發展教育,時有恩赦,很快開創「永明之治」。可惜蕭賾命薄,在位僅 11 年。更可惜的是,他未能培養接班人,太子蕭長懋好佛、講排場,竟敢瞞著父皇大興土木。蕭長懋夭折後,由其子蕭昭業直接繼位,這孫子更糟!蕭昭業長得很帥,又寫一手好隸書,深受父親與爺爺鍾愛。然而,他非常貪玩。父親去世,他雖然號哭不止,轉身便尋歡作樂。爺爺喪期,他哭完回宮,要胡妓排成樂隊,夾道迎奏。他出手闊綽,動輒百萬、數十萬,不到一年,將「永明之治」積蓄的數億錢揮霍得差不多。蕭昭業的堂叔祖大將軍、尚書令蕭鸞一再規勸,可他不聽。他懷疑蕭鸞有篡位之心,與中書令何胤謀殺。何胤不敢,蕭昭業又把蕭鸞打發到外地去。蕭鸞無奈,只得先下手,將蕭昭業殺了。不到一年時間,蕭昭業就將自己的性命玩掉。又勉強撐八年,南齊江山也被折磨完。

假如李忱像蕭昭業,只顧揮霍享樂,而不顧江山,就不必去做那一系列改革,也沒剩什麼錢財給軍隊。那麼,即使身邊的文官武將不謀反,也難保吐蕃、党項人不會如入無人之境,直入長安也不是沒有先例。那樣一來,不僅李忱的皇位坐不了 10 年,整個大唐江山也可能撐不到黃巢揭竿起事。

其實,李忱只不過是盡職,蕭昭業只不過是本性難改。他很可能根本就沒興趣當皇帝,是集權制度趕鴨子上架。想當皇帝,有能力當的,不給當;不想當也沒能力當的,卻硬要他當!這種怪事史上常有。如果早要求不務正業、玩物喪志的宋徽宗「禪讓」,北宋結局會不會不一樣?那個萬曆,竟敢幾十年不上班,如果早把他開除,結局會不會不一樣?周幽王

收受性賄賂，沉溺於女色，如果早對他審查，是不是可以避免「烽火戲諸侯」，進而避免一連串導致覆亡的事件？因為是體制強人所難，所以我認為對那些無心擔任職務的帝王個人，不便過多責難。將無志、無能力復興國勢的人，硬扶上皇帝的寶座，是集權制度的責任。我們可以指責某人宮廷政變，可為什麼沒有一種制度，將這種無志、無能力的人，及時、和平地趕下臺呢？

不難發現唐朝皇帝一個明顯的特點：前幾年大都不錯，有些還能開創盛世，但「晚年」一個個轉身沉湎於得道成仙，而置江山於不顧。看來，皇帝這種「終身制」職業，實在不得人心，連皇帝本人也不耐煩。且讀康熙怎麼訴苦：

> 朕八齡踐祚，在位五十餘年，今年近七旬矣。當二十年，不敢逆計至三十。三十年時，不敢逆計至四十。賴宗社之靈，今已五十七年矣，非涼德所能致也……古帝王享年不永，書生每致譏評。不知天下事煩，不勝其勞慮也。人臣可仕則仕，可止則止，年老致仕而歸，猶得抱子弄孫，優遊自適。帝王仔肩無可旁委，舜歿蒼梧，禹殂會稽，不遑寧處，終鮮止息……[135]

這番肺腑之言，讓我頓生可憐之情。他日子過得真是「夙夜兢兢」啊！當了 20 年皇帝，不敢指望再當到 30 年；當了 30 年，不敢指望 40 年，度日如年，不知怎麼僥倖熬過了 57 年，實在是太累、太累了！真羨慕普通官員啊……可是，「書生」不允許你嚮往「抱子弄孫」的俗事，集權制度更不允許！

---

[135]　《清史稿》卷 8，〈聖祖本紀〉3，1 冊，P197。

第六章
景聖中興

【提要】

遼景宗耶律賢、聖宗耶律隆緒在位期間（969～1031年），與宋和平，「一國兩制」，民族平等，「諸道皆獄空」，農牧業興盛。

舉國那麼多文官武將，天塌下來，何至於非讓孤兒寡母去撐不可？且莫怨東風，東風正怨儂，歸根究柢是當時制度文化的問題。

來龍：變態皇帝的折磨

遼國朝中長期紊亂。耶律阿保機在位 11 年死，二任耶律德光靠宮廷政變，奪其兄的繼承權上臺，在位 21 年。第三任更糟，耶律阮上任僅 5 年，率兵救北漢時，被從征的將領發動兵變所殺。第四任耶律璟更恐怖，集昏君與暴君於一身。

耶律璟是第二任皇帝耶律德光的長子，951 年，前任皇帝被害後，他趁鎮壓叛亂的時機奪得帝位。因為不是正常上臺，他非常擔心眾多兄弟也來爭奪。當然他的擔心並非多餘，防不勝防。耶律璟即位不足一年，國舅蕭眉古得與宣政殿學士李澣密謀投敵，由李澣寫信給在後周當官的哥哥，說耶律璟只知喝酒、遊獵，建議後周出兵。緊接著，弟弟也想自立為帝。953 年，堂弟耶律宛又來爭奪皇位，還涉及親弟等人。959 年，四弟耶律敵烈主謀反叛；第二年，政事令耶律壽遠和太保蕭阿不底等人謀反。不久，另一個堂弟耶律喜隱也叛亂。所幸這些叛亂都及時被鎮壓。

親宗接二連三叛亂的原因出於不服，更出於不滿。耶律璟奪得權力後，並未勤政為國為民，而沉湎於享樂。他喜歡遊獵與喝酒，一出遊，往往一連 7 天 7 夜。就算不遊獵，晚上也喝酒作樂，通宵達旦，然後白天睡覺，政事全然不顧，人們背地裡稱他「睡王」。他曾明確要求大臣不要執行他喝醉時的指示，但不聽話，他又會隨手殺你。

當時，北方雖然統一，南方還有勁敵。身為遼國領導者，哪能如此醉生夢死？周世宗征南唐勝利後，國力驟增，隨即轉身北伐，大舉進攻遼國的三關。遼國守將一個個投降，兵不血刃，不戰而敗，舉國震驚。大臣勸耶律璟快收復失地，他卻說那些地方本來就是漢人的，沒什麼可惜，沒一點志氣。僥倖是周世宗在這次戰爭中突然病死，後周只得退兵，否則很可能一口氣滅了遼國。

親宗和近侍們一再反叛,可以說是被耶律璟逼的。他生性殘暴,左右侍從稍有過錯就被他親手殺死。比如因為送吃飯的刀、筷慢了就被殺,傷了獐也被殺。特別是他聽信女巫的話,說延年益壽的仙藥得用男子的膽作藥引,更是濫殺。每次戰敗,他會拿臣民開刀。他殺人還常臠之銼屍,即千刀萬剮,十足的殺人狂!

這麼一個變態的皇帝,將一個國家折磨了19年,你能想像那是一種怎樣的災難。所幸宮中近侍和廚師等6個不甘坐以待斃的小人物聯手,將耶律璟灌醉後殺害,結束一個暴政時代。

最大亮點:冤家變親家

宋與遼可謂「前輩子」的敵人。早在宋建國之前的936年,後唐皇帝李從珂調他姐夫河東節度使石敬瑭到鄆州任節度使,石敬瑭不僅像李從珂當年一樣趁機起兵叛亂,還向塞外之敵遼國求援,承諾割讓燕雲十六州為報酬。遼喜出望外,由皇帝親率大軍增援,擊潰李從珂。石敬瑭當權後,不僅稱比他小10歲的遼帝為父皇,還真割讓燕雲十六州。這樣,長城對中原沒了意義,遼距北宋都城1,000多里地一馬平川,沒任何要塞可擋,敵騎很容易直抵開封城下。這十六州,始終是北宋的一大心病。且遼的疆域是北宋的兩倍,看看歷史地圖,你就能體會北宋生存與發展的外部條件有多麼艱難。所以,有人認為北宋不是當時的主要國家,而是次要國家,至於南宋則幾乎稱不上是政治意義上的「中國」。

北宋歷代帝王在這一點上始終是有志氣的,末代皇帝最終倒在這一點上另當別論。初期的宋帝也很有擴張性。當宋師南下,那位寫過「問君能有幾多愁,恰似一江春水向東流」這淒美無比詩句的南唐皇帝李煜,還天

真地抱怨：「我沒什麼過錯吧？」宋開國皇帝趙匡胤直言不諱說了一句名言：「天下一家，臥榻之側，豈容他人鼾睡乎？」[136]遼也是宋的臥榻之側，趙匡胤自然也不容許它鼾睡，何況它還經常南下騷擾。這就有戲了。

960年宋開國之初，趙匡胤忙於內部穩定及南征，先對北漢發起征戰。當時遼國皇帝耶律璟則忙於內部沒完沒了的反叛與自己享樂，也沒對宋有什麼野心。964年，宋攻北漢遼州，北漢向遼救援，耶律璟派出6萬騎，結果失敗。後來，遼與北漢只是像蚊子一樣，偶爾騷擾宋邊境，趙匡胤也只是偶爾還一巴掌。969年，即耶律賢即位那年初，趙匡胤想滅北漢，親自率大軍圍攻太原等地。遼派勁旅連夜冒雨，從小路迅速進駐太原西，與北漢聯手反擊，趙匡胤敗退。當時耶律賢得忙於內部穩定，還得應付女真族不時侵擾，無力南征。於是，974年宋遼議和，「用息疲民，長為鄰國」。

975年，宋滅南唐，第二年趙匡胤死，趙光義繼位。經過幾年準備，979年初，趙光義率軍一舉滅北漢，緊接著從太原進攻遼國，想一鼓作氣收復燕雲十六州。初期順利，易州、涿州不戰而降，然後直指南京城（今北京市）。遼軍堅守不出，等待援軍。

耶律賢派名將耶律休哥領重兵相救。耶律休哥宏謀遠略，料敵如神，愛兵如子——每次打了勝仗，都會推功於他的將士，讓大宋軍民聞風生畏，民間哄孩子止哭，便說：「于越來了！」于越是遼國官名，位於百官之上。遼國210年中，只有十人享受這個殊榮，對北宋而言，就跟現代父母對孩子說「老虎來了」、「警察來了」一樣。此役，耶律休哥率5,000人佯裝主力，直奔南京城下引誘宋軍交戰，而真正主力3萬騎兵，卻連夜繞到宋軍背後，在高梁河一帶展開激戰。腹背受敵的宋軍慘敗，趙光義隻身出逃。

遼乘勝反攻，在滿城對陣。決戰前，宋軍詐降，遼大將韓匡嗣信以為真，耶律休哥則勸阻：「你看他們軍容整齊，銳氣十足，像要降兵的樣子

---

[136]　李燾：《續資治通鑑長編》卷8，北京：中華書局，2015年，1冊，P195。

嗎？別信！」韓匡嗣不聽，結果被宋軍突襲，士卒紛紛丟兵棄甲逃命。幸好耶律休哥率兵頑強抵抗，否則全軍覆沒。

第二年，遼國10萬重兵圍攻雁門關，宋名將楊業將他們大敗。耶律賢親自到南京督戰，指揮圍攻瓦橋關。宋軍救援失敗，想突圍也失敗。兩軍隔河對峙，耶律休哥率精銳騎兵強渡，宋軍大敗。遼軍追到莫州再次決戰，宋軍橫屍遍野，但遼軍也遭重創，只得退兵。

982年，遼帝又親自率兵大舉伐宋。這次3萬騎，兵分3路，一路襲雁門，被宋名將潘美擊敗，追入遼境，俘老幼萬餘口，獲牛馬5萬；二路攻府州也失敗，被斬700級，獲羊馬萬計；三路打高陽關又敗北，失羊馬數萬。同年耶律賢病死，也許與這次慘敗不無關係。

遼國君主變易之時，蕭太后不忘宋國威脅，一邊立《更休法》，勸農桑，大力發展經濟；一邊大修武備，多設間諜，並製造國內空虛的假象。果不其然，趙光義認為遼國朝中孤兒寡母有機可乘，986年大舉北伐，也兵分3路，東路攻幽州，中路攻蔚州，西路攻雲州、朔州。蕭綽命耶律休哥守幽州，耶律斜軫抵禦中路及西路宋軍，她自己與耶律隆緒駐紮在駝羅口指揮。初期，宋軍接連攻下固安、涿州等地，寰州、朔州、應州等地不戰而降。蕭綽率軍支援耶律休哥，大敗宋東路軍。耶律休哥收屍以為「京觀」──古代為炫耀武功，聚集敵屍，封土而成高塚。趙光義只得撤退，屯兵邊境，以守為攻。可是，蕭綽命耶律斜軫乘勝對東路和中路宋軍進行反擊。就是這次戰役，遼軍生俘楊業。有的說楊業撞死在石碑，有的說因箭傷無法進食，三日而死。楊業是婦孺皆知的「楊家將」之一，戲文中名楊繼業。

隨後，遼縱兵南侵，攻陷諸多邊城。趙光義忍無可忍，第二年又想大舉復仇。宰相李昉等大臣連忙勸阻：「中原之民不同於邊疆之民，只習農業不善於戰爭，往往逃避。用這些強徵來的兵匆匆上陣，結果可想而知。」趙光義不得不忍，轉以抵禦為主。而遼軍也沒有絕對優勢，耶律休

哥也感到力不能支，988年冬，他率8萬精騎南下，被宋軍斬首1.5萬級。第二年，再率3萬騎南侵，被宋軍偷襲後背，頓時陷入混亂，他本人也被砍傷手臂，仗著人多才狼狽撤退。此後十幾年，雖然偶爾還有些衝突，但誰也不敢輕易發動大規模入侵。

大宋對遼國來說，誘惑力相當大，而蕭綽和耶律隆緒們的雄心也大。在那個叢林時代，這就注定兩國最終魚死網破的宿命。經過多年準備，1004年，蕭綽親自率遼軍大舉南侵，大有決一死戰之勢。至定州，兩軍相峙。遼軍怕腹背受敵，提出議和，北宋新皇帝趙恆拒絕。宋軍在朔州大敗遼軍，但遼軍主力三面包圍澶州，形勢相當危急。

有人說趙恆在北宋所有帝王中「也許最為消極」[137]，但他運氣好。當時遼國最優秀的文武大臣耶律休哥、耶律斜軫已去世，趙恆被自己的能臣寇準硬拖上前線督戰。當他登上澶州北城門樓時，諸軍高呼萬歲，聲聞數十里，士氣大振。更幸運的是，遼國統軍蕭撻凜不把大宋守軍放在眼裡，率數十輕騎直驅澶州城下，被一箭斃命。為此，蕭綽等人痛哭不已，輟朝5日。在這種情況下，雙方都不得不承認吃不了對方，多數大臣主張見好就收，於是議和，主要內容：一是遼宋為兄弟，遼帝年幼，稱趙恆為兄，後世仍以此論；二是以白溝河為國界，雙方撤兵；三是宋每年向遼提供助軍費銀10萬兩、絹20萬匹；四是雙方在邊境設榷場，開展互市貿易，史稱「澶淵之盟」。

「澶淵之盟」後，遼、宋兩國都將主要精力放在國內社會經濟發展上，不再強求用人民生命財產去硬搶那些土地。蕭綽和耶律隆緒延續「景聖中興」，北宋接連開創盛世。趙恆在任期間，以文安邦，與遼和平，鼓勵男人以讀書為業，人口和稅收均超過唐最繁榮時期，被譽為「咸平之治」。緊接仁宗趙禎時期，工業化、商業化、貨幣化和城市化方面，遠遠超過當

---

[137] 《劍橋中國遼西夏金元史》，1990年，P104。

時世界其他地方，被譽為「仁宗之治」，被許多專家學者認為是中國封建社會的巔峰。這種局面，典型的雙贏，世界史上也罕見。學者評論，一方面是「在軍事上也處於弱勢的北宋，藉此保全了自身。北宋文化發展的最大原因，首先應歸功於這個條約」，另一方面，「契丹在『澶淵之盟』後，形勢完全穩定下來。由此北宋和契丹政府達成南北共存的時代，的確是一個悠閒的時代……契丹帝國沒有受到來自任何方面的威脅，一百多年間，一直享受著美夢般的生活。」[138] 只有和平，才可能為南北不同民族的中國人帶來「美夢般的生活」；也只有和平，才可能帶來長期穩定和經濟、文化的進步。然而，對早就習慣四方來賀的儒家來說，「澶淵之盟」是屈辱，「條約的效果被普遍歪曲了，尤其是宋朝給契丹的歲幣，被描繪成讓國家造成沉重的負擔。這當然不符合事實。」[139] 事實上，自趙光義開始，宋遼之戰 25 年，損兵折將，生靈塗炭。當時宋財政年收入 1 億，而一場中等規模戰事，耗費就高達 3,000 萬。這 30 萬歲貢只是其 1%，微不足道。儘管如此，「澶淵之盟」還是影響了中國思想界及整個歷史。

同時，與高麗也變親家。

遼與女真、党項、吐谷渾、回鶻、于闐、高麗等周邊也有些矛盾，但基本上和平。特別是與高麗，遼曾嫁公主去和親，冊封高麗王，不過戰事也最多，只是沒宋遼那麼激烈而已。

和親，以高貴的美女為「糖衣炮彈」，將冤家變為親家，漢朝帝王的常用戰術，契丹人也學了。

高麗與遼的關係時好時壞，遲遲沒有歸附，遼難以容忍。耶律隆緒曾詔令諸道修繕甲冑兵器，準備東征高麗。隨後還派欽差大臣到各地去檢查兵器與道路情況，發現遼東沼澤低溼，只得暫停東征。不久，當地仍報告

---

[138]　《中國的歷史‧遼西夏金元》，P190、191。
[139]　同注 137，P109。

說道路十分泥濘,只能再等。這一等等了幾年,直到992年,才命東京留守蕭恆德出征,真讓人懷疑遼東官員是不是不願意。

蕭恆德是個很有意思的人物。遼國名將蕭撻凜有兩個兒子,長子蕭排押是大將、外戚、駙馬;次子是蕭恆德,早年曾隨軍征高麗與宋,深得信任,被任為東京留守。988年,耶律隆緒征宋時,蕭恆德獨當一面。城上矢石如雨,他仍鎮定指揮,終於攻克。在這次戰爭中,他中流矢,蕭太后親自探望,賜藥。隨後還屢立戰功,蕭太后多次表揚。蕭撻凜為其向景宗三女越國公主耶律延壽女求婚。蕭恆德成為駙馬都尉,一躍為耶律隆緒的妹夫。現在耶律隆緒命蕭恆德征高麗。蕭恆德接詔書後率兵出擊,一戰就拔其邊城。高麗成宗王治嚇壞了,連忙上表請降。此後,王治多次遣使請罪進貢。995年還兩次入貢,遼派使者冊封王治為高麗國王。

第二年,王治進而請婚,耶律隆緒一口答應。不過,自古沒有帝王肯把親生女兒嫁給曾經的敵人,都是臨時把宗室裡某個女子認為乾女兒,嫁出去了事。現在耶律隆緒為高麗嫁去蕭恆德之女,是嫁外甥女,夠意思了。高麗很滿意,遣使訪問,像親人一樣關心耶律隆緒的起居生活,此後常來常往。

可是,他們真正的岳父蕭恆德卻倒楣了。命蕭恆德與奚族領袖和朔奴聯手,一起討伐兀惹。兀惹是渤海被遼滅後新立的小國,反抗遼。還沒開戰,兀惹就請降。蕭恆德想多獲一些戰利品,拒降,兀惹只好死戰,結果城攻不下。這時,和朔奴建議退兵,蕭恆德說:「我們奉詔而來,無功而還,同僚會怎麼笑話?隨便討些戰果,也比無功好!」和朔奴只好硬著頭皮堅持而戰。撤回時,又因路遠糧絕,士兵戰馬死傷眾多。此事遭彈劾,蕭恆德被撤職,削了原先賜予他「翊聖協穆保義功臣」、「純德功臣」的光榮稱號。這還沒完,耶律延壽女生病,蕭太后好心好意委派一名宮女去侍奉,蕭恆德竟然與這宮女勾搭成奸,耶律延壽女氣得憂憤而死。蕭太后大

怒,將蕭恆德賜死。

此外,得說說遼的漢化問題。

969 年,耶律璟被近侍所殺,耶律賢繼位。這一次權力交接倒沒什麼麻煩,開國皇帝的所有兄弟都死了,他們子孫也在前幾次政變中被殺光。耶律賢是第三任皇帝耶律阮的次子,沒人反對。問題是他長期生病,朝政只好由蕭太后執掌。

大名鼎鼎的蕭太后,是耶律賢的夫人蕭綽。她名字美麗可人,其實堪稱武將,《楊家將》中的蕭太后就是指她,但真實的她不像小說或戲裡那樣「母夜叉」。她父親蕭思溫是遼國第二任皇帝的駙馬,而他的長女嫁給耶律璟的弟弟,次女嫁給耶律賢的弟弟。耶律璟意外被殺時,蕭思溫陪同,他冷靜處置,封鎖消息,力助耶律賢繼位。耶律賢晉封他為北府宰相等職,並召蕭綽入宮,隨即封為貴妃,兩個月後又冊為皇后。

本來蕭綽可以享清福。沒想到第二年,父親又遇刺身亡,耶律賢失去棟梁,17 歲的她只好接過重任,負責處理一切政務。她做的決定,耶律賢只是聽聽匯報。976 年,耶律賢還正式傳諭:「今後凡記錄皇后之言,也稱『朕』,與自己相提並論。」[140]

982 年耶律賢去世,其子耶律隆緒繼位。耶律隆緒年僅 11 歲,尊蕭綽為「承天皇太后」,繼續攝政。遼帝登基有一種「再生儀」,蕭綽履行儀式,就是說她執政具有合法性。她對耶律隆緒精心培養,要求很嚴,甚至成年後還當眾打罵他。

蕭綽曾許配漢臣韓德讓,沒來得及結婚就被選進宮。現在耶律賢死了,她便對韓德讓說:「願續舊好!當國的幼主是我的兒子,也是你的兒子!」[141] 傳說她派人鴆殺了韓德讓的妻子李氏。從此,他們過著「事實夫

---

[140] 《遼史》卷 8,〈景宗本紀〉,P66,「諭史館學士,書皇后言亦稱『朕』暨『予』,著為定式。」
[141] 路振:〈乘軺錄〉,「蕭后少寡,韓氏世典軍政,權在其手,恐不利於孺子,乃私謂德讓曰:『吾

妻」的生活，耶律隆緒對韓德讓也真誠地以父相待，連見外國使臣都不避忌。韓德讓的軍政權力超過他前後任何一位大臣，但依然忠心耿耿，全力輔佐蕭綽與耶律隆緒。這跟尋常寡婦撫孤的故事差不多，對得起人家，也對得起自己，只遺憾對不起李氏。

然而，皇族不滿。諸王宗室 200 餘人擁兵，控制朝廷，排擠蕭綽及耶律隆緒。身為一個女人，面對如此形勢，蕭綽哭了，嘆道：「母寡子弱，族屬雄強，邊防未靖，怎麼辦啊？」在耶律斜軫、韓德讓等大臣支持下，她果斷撤換一批大臣，下令諸王無事不得出門，並設法解除他們的兵權，迅速穩定朝政，後來陸續有些叛亂也及時平息。1009 年，耶律隆緒 38 歲，蕭綽才還政於他，同年底病逝。這時遼國已步入鼎盛階段。

從北魏中興可以看出，少數民族要有實質性的大發展，必須向漢族學習。契丹人的文明程度比匈奴、突厥高，但與漢人相比，顯然還差一大截。他們一立國就開始向漢人學習，但同時還想大力發展本族文化，命大臣創造契丹文字，甚至禁止宮中一般人讀書，所以發展很慢。在蕭綽與韓德讓影響下，漢化步伐加快，「一國兩制」。南京官府要職原本一直由契丹宗族擔任，耶律賢即位後，提拔漢族官員高勳為南樞密院使，又加封為秦王；漢官韓知古的兒子韓匡嗣為上京留守，後改任南京留守，加封燕王。還選拔一批漢族知識分子治理各州。契丹民俗中有「姐死妹續」陋習，耶律賢予以廢除，並令為官的契丹人可以隨漢族禮俗，與漢族自由通婚。

耶律隆緒時期，漢化更全面。耶律隆緒幼而聰明，好儒術，通音律，還好繪畫，崇信佛教和道教。他能讀漢書寫漢字，特別推崇李世民的《貞觀政要》和白居易的詩，曾以契丹文翻譯《白居易諷諫集》。他本人創作曲 100 餘首，作詩 500 餘首。

耶律賢一上臺就多次召漢人翰林學士室昉，問古今治亂得失。他認為

常許嫁子，願諧舊好，則幼主當國，亦汝子也。』」

耶律璟太暴虐，今後「務行寬政」。登聞鼓，即在衙門口設鼓，讓上訪的百姓敲鼓鳴冤。自北魏開始，唐、宋等朝均實行這種制度，遼國也有，但被耶律璟廢除，耶律賢予以恢復。契丹人得勢了，跟後來的蒙古、滿族人一樣，實行民族歧視政策（當然，應是後者向前者學習），他們打死漢人只賠牛馬，反之不僅要抵命，還要沒收其親屬為奴婢。983年，耶律隆緒修改「同罪異論法」，即契丹人犯法與漢人犯法同罪處理，不得同樣的罪因民族不同而予以不同處罰。同時修改「貴賤異法」與「奴主關係法」，廢除「兄弟連坐法」。他還用法律禁止妨礙農業，禁止軍隊和行獵破壞莊稼，委派監察官檢視農業，鼓勵種果。犯罪率大大降低，甚至出現「南京及易、平二州以獄空聞」的可喜局面。不過，他們也學儒家的糟粕，如1017年禁止「命婦」（即有封號的婦女）改嫁。

988年開貢舉，從此成為定制。1030年，詔明年行貢舉法，進一步健全科舉制度。1032年，開始每年舉行1次科考，隨後改為3年1次。考試科目初期以詞賦為正科，法律為雜科，後來借鑑宋朝分兩科，即詩賦與經義，分別取士。但禁止契丹人參加漢式科考。有個官員讓兒子非法參加，被責罰200皮鞭，他兒子直到能3箭射殺3隻野兔——透過本民族武功考試，才得以提拔。這說明他們對漢化改革還留一手，並非全搬照抄。

遼後期，侍臣為道宗耶律洪基講《論語》，講到「夷狄之有君」時，一句帶過，不敢講解。耶律洪基意識到侍臣有顧忌，連忙開導，說異族之所以被稱為「夷」，是因為「蕩無禮法」，契丹現已「彬彬不異中華」，為什麼要忌諱談「夷狄」？[142] 在耶律洪基心目中，遼國已與中原「無異」了。據載，耶律洪基曾用數百兩白金鑄兩尊佛像，其背面銘字：「願後世生中國。」孝是儒家最重要的觀念，遼帝除了頭尾兩個，其餘的諡號均帶有「孝」字，由此可見其漢化程度之高。

---

[142]《契丹國志》卷9，〈道宗天福皇帝〉，北京：中華書書，P106，2014年，「上古獯鬻、獫狁蕩無禮法，故謂之『夷』。吾修文物，彬彬不異中華，何嫌之有？」

去脈：同室操戈無休止

遼國的內訌綿綿不斷，雖沒造成嚴重分裂，還是導致衰亡。蕭綽能與宿敵大宋締結百年和平，卻無法根治內訌。

耶律阿保機的第三子耶律李胡，勇武強悍，力大無比，生性殘忍，但深受母親述律平疼愛。述律平也是個非同尋常的女人，曾多次統兵，「名震諸夷」。耶律阿保機死後，她以皇后身分稱制。有些功臣不服，她就令他們為先帝殉葬。漢臣趙思溫反擊：「先帝親近之人莫過於太后，太后何不以身殉葬？」她揮刀斬下自己右手，丟進棺材，然後說：「兒女幼小，不可離母，暫不能相從於地下，以手代之！」因此，人稱「斷腕太后」。如此，那些人只得乖乖殉葬。

二任耶律德光即位後，立耶律李胡為皇太弟。947年，耶律德光去世，耶律李胡的姪兒耶律阮自立為帝。述律平大怒，派耶律李胡率軍討伐耶律阮，但失敗。在大臣調解下，述律平承認耶律阮的合法性。不久有人告發耶律李胡與述律平圖謀取而代之，耶律阮將他們遷到祖州，禁止隨意出入。960年，耶律李胡的兒子宋王耶律喜隱謀反，被下獄。耶律李胡死於獄中，後被耶律隆緒追諡欽順皇帝（另改章肅皇帝）。

耶律璟時期，耶律喜隱謀反又被發覺。耶律璟親自審問，但仍然釋之。耶律喜隱還有一塊心病，因為少年得志，非常驕橫，耶律璟召見，他也不及時到，耶律璟為此打過他，他便耿耿於懷，立志反叛。沒多久，再反，還只是下獄。契丹人對外凶猛，對自己人有時則過於心慈手軟。像耶律李胡與述律平這樣，如果是在漢人王朝，即使他們沒反，只因為擔心可能會反，也早就被殺了。他們真有反叛之實，且一而再，卻還留耶律喜隱性命，留下一大隱患。

耶律賢即位後大赦天下，獄吏聞風即將耶律喜隱釋放，返朝中。耶律賢大怒：「你是罪人，怎麼能擅自出來！」耶律賢殺了獄吏，重新將耶律喜隱下獄。可是沒多久，耶律賢改年號大赦，還是寬恕他，不僅釋放，還將小姨子嫁給他，恢復官爵。原來前些日子，耶律賢生氣的只是沒事先請示，那獄吏揣測他的心思，本想討個功，不想拍到馬腿，死得好冤枉。

然而，耶律喜隱本性不改，974年還想謀反，仍被寬恕。980年再反，才重新被囚。981年上京（今內蒙古巴林左旗）的宋軍降卒叛亂，想從獄中劫出耶律喜隱，並擁立他為帝，攻城失敗後，改立他兒子耶律留禮壽為帝。遼軍將耶律留禮壽抓捕斬殺，這才賜耶律喜隱死。

如果說耶律喜隱對政局實際影響不大，那這種對宗室寵愛放縱的危害越發明顯。耶律隆緒也是晚節不保，以為天下太平，可以放心睡覺了，便熱衷於遊獵，迷信佛教。1031年去世，終年61歲，在位50年，為遼朝在位時間最長的皇帝。

他兒子耶律宗真繼位，時年15歲，年齡偏小，所以由生母蕭耨斤臨朝攝政。耶律宗真少年聰慧，愛好儒學，通曉音律，是享有名望的山水畫家，又豁達大度，想像過去是個明君。不想他滿足於表面繁榮，不僅迷戀佛道，還喜歡賭博，拿城池當賭注，一輸好幾個。連年征戰西夏，已經習慣和平的百姓們，變得怨聲載道。他對宗室更寵，蕭菩薩哥是耶律隆緒第二任皇后，亦即耶律宗真的養母。蕭耨斤為了排擠她，指使人誣告她與大臣謀反。耶律宗真說：「她侍奉先帝40年，又將我撫育成人，怎麼能拿她治罪？」蕭耨斤說：「此人在，遲早會成為後患。」耶律宗真說：「她沒有親生兒子，又年老了，即使想謀反，也反不到哪裡去！」蕭耨斤還是將她驅趕上京，不久派人殺了。耶律宗真就這樣受制於人，耶律隆緒的不少政策被改變。史稱蕭耨斤「殘忍陰毒，居喪未及一年，先朝所行法度變更殆

盡」，臨朝 4 年功夫，便讓「契丹已困矣」。[143]

耶律宗真親政後，即改蕭耨斤的一系列政策。但他滿足於繼承到的中興成果，沉湎享樂，生活放蕩不羈，政治也日趨保守，不願深化改革。「一國兩制」、南北分治，在建國初期保障了漢族地區的經濟、文化發展，而隨著全國封建化改革完成，變成阻礙進一步發展。為此，大臣認為南北兩個官府機構「若併為一，天下幸甚」。[144] 耶律宗真擔心影響整體體制而不予採納，維持政局一時穩定，也延續南北差異，制約長遠發展。他好佛，「度僧其眾」，以致「僧徒縱恣，放債營利，侵奪小民，民甚苦之」。[145]所以，後人認為「遼以釋廢」。在奴婢等問題上，大為倒退。更糟的是，他感恩於自己的弟弟耶律重元，一次酒醉時答應死後傳位給他，而自己的兒子尚未封太子，讓耶律重元產生非分之想，埋下日後叛亂的種子，遼國衰勢無可救藥。

耶律宗真的兒子耶律洪基，即道宗，鎮壓叛亂後又迷戀佛教，不思改革，日益腐敗。本來也有幸，皇后蕭觀音多才多藝，並關心朝政，曾多次規勸耶律洪基以江山社稷為重。太子聰明能幹，朝野寄以厚望。這引起奸臣耶律乙辛等人不滿，設計讓她抄寫 10 首詩，然後從「宮中只數趙家妝，惟有知情一片月」句中抽出「趙惟一」3 個字，告發她與伶官趙惟一有染。耶律洪基竟然信以為真，詔令她自盡，太子不久也被害死。其後天祚帝則是個著名的暴君，在位 20 餘年便亡國。明學者王宗沐說：「遼之亡也，吾不日天祚，而日道宗。」[146]

史稱「宗王反側，無代無之，遼之內難，與國始終」[147]，一點不虛。

---

[143] 同上，卷 13，P163～164。
[144] 同注 140，卷 81，〈蕭孝忠傳〉，52 冊，P847，「一國二樞密，風俗所以不同。若併為一，天下幸甚。」
[145] 蘇轍：《欒城集》。
[146] 同注 140，卷 72，〈宗室傳〉，P826～827。
[147] 同注 144，P826～827。

略議寡婦孤兒當政。

「景聖中興」是耶律賢之功,也是耶律隆緒之功,更是蕭綽之功。如果不是她毅然站出來輔政,耶律賢長期生病,重臣被謀殺,那種政局如何維持?耶律賢死後,繼位的耶律隆緒年僅 11 歲,宗室群起逼宮,如果不是她毅然平息,耶律隆緒之位如何保住?與北宋戰爭不斷,遼國一次又一次被大軍入侵,危在旦夕,如果不是她組織抗戰並反擊成功,適時締結百年和約,遼國有沒有可能早被宋滅了?蕭綽功不可沒啊!功勞遠大於耶律賢和耶律隆緒!宋人葉隆禮在《耶律賢蕭皇后傳》中攻擊她「性忮忍,陰毒嗜殺,神機智略,善馭左右,大臣多得其死力」,而不見她之功,顯然有失偏頗。現代學者認為「皇太后並不是一位反覆無常的暴君,而是一位深深懂得權力的現實性和統治藝術性的統治者」,耶律隆緒之所以能夠稱上盛世之主,多虧蕭綽的教導。[148]

如果加以對比,蕭綽更顯得優秀。謝道清是南宋末理宗趙昀的皇后。1264 年趙昀駕崩,度宗即位,謝道清為皇太后。1274 年度宗駕崩,恭帝即位,謝道清又被尊為太皇太后。由於恭帝年僅 3 歲,大臣們再三懇請她垂簾聽政,直至南宋被蒙元所滅。實際上謝道清年老體弱,她也無奈,只得將權力委以宰相賈似道。偏偏這時面臨凶惡蒙軍全面進攻,本當皇帝親征,現在全體官員和太學生只好一致強烈要求賈似道親征。賈似道根本不懂軍事,但他姐是貴妃,趙昀以「師臣」相稱,百官尊稱他為「周公」,他家成為事實上的官府。他到前線沒本事禦敵,卻膽敢與蒙軍私下議和,回朝又隱瞞,報捷討功。元軍可不健忘,派使者郝經入宋談判履約細節。賈似道慌忙將郝經祕密囚於軍營,用紙包火,引發敵人更瘋狂地進攻,直陷都城。謝道清沒能力像蕭綽攝政率兵,也沒能力像蕭綽任用賢臣,只能玩玩文字遊戲,下〈哀痛詔〉(即〈罪己詔〉),說皇帝年幼,自己年邁,國家

---

[148] 同注 137,P89～90。

艱危，希望各地文武豪傑同仇敵愾，共赴國難，朝廷將不吝賞功賜爵。這詔下後，各地反應並不熱烈，眼看著宋室江河日下。蔡東藩評論：

> 宋多賢母后，而太皇太后謝氏實一庸弱婦。以之處承平之世，尚或無非無議，靜處宮闈。若國步方艱，強鄰壓境，豈一庸嫗所能任此？[149]

一個體弱多病且不善政的「庸嫗」牽著幼小的皇帝，如果是在太平盛世，或許還能勉強著，可現在是「強鄰壓境」，怎麼可能救國？即使沒有蒙古人入侵，也很容易被王莽、楊堅、趙匡胤之流篡奪吧？

假如謝道清像蕭綽，那麼她會及時撤換賈似道。蒙軍強悍，但並非天兵天將，在四川幾年沒突破，在日本和東南亞更是失敗，反而導致他們自己衰弱。南宋畢竟占著天時地利，文武百官也不是個個無能又無德，民眾更沒幾個反叛，只要多堅持一下，避過蒙軍的鋒芒，何愁沒有轉機？何至於那般狼狽？

而假如蕭綽像謝道清，只會流著眼淚「自我批評」，讓文官武將糊弄，能夠抵擋北宋一次又一次的大舉進攻嗎？

說對那些無心盡職的帝王個人不便過多責難，不等於全免他們的責任。既然被時代推上那樣重要的職位，就應當堅強地擔當起歷史賦予的使命。劉邦並不是生來的儲君，早年還是鄉間流氓地痞，造反之時也很可能沒想過要當皇帝，可他被推上帝位後，華麗轉身，變成一個了不起的好皇帝。身為女人，蕭綽更是如此。她本來的理想只是賢妻良母，只因父親被謀殺，丈夫皇帝又有病，17歲的她突然捲入政治。如果真不想做，或沒能力，那可以讓賢。李旦真不想當皇帝，一讓再讓，一讓母親武則天，二讓皇兄李顯，接二連三，最後還讓兒子李隆基，讓他去開創盛世。趙構、乾隆當累了，也都主動讓位。謝道清處於國家危亡的特殊時期，明知孤兒寡

---

[149] 《宋史通俗演義》第 99 回。

母擔當不起,卻沒讓位,以致誤掉江山,責任不小!

我們來到這個世上,每個人都有自己的使命。能出色地完成使命,值得讚許,歷史不會忘記。對於逃避使命的,其實也無可厚非,比如對趙構的禪讓,對無數的隱士,對懶漢,一般都不會過多指責。對有殘缺之人,還予以同情和盡可能的特殊照顧。只有對那種無心、無力擔負使命,又不肯退讓,用俗話說是「占著茅坑不拉屎」,才不予寬容。宋室江山是趙匡胤從後周孤兒寡母手中奪得,最後失於謝道清孤兒寡母之手。元人北客詩嘆〈宋太祖〉:

當日陳橋驛裡時,欺他寡婦與孤兒。
誰知三百餘年後,寡婦孤兒亦被欺。[150]

乍看這首詩譏諷孤兒寡母,很不厚道。可是轉念一想,舉國那麼多文官武將,天塌下來,何至於非讓孤兒寡母去撐不可?且莫怨東風,東風正怨儂。謝道清可憐又可恨,歸根究柢是當時制度文化的問題。然而,大清告終之時,依舊是「寡婦孤兒亦被欺」,無怪乎人們常嘆歷史教訓無用。

---

[150]　同注 137,P89〜90。

第七章
弘治中興

【提要】

　　明孝宗朱祐樘在位期間（1487～1505 年），整頓吏治，收復哈密，努力發展經濟。

　　假如朱由檢能夠像朱祐樘那樣冷靜處理袁崇煥等文官武將的過失及相互間的矛盾，明朝會毀在他手上嗎？明、清那些皇帝，嘴上仁義道德更多了，對臣民動不動就處以凌遲、鞭屍，想想都噁心！

來龍：私法、私田與私售官

在「土木堡之變」中意外上臺的朱祁鈺，柏楊稱之為明王朝20任皇帝中「唯一傑出的君主」[151]，可他命薄，沒幾年就病死，朱祁鎮迫不及待奪回帝位。更糟的是，朱祁鎮好了傷疤忘了痛，殺于謙等忠臣恩人，卻特地雕一個王振木像，招魂安葬，並賜祠名「精忠」。王振死而不能復生，但太監輩有人出，朱祁鎮很快又寵上曹吉祥、石亨。曹吉祥和石亨也飛揚跋扈，引薦文武官員只看給的賄賂多少，而不管是否勝任，打擊異己，公開占奪民田，以致謀亂。但想必當時不少朱氏君臣相信英宗是好皇帝，否則怎麼蓋棺論定為「英宗」？《諡法》：「出類拔萃曰英，道德應物曰英，德華茂著曰英，明識大略曰英。」你看他符合哪一條？

朱祁鎮死，其子朱見深即位，撥亂反正，重修土木之祠，立碑紀事，親自撰寫碑文，如實記載朱祁鎮遠賢臣，用奸佞，導致喪師辱國的慘痛教訓。清朝山東道監察御史沈廷芳途經時，發現智化寺古蹟完好，王振雕像仍在，祠外還存放著朱祁鎮褒其忠義的祭碑，不禁生氣。他上書給乾隆，歷數王振的罪惡，請求毀王振像、推祭文碑，乾隆准奏。

朱見深仁愛寬恕，一上臺就為于謙平反，勵精圖治，朝野一片稱頌。然而，很快暴露出三大弊政：西廠、皇莊、傳奉官。

「西廠」跟東廠、錦衣衛一樣屬「詔獄」，即皇帝直屬專門針對高階官員的司法機構。1476年，京城捕獲「妖人」，朱見深派太監汪直在灰廠審訊，隨後在那新設「西廠」，由汪直負責。汪直有特務天才，據說他「布衣小帽，時乘驢或騾，往來京城內外，人皆不之疑」。他的爪牙比東廠多一倍，還能讓東廠聽命於他。全國從各王府、邊鎮及南北河道，無不在他的掌心。大學士商輅是個大才子，直言不諱向朱見深建議撤掉西廠，因

---

[151] 柏楊：《中國人史綱》下冊，P76。

為「士大夫不安其職,商賈不安於途,庶民不安於業,若不亟去,天下安危未知也」。朱見深不以為然,反倒生氣地追問:「難道用一個太監就會危及天下嗎?是誰進如此低水準的諫?」[152] 商輅堅持進諫,兵部尚書項忠也上書支持,第二年只得撤銷。然而,同年罷商輅和項忠的官,西廠又恢復,直到 1482 年汪直失寵。如果西廠真想清理反叛或貪官汙吏也罷,問題是,他們藉以大肆「順我者昌,逆我者亡」。劉吉貪汙腐化,早就聲名狼藉,一次次遭檢舉彈劾,只因為有汪直庇護,彈劾一次反而升官一次,最後升為宰相。人們給他外號「劉棉花」,意即越彈劾越起,小老虎彈成大老虎,直到跟著汪直一起下臺。

此前,朱高熾曾設仁壽宮莊、清寧未央宮莊,朱祁鎮曾設德王、秀王莊,朱見深直接設皇莊,那些山水田地直接歸皇帝私有。朱見深的皇莊遍布順義、寶坻、豐潤、新城、雄縣等處,面積達 1.28 萬頃。上行下效,藩王、勳戚、宦官紛紛請求皇帝賜土地,設王田、官莊。據統計,至 1502 年,全國官田的面積達民田的 1/7。皇莊內土地所有權還與司法權、行政權相結合,派宦官去掌管,類似唐後期的藩鎮。而宦官帶一些小卒,再養一幫無賴,占土地,斂財物,無惡不作。

傳奉官指那些不經吏部,不經選拔、廷推和部議等程序,由皇帝直接任命的官員。朱見深即位不到一個月,就授給一位近侍文思院副使。這種做法滿足了皇帝賞賜小人的私心,卻對人事制度造成破壞。掌握宮中大權的嬪妃及太監,也可以借皇帝之名賣官鬻爵,僅大太監梁芳一人授官就達 1,000 人。

此外,朱見深寵萬貴妃,被後宮搗亂。大臣進諫:「萬貴妃已過生育期,問題很多,不可專寵。」朱見深不聽,日夜與她在一起,且任由她橫行霸道。宮中太監紛紛投靠她,變得比地方總督、總兵還顯要。汪直本來只是她的

---

[152] 《明史》卷 176,〈商輅傳〉,61 冊,P3120,「用一個內豎,何遽危天下,誰主此奏者?」

內侍，她推薦給朱見深，很快權傾朝野。

朱見深還遇到一個宮中並不罕見的難題：妻妾如雲，卻沒生一個兒子。朱見深年輕時不以為然，年紀稍大，考量到接班人，這才開始心慌。有次理髮時，對門監張敏忍不住嘆息：「不孝有三，無後為大啊！」其言之善，其情之哀，令人感慨。萬萬沒想到，張敏忽然告訴他一個驚天祕密：「皇上，其實您有皇子，已經6歲啦！」原來，朱見深有次見宮女紀氏美貌，一時性起，留宿一夜。紀氏懷孕，萬貴妃命她墮胎。紀氏人緣好，使者不忍下手，謊稱她肚子裡長瘤而不是孕。萬貴妃怕朱見深懷戀她，將她貶入冷宮。這倒成全了她，在冷宮偷偷生下孩子。萬貴妃得知後，派張敏去溺死皇子。張敏卻幫紀氏將嬰兒藏起來，被萬貴妃排擠的吳皇后也幫助養育這個嬰兒。史上類似傳奇不少，當時沒DNA技術，很容易讓人相信。朱見深聽了大喜，立即接回皇子，很快立為太子，這就是朱祐樘。1487年，朱見深病死，17歲的朱祐樘繼位。

最大亮點：收復哈密

哈密古稱伊吾或伊吾盧等，明以後才稱哈密。西元前60年，西漢設西域都護府，哈密歸其管轄。唐「安史之亂」時，被吐蕃占。元朝占後，封威武王。朱棣採取羈縻政策，設「關西七衛」，哈密為其一，但地位最為重要，因為它在大明與西域諸國要道上。當時主要敵人是蒙古，而蒙古除了長城以北，還占據西域北部，這也就成為明與瓦剌爭奪的中心。

說起來，哈密與瓦剌更親密。瓦剌領袖也先不花的姐姐嫁哈密前任最高領袖忠順王卜答失里為妻，在位的忠順王倒瓦答失里是也先不花的外甥。即使如此，也先不花還經常派兵擾哈密，掠馬牛駝羊，甚至把他姐

姐、外甥等一齊擄去，還理直氣壯。倒瓦答失里只好腳踏兩條船，明順朝廷，暗通瓦剌。瓦剌還不滿，1443年圍攻哈密，擄走忠順王母親和部眾1,000餘人，當地民眾紛紛流亡。拖到1466年，兵部力主收復哈密，朱祁鎮同意。可是，當明軍抵達時，叛軍已逃。明軍留下部分鎮守，主力撤回。當時，哈密西鄰有吐魯番王國，非常強盛。見明軍主力撤退，吐魯番趁機入侵，奪走金印，令牙軍駐守。1482年，明朝出兵收復，扶持罕慎為忠順王。不過，罕慎貪婪又殘暴，為民眾所恨。

1488年底，吐魯番又占哈密，殺罕慎，仍然由牙軍占領，但有所畏懼，遣使到北京入貢，請求代理西域之職。朱祐樘剛上臺，百廢待興，而西域情況複雜，便同意求和，退換城印。不想，1493年，吐魯番故伎重演，重新占城奪印，還擄走忠順王。這時，明廷中發生爭議，有的認為應由馬文升掛帥出征，馬文升則認為西域不構成大危害，當行綏靖。有的大臣贊同，也認為明朝的威脅在瓦剌，不應當讓兵部尚書親自西征。於是派兵部侍郎張海等人前往，然而張海送完國書以為完事，未等指令便返京師。朱祐樘大怒，將張海等下獄。1495年初，命罕東衛（嘉峪關西南）出兵3,000為前鋒，明軍3,000為後繼，日夜兼程襲哈密，順利占領。從此，西域開始畏懼大明。

韃靼小王子不時侵擾明邊。朱祐樘採取積極防禦策略，一一擊退，沒有勞師遠征，深入沙漠，更沒有主動對鄰國發動大規模征戰。朱祐樘總體奉行和平國策，其他鄰邦或屬國如安南、暹羅、琉球、占城、爪哇、日本等，常來朝貢。

此外，值得一說當時的用人。

朱祐樘是死裡逃生的，至少潛意識中有一種強烈的復仇情結，一上臺即貶逐以萬貴妃為首的一批人。

首先是大太監梁芳、禮部侍郎李孜省等。汪直為非作歹，很快引起公憤，朝中和地方的大臣紛紛上書揭露。朱見深遮掩不住，只得將他貶出。但朱見深自己並沒有幡然省悟，不知不覺又被另一個太監引入歧途。朱見深沉湎後宮，梁芳便引進一個叫繼曉的僧人。這和尚卻對房中術頗有研究，指導朱見深研製春藥。為此，在西市新建一座大永昌寺，朱見深帶著他的寵妃日夜在那裡，與梁芳、繼曉共同做「研究」。從此，朝中大臣基本上見不到他的面，內閣大學士一年也見不了幾次。內閣是明朝皇帝的祕書處，內閣大學士是皇帝的祕書，兼太子老師；首輔是第一祕書，代行相權。連祕書都不想見，自然引起強烈不滿。刑部員外郎林滿上書，直接要求將梁芳、繼曉正法，自己反而被捕入獄。這引起更多大臣上書。1485年元旦，發生怪事，朱見深嚇壞了，吏部給事中李俊趁機當眾直陳六大時弊，他這才有所觸動，將「國師」繼曉革職為民。大臣們頗受鼓舞，進而提出更多建言。朱見深生氣，令吏部記下他們的名字，日後陸續貶出。這些問題的禍根，在於梁芳。李孜省是萬貴妃、梁芳的同黨，好方術，引誘朱見深迷戀煉丹，也到廢寢忘食的地步。朱祐樘上任第六天就處理這批惡人，將梁芳打入詔獄，李孜省等人貶出。

兩個月後，朱祐樘對「傳奉官」開刀。朱見深任由太監隨意傳旨任命官員，大多是江湖術士、和尚、道士、番僧、優令、工匠等等，什麼人都有，就是難得優秀人才。現在，朱祐樘一舉淘汰傳奉官 2,000 多人，又遣散禪師、真人等 1,400 多人。

接下來，朱祐樘清理內閣中的大奸臣，第一個是萬安。萬安攀龍附鳳，不知羞恥地自稱萬貴妃的姪子，高升內閣首輔。問題更在於他是個油滑的小人，心術不正，身居首輔高位長達 10 年，卻無所建樹，雅些的稱之「萬歲閣老」、「紙糊閣老」，難聽的就直呼「洗屌相公」，名聲狼藉。朱祐樘在當太子時就聽說過，十分反感。即位不久，他在宮中發現一本書，

內容是房中術，上面署著「臣安進」。朱祐樘用點策略，要一名大臣故意帶那書進大殿，讓他當眾責問：「這是大臣該寫的嗎？」於是，萬安被罷。幾年間，先後罷免各類官員 1,000 餘人，史所罕見。

與此同時，起用一批賢臣。朱祐樘最信任的是王恕。王恕早在朱祁鎮時期入仕，以敢說敢做聞名。任揚州知府時，不等朝廷答覆，就為飢民發糧救濟。他先後應詔陳述政事 21 次，提建議 39 次，都是極力阻止權貴寵臣胡作非為。每當遇到不公平的事，就會有人問：「王公怎麼不說呢？」或者說：「王公的奏疏馬上就要到了！」時有歌謠：「兩京十二部，獨有一王恕。」很自然，權貴寵臣討厭他，朱見深也不滿意，突然在一次批文中，附加要他退休。他回鄉後，廷臣仍不斷推薦他。朱祐樘即位後，召他任吏部尚書，不久加職太子太保。除直陳時弊外，他還推薦了一批人才。

馬文升在朱祁鈺時期入官，文武兼備，在山西、湖廣「有神君之稱」；在福建嚴懲當地貪腐狂徒馮某，離任時閩人傳唱「馬使留來天有眼，馮公布去地無皮」，對他表示稱頌。他還是一名優秀的將軍。西北滿四反叛，響應甚眾，大敗官兵。明廷調陝西邊兵 5 萬及京兵進剿，起用馬文升為右副都御史。馬文升親自偵察，發現滿四一個弱點──城中無水，糧儲漸乏，便建議圍而不攻，坐等他們糧盡自斃。果然如此。有次蒙古族叛亂，馬文升督兵追至黑水口，生擒敵首。可是汪直據為己功，反而讓他受「表奏不實」之罪，停俸 3 月，後來還貶官，直到汪直失寵後才恢復。朱祐樘即位後，提拔他任兵部尚書。馬文升整頓久馳的兵備，罷免 30 多名不稱職的將官，引起那些人怨恨，有人夜裡持弓等在他家門口準備行刺；有的則寫誹謗信射入宮內。朱祐樘堅定支持他，令錦衣衛緝捕那些報復者，並派 12 名騎士保衛他。

劉大夏在朱見深時期入官，後受王恕賞識，推薦給朱祐樘。劉大夏擔任廣東布政使時，發現前任剩下一些「羨餘」，管庫的小吏說這種錢不必

入帳，一向歸主官。劉大夏也猶豫了一下，內省道：「我平時讀書，立志當好人，遇到這事怎麼動心？實在愧對先賢，算不得大丈夫！」他指令將這些錢全數入帳。後來，劉大夏治河有功，被提拔為兵部尚書，諸多奸佞被他壓著才不致作亂。[153]

後來，人們將王恕、馬文升、劉大夏稱為「弘治三君子」。他們輔佐朱祐樘，立下了汗馬功勞。朱祐樘每天兩次在平臺召見大臣議事，稱「平臺召見」，朝參新方式。制定嚴格的官吏考核制度，提拔選調官員以政績為主。將四品以上官員名單貼在文華殿牆壁上，平時熟記，掌握官員動態。對宦官則嚴加管束，東廠、錦衣衛不敢放肆。這樣，朝中多君子，出現歷史上少有的良臣大集合。

去脈：皇上的 180 度之變

朱祐樘在位期間，在前幾任留下的爛攤子上，實現「海內乂安，戶口繁多，兵革休息，盜賊不作，可謂和樂者乎」[154]，堪稱中興盛世。

然而，1495 年開始，朱祐樘發生 180 度變化。1503 年，戶部員外郎席書上書批評，希望對皇親、司法及用人方面的制度大加改革。[155] 而此時的朱祐樘，卻沒什麼心思在朝政上，也變得不大臨朝，不常接見內閣。他迷通道仙，寵信宦官李廣齋醮、煉丹。李廣藉此大肆賣官，奪民田，四方官員向他爭賄。大臣紛紛彈劾，朱祐樘庇護不究。1498 年，太皇太后的廣寧宮失火，大怒：「今日李廣，明日李廣，現在果然大禍降臨！」聽太皇

---

[153] 同上，〈劉大夏傳〉，P3226，「大夏忠誠懇篤，遇知孝宗，忘身徇國，於權幸多所裁抑。」
[154] 谷應泰：《明史紀事本末》卷 42，北京：中華書局，2015 年，P627。
[155] 同注 152，〈席書傳〉，P3467，「今內府供應數倍往年，冗食官數千，投充校尉數萬，齋醮寺觀無停日，織造頻煩，賞賚踰度；皇親奪民田，宦官增遣不已；大獄據招詞不敢辯，刑官亦不敢伸；大臣賢者未起用，小臣言事謫者未復……乞陛下以臣所言弊政，一切釐革。」

太后咒他災星，李廣害怕，連忙自殺，以免皮肉之苦。朱祐樘想李廣應該藏有符籙異書，不可浪費，便命人去取。陰錯陽差，居然拿來一個登記行賄的簿子，上面有很多文武大臣的名字，寫著某某送黃米多少，某某送白米多少。朱祐樘大吃一驚：「李廣能吃多少？收入這麼多米？」左右侍從提醒：「這是隱語，黃米指黃金，白米指白銀。」朱祐樘這才發怒，命令司法部門追究治罪。

當時百姓生活，很難說多幸福。1495年馬文升反映，說古代稅率一般只有10%左右，「今民田十稅四五，其輸邊塞者糧一石費銀一兩以上……賦重役繁，未有甚於此時者也。」[156] 至少得質疑，1495年至他1505年病逝的10年間，是否也算盛世？任職18年中有10年變昏君，是否還能稱明君？

我常嘆李世民等「晚年」如何令人遺憾，可是明朝16位皇帝只有5人活過40歲，每人在位總共才一、二十年。我不能不贊同柏楊為李隆基所做的辯護：「在位四十五年，任何英明人物掌握無限權力如此之久，都會墮落。」可是，朱祐樘死時才36歲，像他這樣在位一、二十年，二、三十歲便死的帝王不少，他們何以也有「晚年」墮落的問題？

略議君使臣與臣事君。

朱祐樘的政績並不怎麼突出，只不過相對於他前後任稍好一些罷了。然而，稍加深入一想，我忽然覺得朱祐樘有一點很了不起，就是踐行《孝經》那句：「天地之性，人為貴」。

歷史上的暴君就不說了，連口口聲聲推行「仁政」的孔子，上臺沒幾天，也以莫名其妙的罪名殺了少正卯。明朝是一個可惡的時代，因為這個朝代的皇帝要麼暴君，要麼昏君。柏楊說：「注意一個使人驚奇的現象，明王朝的皇帝，好像跟明王朝都有不共戴天的血海深仇，競爭著、對它百

---

[156] 同注152，〈馬文升傳〉，P3222。

般摧折,似乎不把它毀滅,誓不甘心。」這話刻薄了些,但入木三分。從它降生到滅亡,從朱元璋到朱由檢,200多年始終瀰漫著血腥。想想趙恆有求於大臣,用金瓜子行賄,再看看朱氏一連串皇帝,真令人有種說不出的悲哀。

朱祐樘卻是非常偶然的例外。你看他處理一系列朝野共憤的惡人,一個都沒殺,只是貶職或放出。1505年,針對外戚張延齡怙寵橫甚,大臣李夢陽上書揭露他「拆人房屋,擄人子女,要截商貨,占種鹽課,橫行江河」等罪行,建議嚴懲。張延齡及其姐張皇后、母金夫人非常憤怒,百般狡辯,又哭又鬧,要求嚴懲誹謗,問他死罪。朱祐樘為難了,他非常重感情,私生活也有所不同,很可能是整個中華帝國史上唯一實行一夫一妻制的皇帝。金夫人氣壞了,找朱祐樘哭訴。朱祐樘不得已,只好將李夢陽下獄。金夫人餘怒未消,還哭著要求處以重刑。這時,朱祐樘拍案而起,在判決書草案上批覆:「夢陽復職,罰俸三月。」事後,朱祐樘解釋:「夢陽疏內『張氏』二字,左右謂其語涉皇后,朕不得已下之獄。比法司奏上,朕試問左右作何批行?一人曰:『此人狂妄,宜杖釋之。』朕揣知此輩欲重責夢陽致死,以快宮中之忿。朕所以即釋復職,更不令法司擬罪也。」這樣,李夢陽英雄般受到人們的推崇,朱祐樘也因此更受朝野的擁戴。我們可以說朱祐樘對張延齡處理不夠嚴厲,但不能不讚許他對正直大臣的憐愛與呵護之心。

這並不是孤例。當馬文升因罷免不稱職將官,引起那些人誹謗,甚至以死威脅時,朱祐樘不僅口頭上堅定支持,更令錦衣衛緝捕那些報復者,並派12名騎士保衛他。史家讚道:「官員們能夠信任這個皇帝,因為明朝再也沒有其他皇帝能像他那樣採取正確的態度,克制他的憤怒,一心一意去盡為君之道更重的責任。」我覺得這評價還嫌保守,應該說整個中國幾千年歷史上,也沒幾個能像他這樣。相反,採取錯誤的態度,不克制憤

怒,不一心一意去盡為君之道更重的責任的帝王太多了!

我還想說句朱由檢,假如他能像朱祐樘這樣,冷靜處理袁崇煥等文官武將的過失及相互間的矛盾,讓他們真心實意跟著保衛江山,明朝會毀在他手上嗎?

明、清那些皇帝,嘴上仁義道德更多,對臣民動不動就處以凌遲、鞭屍,想想都噁心!朱祐樘實屬異數,在他那個時代,就更顯得難能可貴!

上篇　中興的來龍去脈 ｜ 第八章　萬曆中興

第八章
萬曆中興

【提要】

　　明神宗，即萬曆皇帝朱翊鈞在任期間（1572～1620年），三大征告捷，張居正大刀闊斧改革，戚繼光抵禦倭寇，國內外暫且安寧，並有一系列意外的經濟文化成果。

　　萬曆與少數忠臣、能臣建立了親密的關係，並巧妙利用這種關係，與雖然大幅減員但效率更為提高的文官集團，保持一定正常的關係，從而維持整個國家仍能良好地執行。

來龍：盛世的水分

明穆宗朱載坖當政時期，解除海禁，與蒙古議和，全世界白銀總量1/3湧入中國，2/3貿易與中國相關，中國距資本主義僅一步之遙，被譽為「隆慶之治」，詳見《夏之卷》第二十章。

其實朱載坖不是一個好皇帝，最大特點是懶惰和好色，年紀輕輕沉湎春藥，上任短短6年，就倒在美女懷裡起不來，年僅36歲。可他運氣好，有一班傑出的大臣，例如大名鼎鼎的張居正、戚繼光、俞大猷等等，只要他開明些，不逞強，不亂指揮，少過問，會有人幫他做的好好的。

當然，也有體制文化上的原因，朱載坖難以擺脫。明朝對中央機關五品以下官員的考核，每6年一次，朱載坖上臺時剛好碰到。吏部尚書楊博主持這次考核，結果他山西同鄉沒一個受到處分，引起公憤。胡應嘉彈劾楊博挾私情庇同鄉，問題是胡應嘉身為吏科給事中，理應參加考核，事先不提異議，事後才彈劾，反而引起朱載坖反感，令內閣處分。又因為胡應嘉曾彈劾內閣大學士高拱，高拱抓住這機會，將他處以革職。這引起言官們強烈不滿，傾巢而出抨擊高拱。高拱很難堪，於是請另一位大學士徐階代擬聖旨，廷杖這些言官。當時規定，彈劾大學士有誤，得受廷杖，甚至罷官。高拱的請求並不過分，但徐階與他心裡其實也有疙瘩，便拒絕。高拱生氣，指使手下揭露徐階的弟弟在鄉里作惡。這引起言官們更大怒火，高拱實在招架不住，只得辭職。大臣們相互攻訐，此起彼伏，讓朱載坖深感厭倦。他也變得不愛上朝了，要麼躲在深宮尋歡作樂，要麼外出遊獵。

朱載坖死前一年，即1551年，軍費開支需銀525萬兩，修邊、賑濟等事業需800萬兩，兩項合計1,300萬兩，而正稅、加派、餘鹽販賣，加上其他搜刮，總共才900萬兩。1567年底，國庫僅存130萬兩，而應支官軍俸135萬、邊餉236萬、補發年例銀182萬，3項總支需553萬兩，現

銀只夠 3 個月開支,這家該怎麼當?

1572 年朱載垕死,其子朱翊鈞繼位,即明神宗,但他更著名的稱呼是「萬曆皇帝」,還是從眾吧!

最大亮點:張居正大改革

萬曆繼位時 10 歲,由母親李太后處理朝政。朱載垕託孤三位輔臣——大學士高拱、張居正和高儀。沒幾天,張居正就與太監馮保合謀,將高拱趕走,高儀氣死。所幸李太后充分信任張居正,張居正與馮保兩人合作不錯,從此一個主外、一個主內,朝政很快出現新氣象。

新舊交替之際,表面上是從一個盛世到另一個盛世,實際上朝政危機已到難以為繼的地步。張居正一方面著眼長遠,進呈《帝鑑圖說》,找些歷史經典案例,其中應學習的 81 事,應避免的 36 事,每一事繪一張圖,希望年少的萬曆牢記在心。另一方面,正視現實,直陳當時 5 大積弊:一是宗室驕恣,二是百官困苦,三是吏治守舊,四是邊防軍備未修,五是財政極緊。我們沒當過皇帝之類的高官,但完全可以設想一下,假如自己家裡只剩 3 個月的錢糧,還能不急嗎?在李太后支持下,張居正一邊大力營造改革氛圍,主張「凡事務實,勿事虛文」,「天下之事,極則必變」[157],痛斥墨守成規,一邊大膽推行一系列新政:

一是針對官僚爭權奪利、翫忽職守的腐敗之風,實行「考成法」。通俗點說,考成法相當於現代企業普遍實行的考核制度,非常類似現代政府部門的上級與下級、或上司與職員簽訂「目標責任」,知府在年初把今年要做的事列出,抄報張居正。朱東潤還生動地描述了張居正那個時代的具體情形:

---

[157] 張居正:《雜著》。

十六世紀的中國民族血液裡，已經滲透了因循的成分，「置郵而傳之四方」，成為一切政令的歸宿。法令、章程，一切的一切，只是紙筆的浪費。幾個腦滿腸肥的人，督率著一群面黃肌瘦的人，成日辦公，其實只是辦紙！紙從北京南紙店裡出來，送進衙門，辦過以後，再出衙門，經過長短不等的公文旅行以後，另進一個衙門歸檔，便從此匿跡銷聲，不見天日。[158]

　　如此，縱然堯舜再世，也是空的。因此，張居正特別重視官僚隊伍的執行力，要求各衙門分置三本帳簿，一是記載一切發文、收文、章程、計畫的底冊；二是送中央相關「科」備注，實行一件，登出一件，如果久未實行，便由相關部門督促；三是報送內閣查考。張居正的設計，是以內閣控制六科，以六科控制六部。張居正是個非常認真的人，親自稽核各種上報來的資料，甚至親自設計各種報表的格式。到年末核對完成情況，沒完成的知府貶為縣令，如果還無法完成，就繼續貶，直到貶為庶民。同時「斥諸不職」，「省冗官」，淘汰並懲治一批不合格，甚至腐敗的官員。結果，官員「自是，一切不敢飾非」，朝廷號令「雖萬里外，朝下而夕奉行」[159]，執行力大為提升。

　　二是針對國庫吃緊，張居正認為「豪民有田不賦，貧民曲輸為累，民窮逃亡，故額頓減」，是「國匱民窮」的根源，於是令全國重新丈量土地，清查漏稅的田產。結果查實徵糧土地701萬頃，增加近300萬頃，換言之，賦源大大增加。同時，大力改革賦稅制度，實行「一條鞭法」，即以州縣為基礎，將所有賦稅——包括正稅、附加稅、貢品及中央和地方需求的各種經費——和全部徭役統一編派，合併為一條，總為一項收入；賦、役之中，除國家必需的米、麥、絲絹仍交實物，和丁銀的一部分仍歸人丁承擔外，其餘「皆計畝徵銀，折辦於官」；官府用役，一律「官為僉

---

[158]　朱東潤：《張居正傳》，P147。
[159]　《明史》卷213，〈張居正傳〉，62冊，P3763、3762。

募」，僱人從役。改革結果，史稱「至萬曆十年間，最稱富庶」[160]。萬曆十年，即1582年，張居正去世、萬曆親政那年。

三是針對邊防問題，起用戚繼光鎮薊門、李成梁鎮遼東，又在東起山海關、西至居庸關的長城上，加修烽火臺3,000多座。同時在邊境地區互市，馬匹大增，使邊疆在政治、經濟上保持穩定。

朱東潤對張居正評價非常高，稱他「為明王朝的統治，延長了七十二年的存在」（自隆慶六年張居正為首輔起，至明亡）[161]。李贄評價晁錯「可以說不善謀身，不可說不善謀國」，或如狄仁傑所謂「苟利於國，豈為身謀」，這話也適用於張居正。現在來看，歷史對他評價也是公正的，只是當時過不了關。這是中國歷史上改革者的宿命。

1577年，因為父親去世，張居正必須離職回家守孝3年。這在孔子時代就爭論過，在明朝變得特別重要。不過可以「奪情」，即皇帝覺得國事離不開某大臣，可以剝奪他守孝3年的禮制。當時萬曆只有15歲，改革事業正進入攻堅階段，自然不願他突然離職去守孝，於是在太后支持下，實施「奪情」。然而，張居正貶不合格的官，又查大戶隱瞞的田產，雖然有益於國庫和部分農戶，但直接損害了權貴們的切身利益，早就有人懷恨在心。於是，他們趁機攻擊張居正不孝，比當年反對朱厚熜不肯改變對父母稱呼強烈多了。王世貞認為張居正的新政是跟全國讀書人作對，而「一條鞭法」以原有賦稅為基礎，將原本加派的非法稅賦也合法化，總體上加重了人民的負擔。如此，這場改革雖然讓國庫豐盈，但官員和百姓怨恨得很，總有一天會爆發。

1582年，張居正病逝。萬曆為之輟朝一天，並給張居正崇高禮遇，諡「文忠」，贈「上柱國」銜，並蔭一子，賞喪銀500兩。然而，那些在張

---

[160] 《明通鑑》卷67。
[161] 同注158，P24。

居正改革中受傷害的人，馬上瘋狂反撲，肆意攻擊新政及張居正本人。僅僅兩年，1584年，萬曆在都察院參劾張居正的奏疏上批示：「張居正誣衊親藩，侵奪王墳府第，管制言官，朦蔽我聰明，專權亂政……欺騙主上忘恩負義，謀劃國家不忠。本會斷棺戮屍，念效勞有年，姑且免去全部法追論。」於是令司禮張誠等人抄張居正的家，可是沒等張誠一行人到達，地方官搶先一步封了張府的門，一些老弱婦孺來不及退出，竟然被封閉於張府，活活餓死十餘口，何等仇恨！[162] 柏楊認為張居正是明王朝所有宰相中，唯一敢負責任，又有遠大眼光和政治魄力的一位，但他沒有公孫鞅當時的背景，和王安石所具有的道德聲望，更沒有觸及到社會經濟以及政治制度不合理的核心，他不過像一個只鋸箭桿的外科醫生，只對外在已廢弛的紀律，加以整飭。「他失敗後，十年的改革成果，逐漸化為烏有。一切恢復原狀，黃河照舊氾濫，戚繼光被逐，邊防軍腐敗如故，守舊的士大夫、鄉紳、宦官，一個個額手稱慶。」[163]

張居正為什麼沒有「王安石所具有的道德聲望」？我想主要是他過於迷信權力，甚至毫不掩飾地聲稱：「吾非相（宰相），乃攝（攝政王）也。」對於不同意見，不是像盤庚那樣苦口婆心去說服，而是粗暴地壓制。1579年，甚至公然毀天下所有書院，並嚴禁士人結社講學。學者評論：

讓反改革派的道學家給我閉嘴，左派王學家們也不要發議論。總之，不准爭論，一切都只能圍繞權力的指揮棒執行……張居正推行改革，本身就被正統儒學家視為離經叛道，卻還要效法孔夫子迫害思想異端。這看似荒誕，卻反映了張居正集團在意識形態上消極適應傳統中國國情的心態。而張居正亦未能逃脫傳統意識形態對他的清算。[164]

---

[162]　同注159，P3767，「誠等將至，荊州守令先期錄人口，錮其門，子女多遁避空室中。比門啟，餓死者十餘輩。」

[163]　柏楊：《中國人史綱》下冊，P100、102。

[164]　許蘇民：《李贄的真與奇》，南京：南京出版社，1998年，P12。

這是一種惡性循環，也是一種報應，他不讓別人說話，到頭來，也沒什麼人為他說話！

張居正死後，萬曆親政。親政之初，萬曆也表現得像個中興之主，每天處理朝政十餘個小時。北京乾旱，他親自步行40多里，到城南的天壇為百姓祈雨。生活也節儉，有勤勉明君之風範。然而，他很快碰一鼻子灰。那些反對張居正的大臣，在倒張之後，迅速將矛頭轉向他，批評他一些雞毛蒜皮的私生活，比如不該寵愛德妃鄭氏而冷落恭妃王氏，又如不該親自觀看御林軍射箭比賽等等，全都是關於「禮」的小事，沒一件關涉國計民生的大事。

皇帝也是凡人，1581年某日，萬曆到慈寧宮向慈聖皇太后請安，她不在，宮女王氏端水給他洗手。《紅樓夢》第二十八回描寫：「寶玉在旁看著雪白一段酥臂，不覺動了羨慕之心。」很可能是據萬曆實情寫的，總之他一見那紅酥之手立時興起，拉王氏上床，並立刻「得標」。太后追問，他不承認。太后命人取《內起居注》檢視，他無法抵賴，只好封王氏為恭妃，第二年生下長子朱常洛，但他內心仍然悔恨，他真心愛的是鄭氏。1586年，鄭妃生下第三個皇子朱常洵，萬曆非常高興，立即封她為貴妃。傳言萬曆與鄭貴妃到大高玄殿盟誓，要立朱常洵為太子。為此，大臣紛紛建議儘早按禮制冊立朱常洛為太子。萬曆以長子幼弱為由，表示等兩、三年再說。大臣們深為不安，1590年集體請願，要求冊立朱常洛。萬曆只好推至明年或皇子15歲時，之後又一次次推延。1593年，萬曆要求將皇長子朱常洛、三子朱常洵和五子朱常浩一併封王，以後再擇優為太子，朝中又大譁。在慈聖皇太后干預下，1601年，萬曆終於作出讓步，立朱常洛為太子。《禮記》說：「敬冠事所以重禮，重禮所以為國本也」，所以太子之爭被稱為「國本之爭」。

萬曆在這件事上徹底失敗，我們今天想來有些不可思議，但他的心情

可想而知。黃仁宇《萬曆十五年》像寫小說一樣描述：「皇帝那個作威作福的樣子，放不下架子，事事也不順心……外強中乾，實在是苦悶的。」僅僅4年時間，萬曆完全變一個樣，創造另類「新政」：30年不出宮門，不郊遊，不廟祭，不上朝，不見臣，不批示，不發表重要講話。為什麼呢？有人說是染上鴉片癮，有了鴉片煙，不顧一切。有人說是沉湎於酒色，有時一天要寵9嬪。令人大跌眼鏡的是，他還喜歡小太監。當時宮中有10個長相俊俏的太監，專門「給事御前，或承恩與上同臥起」，號稱「十俊」。

如此「新政」，顯然會誤政，大臣們難以容忍。早在1589年，大臣雒于仁就寫〈酒色財氣四箴疏〉，一針見血指出「皇上之恙，病在酒色財氣也。夫縱酒則潰胃，好色則耗精，貪財則亂神，尚氣則損肝」，強調「臣今敢以四箴獻上，假若陛下肯聽臣言，即使立即誅殺臣，臣雖死猶生」。[165] 一個人連死都準備好了，難道真要成全他「烈士」之志嗎？萬曆將此疏交給首輔申時行，申時行要雒于仁辭職了事。從此，萬曆對大臣們更厭煩，奏章都留而不批示。

更糟的後果是，在「國本之爭」中受處罰的顧憲成等人，在江蘇無錫東林書院聚集講學，堅持儒家正統，繼續諷議時政，朝中官員也遙相應和，自負氣節與朝廷對抗，形成「東林黨」。同時，浙江籍沈一貫入閣，極力維護萬曆主張，形成「浙（浙江）黨」，後來又增加「齊（山東）黨」、「楚（湖廣）黨」。這三黨都反東林。兩派勢力傾軋相鬥半個世紀，誤國不淺。此外，還有各式各樣的小集團，一省一縣的為「鄉誼」；同一年考中舉人或進士的為「年誼」；婚姻關係，包括男女雙方遠近親屬的為「姻誼」。學者認為：「東林運動只實現了一個政治目標。它徹底阻撓萬曆皇帝改變繼位順序的企圖。這證明皇帝沒有官僚們的同意，絕不可能改變他們認為

---

[165]　同注159，卷234，〈雒于仁傳〉，P4074。

的王朝的根本法則。」[166] 這些小集團也是一個個利益圈子，往往也為私利勾心鬥角，最大受害者常常是朝政。據統計，隨李自成進北京的有進士11人，其中牛金星是自願投奔的，成為其重要謀士，並認為河南、陝西和山西許多上層士大夫，都因受到東林黨的排擠而對明廷不滿，極力鼓動李自成爭取更多文人學士的支持。東林黨有幅名聯：「風聲雨聲讀書聲，聲聲入耳；家事國事天下事，事事關心」，我們被這類自我標榜所矇蔽。閹黨頭目魏忠賢罪惡纍纍，但絕不是一無是處。魏忠賢憑直覺做了一件大事——稅制改革，就是增加並強力推進工商稅、海稅等稅種，同時減免農業稅。這改革幾乎是史無前例的，但符合當時國情，使以農業為主的中西部地區，得以休養生息，現代世界發達地區，無不是免農業稅而多收工商稅。然而，當時工商稅主要集中在發達的江南地區，換言之，此舉影響到那一帶士大夫的私利，東林黨人就強烈反對。魏忠賢論理說不過那些讀書人，只好動粗，結果雙輸。

當時官至崇禎朝禮部尚書的徐光啟，對閹黨和東林黨都十分厭惡，坦言「黨與二字，耗盡士大夫精神才力，而於國計民生，毫無干涉，且以裕蠱所為，思之痛心，望之卻步」，並直言批評「名理之儒士，苴天下之實事」。[167] 苴指腐草。於是，徐光啟轉而致力於數學、天文、曆法、水利等方面的研究，譯有《幾何原本》、《泰西水法》、《農政全書》等著，為17世紀中西文化交流作出了重要貢獻。

此外，還得說說「萬曆三大征」。

萬曆「罷工」初期，對一些重大事件還是有過問，主要透過諭旨的形式向下傳遞，而不是常規「召對」形式。三大戰役，他在帷幄運籌指揮。

---

[166] 《劍橋中國明代史》上卷，P525。
[167] 《徐光啟集》卷10。

◎朝鮮之役

在「朝貢體制」中，中國長期是周邊的宗主國，文化上「本是一家」。但「厓山之後無中國」，文化上的認同開始崩潰。鄰國認為漢、唐中華文化已消失，後來甚至認為中國與四夷的位置已顛倒。朝鮮自稱「小中華」，日本則自詡為「神國」，從佛教中提出「天竺（印度）、震旦（中國）、本朝（日本）」三國鼎立觀念，並妄圖建立一個大帝國。

1591年，日本入侵朝鮮，一度占領平壤，與中國分庭抗禮。第二年，日本大臣豐臣秀吉率軍攻占朝鮮釜山（今屬韓國），進逼王京（今韓國首爾）。朝鮮國王李昖也是個好色、怠政之徒，政治腐敗，軍隊望風而潰，李昖本人也逃平壤。日軍進而攻平壤等地，朝鮮王國當時8道行政區已淪陷7道。於是，朝鮮請大明援助，明廷爽快答應。但可能因為輕敵，援軍不多，地理不熟，首戰失敗。隨即又出動4萬兵馬，獲平壤大捷，扭轉戰局。然後，進逼王京，不想，又因輕敵、中埋伏，損失慘重。為爭取時間，明兵部尚書石星力主和議。日本提出無理要求，談判破裂，隨後向明軍發動進攻。萬曆大怒，將石星等將軍下獄，重新調集兵馬，分4路向釜山挺進。次年豐臣秀吉死，日軍撤兵。中朝聯軍乘勢進擊，日軍大敗。

◎寧夏之役

寧夏是明代邊陲9個軍事重鎮之一，主要防禦蒙古。哱拜是蒙古韃靼人，前幾年因父兄被殺，投靠明軍，1589年提為副總兵，退休後由其子哱承恩襲位。

1592年，哱拜父子唆使軍官劉東暘叛亂，殺主官，焚公署，收符印，發帑釋囚，並脅迫總兵張惟忠自縊。劉東暘自稱總兵，以哱拜為主子，以哱承恩等為左右副總兵，據寧夏，進而威脅陝西。萬曆命副總兵進剿，叛軍則勾結蒙古部落。萬曆又調李如松為寧夏總兵，率大軍圍剿。同年，將蒙古部族逐出塞外，並將寧夏城團團包圍，決水灌城。叛軍失去外援，

彈盡糧絕，內部火併。李如松破城後，哱拜自盡，哱承恩等被擒，叛亂平息。

◎播州之役

播州位於四川、貴州、湖北間，地勢險要，唐時建置，由楊氏世代統治。1589年，播州主官楊應龍叛亂，一方面對明廷佯稱出人出錢贖罪，另一方面又引苗兵進攻四川、貴州、湖廣數十個屯堡與城鎮。萬曆對楊應龍感到鞭長莫及，一直束手無策。直到1598年，四川巡撫譚希思在綦江、合江設防。第二年，貴州巡撫江東之令楊國柱率軍3,000進剿，不想失敗，楊國柱被殺。萬曆罷江東之，起用李化龍兼兵部侍郎，統一排程川、湖、貴3省兵馬，合力征討。1600年，明軍兵分8路出發，每路約3萬人，分別獲勝，然後合圍。楊應龍明白大勢已去，與二妾自縊。播州平定，分其地為遵義等2府，分屬當時的四川、貴州兩地。

然而，顧此失彼，更致命的敵人在萬曆眼皮底下茁壯成長，且很快變得勢不可擋。明初，女真族為3部，一是牡丹江、綏芬河及長白山一帶的建州女真，二是松花江流域的海西女真，三是黑龍江和庫頁島等地的東海女真。建州女真在努爾哈赤的領導下迅速壯大，而大明在那一帶卻一再退讓。1606年底，明朝在今鴨綠江、遼寧丹東以北的6堡盡棄，毫無防守。大臣宋一韓、熊廷弼等人急了，上書表示「棄地非策」，萬曆卻不理。1616年，努爾哈赤統一女真各部，在赫圖阿拉城（今遼寧新賓）稱帝，史稱「後金」。第二年，努爾哈赤轉而向大明挑戰，一舉攻占撫順等城。至此，萬曆才開始有所重視。

戶部卻哭窮，說遼東戰線需軍費300萬兩，內帑已發100萬，南京工、戶部只能籌50萬，太僕寺等80萬，尚差70萬，建議從發動監生捐款、裁減役工伙食等方面解決。萬曆只得同意。隨後，主管部門又請求讓各省發稅銀當遼餉，萬曆不同意。主管部門只好加天下田賦每畝3.5釐，

也才派銀 231 萬兩。這樣，對後金的戰爭很不順利。特別是 1619 年，薩爾滸（今遼寧撫順東大夥房水庫附近），明軍 4 路圍剿後金，號稱 47 萬大軍（實際 9 萬多）。後金只有 6 萬，但他們集中八旗優勢兵力打殲滅戰。僅 5 天時間，明軍文武將吏死 310 多人，士兵亡 4.5 萬。當年後金攻占開原與鐵嶺，從此努爾哈赤由策略防禦轉入策略進攻，明朝在東北地區的統治開始全面崩潰。

面對這個危機，大學士方從哲率百官在文華門拜伏，請求增兵發餉，萬曆不理。不久，百官再次在文華門集體上訪，請求皇上臨朝「召見廷臣，而商戰守方略」。直到天黑，萬曆才派宦官出來接見，說英明的皇上知道啦！你們先回家吃飯吧！過後，毫無動靜。

第二年，萬曆死了，再也不用操心後金的事，24 年後，讓他們滅國也眼不見為淨。相比來說，那三大征勝利價值幾何？史家認為：「明之亡，實亡於神宗。」[168] 對此，許多現代學者予以認同。

還不能不說說意外的成果。

朱元璋開始更加專制，取消宰相制度，皇帝是唯一決策者。萬曆卻不上班，又不肯輕易授權給大臣，整個官府陷於停頓、半停頓狀態，中央部門十缺六、七，有些重要部門一空幾年，6 科只剩 4 人，全國 13 個行政區主官只剩 5 人。禮部尚書李廷機年老多病，辭職書遞了 120 多次，一次也沒回音，只好不告而別，但也沒人追究，整個朝中像空殿一般。最慘的是被關在牢裡的，有罪、沒罪、十年、八年，也沒人過問。然而，在這種情況下，卻沒發生全國性混亂，也沒外部入侵，說明了什麼？

萬曆「新政」意外收穫一系列可喜成果。中國的資本主義一直被抑制，但這時期，由於政府的監管力度減弱，出現資本主義的萌芽，文化等方面也是如此。

---

[168]　同注 159，卷 21，〈神宗紀〉，P195。

◎思想

李贄對男尊女卑、社會腐敗、假道學大加批判。學者認為：

李贄的學說使他處於萬曆年間中國社會時代矛盾的焦點上。這個焦點就是：是繼續維護封建的泛道德主義，用「死的」來拖住「活的」；還是衝破封建的泛道德主義，用「新的」突破「舊的」，替朝氣蓬勃地創造自己新生活的人們開出一條新路？[169]

黃仁宇說李贄關於君主的評價，與歐洲哲學家馬基維利極其相似，並說：「他為我們留下了一份詳盡的紀錄，使我們有機會充分了解當時思想界的苦悶。沒有這些著作，我們無法揣測這苦悶的深度。」[170]

黃仁宇將萬曆十五年（1587）視為明王朝失敗的總紀錄。有專家學者認為太早，而主張應是李贄被迫害而死的 1602 年。李贄的思想飄洋過海，對日本知識界倒產生了積極的影響。

◎文學

湯顯祖的戲劇《牡丹亭》，透過杜麗娘和柳夢梅生死離合的愛情故事，歌頌了反封建禮教、追求自由幸福的愛情觀，和強烈要求個性解放的精神，湯顯祖被稱為「東方的莎士比亞（William Shakespeare）」。著名小說《金瓶梅》產生於這時期，專家學者認為「《金瓶梅》的偉大，因它堪稱第一部全景式、多層次描繪社會人情及現實狀況的曠世之作，就再現社會生活而言，即便是《紅樓夢》，也有所不及。」[171]《西遊記》作者吳承恩也生活於這個時期。

很難想像當時的社會，一方面官府「革盡人欲」；另一方面民間人欲橫流，兩極衝撞，產生如此偉大的言情小說，甚至是「色情小說」。

---

[169] 同注 164，P93。
[170] 黃仁宇：《萬曆十五年》，P204。
[171] 格非：〈《金瓶梅》很偉大，《紅樓夢》也有所不及〉，《南都週刊》2014 年 12 月 13 日。

◎藝術

宗室朱載堉《樂律全書》對宮廷祭典，尤其是文廟祭祀孔子的樂舞進行了改造，雖然在中國未能付諸演出，但其舞蹈圖示卻透過法國傳教士傳到歐洲，多達 1,400 頁。他率先提出 12 平均律的等比數列原則，以及解決管口誤差的「異徑管律」法，除音樂意義外，還是 16 世紀世界聲學研究的重大成就。葛劍雄說：「如果當時已設立諾貝爾物理學獎，他很有可能成為獲獎者。」[172] 此外，還有李之藻的《泮（頖）宮禮樂疏》記載的祭器、祭典音樂傳到日本。

◎科技

李時珍的《本草綱目》出版於這時期，流傳至今。宋應星的《天工開物》詳細記述了當時農作物和手工業原料的種類、產地、生產工藝、生產設備等，傳到日本後，被稱為「中國的狄德羅」。狄德羅是 17 世紀法國啟蒙思想家、唯物主義哲學家、作家、百科全書派的代表人物。西方曆法也是這時期流入中國。

◎中外交流

中國長期自以為是世界的中心，隨著交通擴大，才逐漸了解世界的真面目。春江水暖鴨先知，天下事理一般是讀書人先知。宋末元初的文人周密已發現中國只不過是世界很小的一部分，他說：「十二州之內，東西南北不過一、二萬里，外國動是數萬里之外，不知幾中國大」，如果以 28 宿來分配天下，「中國僅可配斗、牛二星而已」。[173] 然而，中國人自大的文化心理是三尺之冰，非一日陽光所能融化。直至明朝中葉，中國書籍還大都陶醉在《山海經》的想像中，鄰國地圖還標著「狗國」、「無腸國」、「後眼國」、「羽民國」之類，亦即「四夷」，當然是野蠻，唯有我中華是文明的，

---

[172] 葛劍雄：〈徐霞客與朱載堉的不幸與幸〉，《新青年・權衡》2006 年 4 月號。
[173] 周密：《癸辛雜識》。

充滿了偏見、傲慢與固執。

更重要的是，萬曆年間來了一位叫利瑪竇的義大利天主教耶穌會傳教士。他最早到印度，後轉澳門，並在那裡學漢語和日語，再後入廣東肇慶，帶來歐洲文藝復興成果，系統性地學習中國傳統文化，傳入現代數學、幾何、世界地圖、西洋樂等西方文明，所製作的《山海輿地全圖》，是中國首次接觸到近代地理學知識。後移居韶州，開始蓄髮留鬚，並穿儒士服。他攻讀四書，並首次將此譯為拉丁文，是第一位閱讀中國文學並對中國典籍進行鑽研的西方學者。他公開傳教，用中國的「上帝」偷換「天主」概念。1601年初抵北京，向皇帝進呈自鳴鐘、大西洋琴、《聖經》、《萬國圖志》等貢品16件。萬曆十分有興趣，下詔允許利瑪竇等人長居北京，以歐洲使節駐紫禁城，享受俸祿，廣交官員和社會名流，傳播西方天文、數學、地理等科學技術、知識，直到清順治年間去世。利瑪竇先後將150多種西方書籍翻譯成中文，對中國和日本等國產生深刻的影響。現代使用的加拿大、羅馬、古巴、地中海、尼羅河、南極、北極、地球、赤道等名詞，都是利瑪竇創造的。

利瑪竇的世界地圖帶給中國極大震撼。日本作家平川祐弘認為，利瑪竇不僅是「人類歷史上第一位集歐洲文藝復興時期諸種學藝，和中國四書五經等古典學問於一身的巨人」，還是第一位「世界公民」。

2,000多年前的陰陽學代表人物鄒衍，提出「儒者所謂中國者，於天下乃八十一分居其一分耳」[174]，這數字雖然不太準確，但他明確認為中國只是世界中很小的一部分，而不是「天下」。然而，此後千年，還是以「天下」自高自大，直到利瑪竇，才開始重新認識世界。歷史學家說，這代表「中國人才真正開始看到了『世界』，在思想上出現了『天崩地裂』的預兆」。[175]越來越多讀書人開始省悟，例如瞿式耜說：「嘗試按圖而論，中

---

[174]　《史記》卷74，〈孟子荀卿列傳〉，P1840。
[175]　葛兆光：《宅茲中國》，北京：中華書局，2011年，P116。

國居亞細亞十之一,亞細亞又居天下五之一,則自赤縣神州而外,如赤縣神州者且十其九,而戔戔持此一方,胥天下而盡斥為蠻貊,得無紛井蛙之誚乎?」[176] 開始質疑孤立於其他文明,並洋洋自得於自己文化優勢的「朝貢體系」,自古以來的「天下」、「四夷」說是不成立的,而應當樹立「東海西海,心同理同」的觀念,承認世界各種文明是平等的、共通的,而且有一些超越民族、國家的普遍真理。

去脈:皇帝也貪錢

皇帝本人就貪腐,說來令人不敢相信。2,000 多年前就開始「普天之下,莫非王土;率土之濱,莫非王臣」,帝王還需要「私房錢」嗎?司馬炎當上皇帝後,得意地問隨從劉毅:「你看,朕能跟哪位漢帝相比?」萬萬沒想到,劉毅居然回答:「桓帝、靈帝。」司馬炎嚇一大跳:「他們是昏君、亡國之君啊!」劉毅正色說:「桓帝、靈帝賣官所得錢還入國庫,陛下賣官得錢都入私人腰包,在這方面,陛下還不如桓帝、靈帝。」司馬炎聽了好氣又好笑。又如史載唐敬宗李湛向「左藏庫」(國庫)索現銀 10 萬兩、金 7,000 兩,「悉貯內藏,以便賜與」[177]。

萬曆則明著告訴天下,說皇帝非常需要私房錢。皇室用的錢屬「內帑」,與國庫有所不同。國庫的錢有帳本,皇帝想用,也得透過大臣,諸多不便。內帑是皇帝的私房錢,愛怎麼用就怎麼用,拿到妓院、賭場去揮霍,也沒人知道。特別是明朝的儒臣,什麼都要說三道四,而萬曆連大臣面都不願見,更得內帑有錢。因此,1596 年,開始派宦官去監督礦業,收取「榷」(即皇帝專利徵稅),很快波及河南、山東、山西、陝西等地。

---

[176] 瞿式耜:《職方外紀·小言》。
[177] 《資治通鑑》卷 243,〈唐紀〉59,P10298。

朝野一片反對，紛紛進諫勸阻，萬曆不理。同年，又派宦官到通州徵稅，並到天津徵店租。從此兩、三年間，各省設稅使，多兼礦務。大臣進諫反對，不聽。1598 年，派太監去賣兩淮沒收的官鹽，他連國庫積鹽也賣，多達 4,560 萬斤。為此，戶部尚書趙世卿進言：「額外多取一分，則正課少一分，而國計日絀，請悉罷無名浮課。」[178] 萬曆自然不理。第二年，分別派宦官到京口、儀真徵榷，隨後又分別派宦官到浙、閩、粵市舶司負責外貿。同時，派宦官榷浙江、廣東等地，通都大邑無不遍設，且一個個窮凶惡極。輔臣沈一貫還算了一筆帳：太監一人的隨從會有上百，委派不下 10 人，就會有上千隨從，以每家 10 口算，就是上萬人；按他們每人日給千金計，一年就得花費 40 多萬，可是收上來的礦稅總共幾萬，得不償失啊！「乞盡撤之」。為此，只是將名目略變一下，集中於礦使一身。

　　大臣諫言沒用，接下來民眾動粗是自然的事。宦官馬堂任天津稅監，並轄臨清。他手下數百人，徵稅擴大到米豆，大白天也敢奪人財產，稍有反抗，便以「暴力抗法」之名治罪，中產人家很快有半數破產，民憤極大。《利瑪竇中國札記》載，利瑪竇路過臨清，馬堂將他攔下，將珍貴物品搶走。利瑪竇寫信給北京的朋友，想請他幫忙，沒想回信說：「你奏皇上也沒用！如今皇上只聽宦官一面之詞，眼下最好的方法是求助於宦官，捨財保命。」數萬人群起反抗，焚燒馬堂官署，並殺其走卒 34 人。百餘官吏為此上疏，朝中還只是鎮壓民眾，而不處理馬堂。

　　1602 年，萬曆突然病重，似乎良心發現，連忙撤礦監。然而，才一夜時間，病一好轉他就後悔，相繼派 20 名宦官去各地收回撤礦監的聖旨。這年春，騰越與兩廣相繼爆發反礦稅民變。景德鎮萬餘瓷工反稅監潘相，燒稅署，擊斃從官。1605 年，閣臣沈鯉進言，說礦稅使天下山川「靈氣盡」，不僅害民，還將危及皇上龍體，萬曆這才有所懼，下令罷停礦稅，

---

[178]　同注 159，卷 80，〈食貨志〉4，P1298。

礦務歸主管部門，收入一半歸內府（宮廷內庫），一半歸戶、工二部，但礦監仍沒有撤，仍然在地方作惡。高寀駐福建海澄，作威作福，無惡不作。當地時人記載：「寀銜命南下，金鉦動地，戈旗絳天，在在重足，莫必其生命而黜。吏逋囚惡少年、無生計者，率望羶而喜，營充稅役，便覺刀刃在手，鄉里如俎上肉焉」，「寀不論有礦、無礦，但與富人廬墓相連處，輒命發掘，必飽行賄乃止」，甚至聽信方士胡言吃童男、童女的腦髓可以恢復陽道，「稅署池中，白骨齒齒」，惡名遐邇。直到 1614 年，廣東稅璫死了，萬曆調高寀去接任，忍無可忍的福建人民「所在欣欣」，可是「粵人已歃血訂盟，伺寀舟至，必揭竿擊之，寧死不聽寀入也」。這時，福建巡撫袁一驥連上疏，「伏望皇上……將寀亟行撤回正法」，連上了 5 次。同時，湖廣道御史周起元也為此上疏「乞速行正法」。[179] 萬曆這才不得不將高寀召回，但不知所終，亦即有沒有治罪無人知曉。

1620 年，萬曆才意識到自己的種種弊政，在遺詔中痛表追悔，令罷礦稅、榷稅及監稅宦官，發帑金 200 萬兩慰問遼東前線將士。我很懷疑這遺詔跟朱厚熜的遺詔一樣，並非他的本意，而是繼任者趁彌留之際強加於他。

萬曆的繼承人果然是朱常洛，某種意義上來說，「國本之爭」真的是大臣們贏了。朱常洛這年 39 歲，年富力強，想做一番事業。在處理父親後事的同時，20 來天做了 3 件大事：一是用皇帝的私房錢犒勞邊關將士；二是罷免礦稅、減輕百姓負擔；三是復職、提拔一批官員，使國家能正常運轉。可他太好色了！萬曆的寵妃鄭貴妃別有用心，送他幾個美女，沒幾天，就讓他倒在後宮不能起床。本來這算不上什麼問題，靜養些時日就可以康復，偏偏又吃錯藥。第一帖是瀉藥大黃，沒想到藥效過頭，一個晚上瀉三、四十次，病情反而加重；第二帖藥是兩粒紅丸，紅丸就是女人月經

---

[179]　張燮：《東西洋考》卷 8，北京：中華書局，1981 年，P157～164。

做的，祕方說是能止瀉。朱常洛吃下第一粒紅丸，感覺還好，第二粒吃下，第二天一大早就駕崩，在位只有 29 天。最終看來，「國本之爭」大臣們也沒贏，是雙輸結局。

接下來的朱由校是中國歷史上最著名的皇帝之一，但是惡名昭彰。他糟糕在於將朝政委以更惡名昭彰的太監魏忠賢。那麼，魏忠賢利用皇權做了些什麼？

一是四處攬權。有人要求追查關於朱常洛吃紅丸而死等大要案，他接手，掌控司法。他說皇帝要視察前線，派太監到軍中了解情況。他還兼管東廠。萬歲是皇帝的代名詞，魏忠賢則自稱九千歲，甚至九千九百歲，就像最高的山，離太陽只差那麼一丁點。皇帝則常稱「朕與廠臣」[180]，哥們、同僚般。

二是排除異己。東林黨反對魏忠賢，並要求懲治。1624 年，楊漣上奏〈二十四罪疏〉，細數魏忠賢 24 條罪狀，要求將魏忠賢就地正法。結果還是被皇帝保下。魏忠賢喘過一口氣，馬上反咬一口，說楊漣等人公行賄賂，並將他活活打死。他指示編一本《東林點將錄》，利用《水滸傳》108 將命名，逐個打擊。

三是培植親信。魏忠賢提拔大批自己的親信，安插到各個要害部門，人稱「五虎」、「五彪」、「十孩兒」、「四十孫」。朝中大小官員爭著認魏忠賢這個閹人為義父，有的人年紀太大，便叫自己兒子認魏忠賢為「上公祖爺」。各地爭著為魏忠賢建「生祠」，活生生叩拜一個太監，把儒家的臉面丟光。

當時官場之腐敗是普遍的。像張居正這樣傑出的人物，也一邊反腐倡廉，一邊行賄受賄。除了那個迂腐到人人討厭的海瑞，恐怕找不出一個真正廉潔的官吏。我長篇小說《兵部尚書佚事》寫的就是這個時期，主角是

---

[180] 同注 159，卷 305，〈魏忠賢傳〉，P5237，「大學士黃立極、施鳳來、張瑞圖票旨，亦必曰『朕與廠臣』，無敢名忠賢者」。

李春燁。迄今我仍認為李春燁算是個忠厚的人，進士及第後仕途平平。只因偶然捲入魏忠賢圈子，忽然飆升。然而，他是怎麼當這尚書的？沒查到具體數據，簡直懷疑他是否真有當過。李春燁在泰寧城內建了一幢豪宅，據推算，至少要20萬兩銀子，而當時尚書二品官年薪只有152兩銀子，換言之，需要一個尚書1,000多年的薪資！

朱由校折磨7年後死了，其弟朱由檢繼位。這時，朝中大臣紛紛上疏揭露魏忠賢的罪行，要求查辦。朱由檢便大打出手，逮捕一大批魏忠賢爪牙，徹底清查閹黨。

樊樹志是晚明史的權威，近年推出5卷本《重寫晚明史》。在其後記當中，他將這200多萬字簡單地歸納為一句話：「僅僅有經濟的繁榮，沒有政治體制的相應變革，沒有把內憂與外患消弭於無形的能力，那麼培育繁榮之花的王朝就會走向末路。」[181] 僅有經濟的繁榮不夠，再加上文化的繁榮也不夠，非得有政治體制的相應變革不可。非如此，「萬曆中興」後，一路朝末世狂奔。

《明史》認為明朝實際上亡於萬曆手上。黃仁宇享有盛譽的《萬曆十五年》一書，深入剖析1587年（即萬曆十五年）的詳情，認為明朝具體亡於這一年。這一年，萬曆開始不上朝，戚繼光死了，張居正則在1582年死，並被抄家，幾根棟梁全倒，大明這幢大廈還能撐多久？

略議「無為而治」。

其實萬曆乏善可陳，問題實在是比成果多，但我仍想挑些他的好話說。學者認為，對於萬曆時期「不應當視為一個怠惰和不負責任的朝代，而概括地草草帶過。這種過度簡單化的做法，勾勒出一個歷史人物不全面的畫像，模糊了他失敗的體制上原因，因而使得隨後的事件難於理解」。[182]

---

[181] 樊樹志：《重寫晚明史：新政與盛世》，北京：中華書局，2018，P494。
[182] 同注166，P498。

萬曆自稱早慧，膽子更大，竟敢幾十年唱「空城計」，空前絕後。究其原因，黃仁宇認為「其動機是出於一種報復，因為他的文官不容許他廢長立幼，以皇三子常洵代替皇長子常洛為太子。這個願望不能實現，遂使他心愛的女人鄭貴妃為之抑鬱寡歡」[183] 除此之外，我覺得萬曆可能還有一種積極的考量。事實上，萬曆並沒有徹底甩手不做，只不過是有所為有所不為，對那些形式主義的東西堅決不為。他不在乎大臣怎麼批評，肯定也不會在乎歷史怎麼寫他，全然我行我素，為所欲為。千古帝王中能像他這麼「瀟灑」的，似乎找不到第二個。

1586年，萬曆主持殿試。殿試由皇帝親自出題，所以又稱「御試」。這次，萬曆出題——「無為而治」。這無疑是萬曆的心聲，原來他崇尚「無為而治」的韜略。換言之，他的「罷工」是否是「無為而治」的一種形式？大臣太愛爭論那些無謂的話題了，索性不理他們。老子認為，最好的國家，是百姓不知道統治者是誰，[184] 而不是那種生怕有人不知道，一天沒上新聞都睡不好。從這個角度來說，只有萬曆做到。

當然不能全都不理，朝中可以百日、千日、萬日「無君」，不可一日無賢臣、能臣。宋人說：「自古輔相未嘗虛位，唯唐大和中甘露事後，數日無宰相。」[185] 萬曆即位後第一個10年，即從1572年至1582年，欣欣向榮，北方邊患和東南倭寇平息，國庫充盈。當時，萬曆10至20歲，沒有親政，主要靠首輔張居正。對萬曆而言，將權力委以張居正，初期年幼自然是無奈。可是後期，他完全可以親政。如果說他大器晚成，後期能力差，那麼太后完全可以收回權力。在這種情況下，萬曆和太后仍然放手讓張居正去做。1577年秋，張居正父親去世，按禮制，需要離職回家守孝3年。那些暗恨張居正的人大鬆一口氣，沒想到萬曆「奪情」，強行將他留

---

[183] 同注170，P66。
[184] 《道德經》，「太上，不知有之；其次，親而譽之；其次，畏之；其次，侮之。」
[185] 《續資治通鑑》卷3，P74。

下。那些大臣不相信是萬曆不肯，大肆攻擊他不孝，想趁機把他趕回家。萬曆大怒，說那些攻擊張居正的人，實際上是藐視皇上，將所有攻擊者予以嚴懲。於是，張居正破例在宮中穿著喪服辦公，守孝與盡忠兩不誤。這就不能不說是一種高度信任。張居正偶感風寒，萬曆還曾親手調製椒湯麵給他吃。太后信佛，有次準備將私房錢捐修涿州的娘娘廟，張居正卻建議捐修北京城外的橋，她欣然聽從。在他們看來，張居正是個可以信賴的人。至於後來的清算，另當別論。

再說張居正之後的申時行，黃仁宇評論：「由於態度溫和，申時行才獲得皇帝的信任，並建立了親切的關係。多年來，這位首輔正是巧妙地利用這種關係，促使皇帝的一舉一動接近文官集團的期望。」[186] 換言之，是否可以說正是由於萬曆與少數忠臣、能臣建立了親切的關係，並巧妙利用這種關係，從而與雖然大幅減員但效率更為提高的文官集團，保持一定正常的關係，進而維持整個國家仍能良好地執行？實際上，萬曆很可能並不是人們印象中的長期「罷工」，而仍然「一應本章，無不省覽獨斷，次第舉行」。[187]

如果萬曆不是這樣，雖然天天照常上、下班，國家能否正常執行？能否保證不讓奸臣耍手段，將朝政、甚至整個國家弄亂？如果他不是對少數重要的大臣保持信任，而像李從厚，那就糟了！

李從厚是五代十國時期後唐皇帝。他從小好讀《春秋》，深諳微言大義，待人寡言但有禮，933年父死繼位。然而，他有個致命缺點——疑心病過重。李從珂是他父親的養子，因屢立戰功被封為潞王，任鳳翔節度使。李從厚怕他陰謀奪位，將他兒子李重吉外調為亳州團練使，把他一個已經削髮出家的女兒，召進宮當人質。又將李從珂本人調開，而讓自己的堂兄弟李從璋調任鳳翔節度使。對此，李從珂非常憤怒，擔心接下來會更

---

[186]　同注170，P100。
[187]　《明神宗實錄》卷421。

麻煩,便拒絕調令,起兵造反。這時,軍中羽林指揮使楊思權也突然反戈,率眾投奔李從珂。不久,李從珂率軍攻陝州,距後唐都城洛陽很近了。李從厚慌忙召見宦官孟漢瓊,讓他去魏州安排退路。不想這平時唯唯諾諾的太監頭子,在這關鍵時刻竟然也不應召,李從厚只好獨自逃亡。在衛州遇成德節度使石敬瑭,李從厚大喜,以為碰到大救星。李從厚忘了,石敬瑭也是不受信任的,現在也反叛。石敬瑭將他禮貌地安置到驛館,自己率軍向洛陽出發,與李從珂會合。李從珂進洛陽,即皇帝位,廢李從厚為鄂王。不日,李從珂派人送鴆酒給李從厚,李從厚的疑心最後發揮作用,不肯喝,使者便用繩子將他活活勒死。李從厚在位實際才半年,兩年後,石敬瑭又勾引契丹兵叛李從珂,後唐徹底滅亡。如果李從厚能像萬曆,信任文官武將,李從珂會反叛嗎?孟漢瓊會不從命、不幫忙安排退路嗎?石敬瑭會不僅見死不救,反而趁火打劫嗎?李從珂、石敬瑭與孟漢瓊這三個人,李從厚隨便能獲其中一人的忠誠,都可能會有不一樣的結局。

假如萬曆像李從厚就危險了,張居正、馮保及申時行等大臣都可能背叛,而智勇雙全的戚繼光如果反戈一擊,大明江山非常可能真正提前毀在他手裡,還能奢望「萬曆中興」嗎?

萬曆等幾位明朝皇帝再三表示:「領導者」並非想像那麼重要。其實,明朝之前就已經有眾多帝王證明了這一點。春秋時代國際形勢那麼險惡,齊桓公自己也擔心「三好」(好獵、好酒、好色)的問題會影響正事,管仲卻安慰說這算不上什麼大礙,只要讓大臣們好好去做便行,結果也成就了齊國的霸業。劉徹、王莽、楊廣等,還有萬曆的後代朱由檢,都是太「有為」的典型。否則,你想像一下,沒有那一班能臣、沒有張居正改革的萬曆「新政」,那會是怎樣的局面呢?學者評論朱載垕:

他統治時期的這五年半的相對穩定和繁榮證明,國家事務可以沒有皇帝的親自指導而繼續進行。他的無能或不願干預國家事務,實際上使有能

力的大臣和大學士們做得更好。但是他所造成的損失是制度上的，而且長期發揮作用……[188]

也許因為嫌朱載坖說服力不足，萬曆更有力地證明這一點。

---

[188]　同注 163，P497。

第九章
同光中興

【提要】

　　清同治帝載淳、光緒帝載湉在位期間,至中日甲午戰爭前夕(1861～1894年),與西方列強初步和解,轟轟烈烈開展「洋務運動」,經濟、文化及外交等方面獲得初步成效。

　　假如慈禧像楊廣那樣不知變通,非常可能死更多人,賠更多款,被瓜分更多領土。對內不恢復改革,革命黨非常可能更早、更多、更猛地舉行武裝起義,也非常可能更早葬送大清。大清在慈禧死後不久即亡,從反面說明晚清不能沒有她那樣一個「昏君終明」的領導者。

來龍：「嘉道中衰」

　　由乾隆時代轉入嘉慶時代像一條分水嶺，將清王朝一分為二，前期從政治、經濟、軍事到社會、文化等，呈整體上升之勢；嘉慶開始，內憂外患，很快走向衰落。表面光鮮的盛世，潛伏著諸多危機。1796年正月初一，85歲的乾隆將皇位禪讓給太子嘉慶，自己當太上皇，享清福去。沒幾天，當月就爆發聲勢浩大的白蓮教起事。乾隆清閒不了，以太上皇身分指揮鎮壓，比以前更忙。

　　白蓮教是中國歷史上最複雜、最神祕的宗教，源於南宋佛教一個支系，名目很多，如義和團、大刀會、小刀會、紅燈會等，都是其支派。該教義認為世界上存在兩種互相鬥爭的勢力，光明代表善良和真理，黑暗代表罪惡與不合理，過去、現在和將來，都在不斷地進行鬥爭。彌勒佛降世後，光明將最終戰勝黑暗。教義簡單，通俗易懂，容易被下層民眾所接受，元、明時曾多次起事。清初又成為反清祕密組織，分布很廣，黃河上下、大江南北到處都有，直隸、山東、山西、湖北、四川、陝西、甘肅、安徽等省最活躍。清廷對此嚴控，還是有多次小規模起事。這一次規模可不小，歷時達9年。錢穆認為：「即使沒遇到中西交通，沒有西洋勢力侵入，不久也仍得垮臺。」[189] 在錢穆看來，大清王朝至此已經差不多名存實亡了。

　　1799年乾隆去世，嘉慶親政，第二天就掀起反腐風暴，打下「大老虎」和珅，人們歡呼「嘉慶新政」。沒想到，嘉慶的「打虎運動」虎頭蛇尾。當時，國內外形勢已發生一系列千古未有之變。早在一個半世紀前，即明清易世前後十年間，歐洲歷史上最長的戰爭結束，建立起「西發里亞主權體系（Westphalian sovereignty）」，確定了國際關係中應遵守的國家主

---

[189]　錢穆：《中國歷代政治得失》，P147。

權、國家領土與國家獨立等原則，也就是當今世界秩序的基礎。康熙至少在1716年就清楚地意識到這個嶄新的國際形勢，然而，他們為了自己一族之利，直到嘉慶，還試圖透過閉關鎖國僥倖躲過，頑固地以「朝貢體系」抗拒「西發里亞主權體系」，而不肯自我改革，脫胎換骨，迎頭而上，與列強攜手共進。嘉慶像他父輩一樣竭力排外，特別是馬戛爾尼（Macartney）掃興而歸20餘年後的1816年，英國再派使團訪華，繼續謀求與清政府平等協商，建立近代國家關係，嘉慶卻像乾隆當年一樣，將他們驅遣。嘉慶還下令不准再有外國使臣進京。

1820年嘉慶暴亡，其子道光繼位。道光個人品德不錯，生活簡樸，晚餐是宮外買的燒餅配白開水，吃完就睡，省蠟燭，穿的是帶補丁的褲子，以致大臣們跟著綴一塊圓綢於膝間。然而，對一個皇帝來說，光節儉有什麼用？唐文宗李昂曾舉著袖子給大臣看，自我表揚說：「這衣裳已經洗過3次了！」大臣柳公權不客氣回應：「陛下貴為天子，應當進用賢才，退黜不肖之徒，採納規勸，嚴明賞罰，才能使天下和樂。穿洗過的衣裳，不過是細枝末節！」大臣黃爵滋的一道疏更發人深省，說道光發起屬行節約運動以來，財政狀況反而比花錢如流水的乾隆時期一落千丈，「豈越奢則越豐，越儉則越嗇耶？」[190]

黃爵滋這個問題，在國外早有答案。早在此前約百年，英國古典經濟學家曼德維爾（Bernard Mandeville）發表《蜜蜂的寓言》（*The fable of the Bees*），寫一群蜜蜂，一個個講究享受，於是努力工作，整個社會迅速繁榮。後來，這群蜜蜂突然改變，不再追求享受，而崇尚節儉，結果民生凋零，最後連敵人入侵都無法抵抗。西方經濟學中的「節約悖論」就是指私人儲蓄增加，在個人來說，是增加財富；對社會來說則相反。著名經濟學家凱因斯（John Maynard Keynes），不僅注意到《蜜蜂的寓言》這種虛構的

---

[190] 黃爵滋：〈請嚴塞漏卮以培國本折〉。

故事,更注意到古埃及興衰的史實。古埃及建造宏偉的金字塔,又大建教堂並大規模做道場,促進了消費,所以古埃及很繁榮。後來,它不再建金字塔和教堂,社會也就衰落。連哥倫比亞人都懂得:「只有會享受生活的人,才能更好地創造。」只可惜道光不知此理,捨不得自己吃穿,也捨不得掏錢買軍艦和大炮,《蜜蜂的寓言》也就不幸成為大清的預言。

人們將嘉慶至道光期間(1796～1841年)稱為「嘉道中衰」。顧名思義,「中衰」指中途衰落,語出《史記》,但配為專有名詞,似乎只有這一個。「嘉道中衰」,衰的不僅是一種經濟,一種軍事,而是整個制度腐朽不堪,難以救藥。

目睹「嘉道中衰」,有識之士紛紛疾聲呼籲改革。大臣龔自珍指出:「自古至今,法無不改,勢無不積,事例無不變遷,風氣無不移易」,甚至使用激將法,說「一祖之法無不敝,千夫之議無不靡,與其贈來者以勁改革,孰若自改革!」[191] 所謂「勁改革」即革命。大臣魏源還對漕運、河工、鹽政、兵政及西方政治、經濟體制進行深入研究,提出一系列具體改革措施。無奈在僵死的理學氛圍中,更多人思想是窒息的,改革建言得不到採納,比閉關鎖國更甚。康熙至乾隆時期開海禁,設江、浙、閩、粵4個海關,道光時期僅剩廣州1個海關。

英國人為了扭轉貿易逆差,做起鴉片生意。兩國無法進行正常的溝通,又由於地方勢力與中央政府三心兩意,列強認為有機可乘,越來越膽大妄為,便漸漸由禮儀衝突演變為武裝衝突,由兩國矛盾擴大為中國與多國矛盾,一敗接連多敗。

1861年,同治皇帝即位,年僅6歲,遺詔親王載垣、端華及協辦大學士戶部尚書肅順等8人,為「贊襄政務王大臣」。同年,慈禧太后聯手慈安太后、恭親王發動政變,宣布載垣等「不能盡心和議」、「擅改諭旨」、「專

---

[191] 《龔自珍全集·勸豫》。

擅」等罪行，即行廢除，並斬肅順，賜載垣、端華自盡，其餘 5 名輔政大臣，或革職，或充軍。慈禧太后是道光妃，同治生母，也稱「西太后」、「老佛爺」。政變後，形成「二宮垂簾，親王議政」的格局。1873 年，慈禧太后歸政，同治親政。

同治是個放蕩的少年天子，1875 年死，其姪光緒繼位。光緒年僅 5 歲，兩宮再度垂簾聽政。1881 年慈安太后去世，1884 年又罷免恭親王，慈禧開始獨掌大權。1889 年歸政光緒，不久又奪權。慈禧實際執政長達半個世紀，雖然不敢像武則天那樣稱帝，但對中國影響更為深遠。

最大亮點：「洋務運動」

相繼兩次鴉片戰爭失敗，讓更多中國人清醒。魏源在《海國圖志》一書中提出「師夷長技以制夷」的策略，強調「變古越盡，便民越甚」，引起不少有識之士的共鳴。清廷上層形成「洋務派」與「頑固派」。洋務派主要官員有奕訢、李鴻章、曾國藩、左宗棠、張之洞。李鴻章親眼目睹侵略者的船堅炮利，深思上下幾千年，深切感到面臨著「三千年未有之變局」，沉痛地指出：

自秦政變法而敗亡，後世人君遂以守法為心傳。自商鞅、王安石變法而絕，後世人臣遂以守法取容悅。今各國一變再變而蒸蒸日上，獨中土以守法為兢兢，即敗亡滅絕而不悔。天耶？人耶？惡得知其故耶？[192]

寧肯敗亡滅絕也不肯變法的觀念，在這蒸蒸日上的世界，顯得越來越落伍了。洋務派認為，為壯大軍力，增加國庫收入，抵抗外敵，必須虛心學習西方的工業技術和商業模式，以官辦、官督商辦、官商合辦等模式發

---

[192] 《李文忠公全集‧朋僚函稿》。

展近代工業。1861年初，奕訢會同桂良、文祥上奏〈通籌夷務全域性酌擬章程六條〉，建議開展以富國強兵為目標的「洋務運動」，又稱「自救運動」或「自強運動」。太平天國等內亂稍平息後，陸續付諸實施。

軍事方面創辦的重要專案，有江南機器製造總局、福州船政局、漢陽兵工廠、金陵機器製造局、天津水師學堂、天津武備學堂、北洋艦隊、湖北槍炮廠等；民用工業方面的重要專案，有發昌機器廠、天津機器製造局、華盛機器紡織總廠、開平礦務局、輪船招商局、繼昌隆繅絲廠、蘭州織呢局、上海機器織布局、漠河礦務局、湖北織布局；金融方面的重要專案，有英國匯豐銀行分行、英國太古洋行、德華銀行、日本橫濱正金銀行分行等；文化教育方面的重要專案，有外語學校同文館、自強學堂、法政學校蘭州府學吏局，及《申報》、《時報》和《新聞報》等。

「洋務運動」創辦了一批新工業，大量引進西方科學技術，為中國近代化產生推進的作用。新式海軍對西方列強產生一定抵制作用；新式學堂培養了許多近現代化重要人才，特別是海軍實力迅速躍居亞洲第一、世界第六，成果不可不謂巨大。這充分說明，只要統治者不落後，中國各方面不致落後於世界之林。

與此同時，清廷對外採取主動的姿態，如1875年，開始向外國派駐大使，第一位是駐英國的郭嵩燾，這可是了不起的新事。此前，清廷負責對外事務的機構為「理藩院」，將任何外國都視為天朝的藩屬國。在列強的強烈反對下，擠牙膏式讓步，改為授權兩廣地方政府、新設「北洋大臣」等等，好不容易才設「外交部」，並委派使節駐外，這意味著終於將外國視為平等了。可是，民間還是非常保守。郭嵩燾是湖南人，當時的家鄉人不僅不以為榮，反而覺得很丟臉，民間盛傳一對聯攻擊他：

出乎其類，拔乎其萃，不容於堯舜之世。

未能事人，焉能事鬼，何必去父母之邦。

甚至全體士紳開會，決定開除郭嵩燾的省籍。所幸官方的意識沒動搖，隨後還向美國、秘魯等國派出使節。

1887年，由外國傳教士、領事和商人組成出版機構「廣學會」，用漢文著書，標榜「以西國之學廣中國之學，以西國之新學廣中國之舊學」，編譯、出版了大量政治書籍，發行《萬國公報》，宣傳宗教、西學。後來還在北京、奉天、西安、南京、煙臺等地設分支機構。再如1893年廢華僑海禁，從此商民在國外無論多久，都可以回國經營置業，自由出入。

據考證，「同治中興」一詞最早出現於光緒元年，即1875年陳弢所編《同治中興京外奏議約編》書名，並將「自強新政」的某些內容納入到「同治中興」之中，標明「同治中興」與歷史上的中興有極大不同。也有人將此延續至甲午戰爭爆發前的光緒年間，稱「同光中興」，本書也如此。

此外，不能不說說當時的「太平天國」運動。

白蓮教、天理教起事相繼被鎮壓，不久又冒出聲勢更大的「太平天國」。廣東花縣的洪秀全，3次科舉落第，便砸了孔子牌位、燒了儒家書籍，吸取一些基督教教義，自行洗禮，到處傳教。1850年底，洪秀全在廣西桂平縣金田村組織武裝反叛。《周禮》描述的軍事社會是一種集權理想，在西周並沒有真正實行，儒家通常是不喜歡的，但它鼓勵了漢、宋的改革家們。洪秀全卻搬用《周禮》中的組織模式，將拜上帝會轉變為忠誠的軍隊。他們迅速壯大，1853年攻克江寧（今江蘇南京），改名「天京」，建立太平天國，洪秀全自稱「天王」。然後北伐西征，不斷擴大戰場。

1861年，太平軍部署第二次西征，計劃以陳玉成、李秀成兩支主力，分別從長江南北進攻武昌，援救安慶。安慶是太平天國的重鎮，被清軍圍困已久。清軍圍剿主力是曾國藩的湘軍，由其弟曾國荃率軍主攻，這年9月攻克。但太平軍總體仍強，不久又克寧波、杭州，並進攻上海，遠征西

北，進逼西安。本來，英國、法國還以為太平天國奉行的宗教信仰與他們相同，肯定比清政府更友善，所以表示中立，派駐華公使訪問天京，顯然有所傾向。沒想到，洪秀全們跟清統治者同個德性，楊秀清回函〈諭英使文翰〉，劈頭就說「爾海外英民不遠千里而來，歸順吾朝」，要求他們匍匐在地行禮。訪問團還發現《聖經》被嚴重竄改，結果也是不歡而散。於是，英國改變立場，與清蘇松主官協商成立「中外會防局」，旨在「借師助剿」，組織「洋槍隊」，共同征討太平天國。結果，太平軍兩次進攻上海均失敗。太平軍西征較順利，占陝南一帶，但因東線告急，兵分3路東援，可是遲了。1863年底，天京外圍要塞盡失，城中缺糧。第二年，洪秀全病死，清軍攻入。江西石城一役，太平軍主力覆沒。長江以南的太平軍餘部，自江西進福建，占漳州，後向廣東方向突圍，1866年初在廣東梅縣被肅清。太平軍先後涉足廣西、湖南、湖北、江西、安徽、江蘇、河南、山西、直隸、山東、福建、浙江、貴州、四川、雲南、陝西、甘肅等地，攻克600多個城市，歷時多年，影響不可謂不大。

洪秀全們還盲目搬用《周禮》中的公有制，摧毀了農民社會的兩根個人支柱——財產與家庭。太平天國的政綱〈天朝田畝〉、〈資政新篇〉等寫得天花亂墜，只是紙上談兵。能落到實處的，令人跌破眼鏡，士兵夫妻都不能團聚，而洪秀全等頭目卻妻妾成群。南京人民抵制洪秀全「選妃」，助王黃期升專門召開一場聲勢浩大的大會，進行思想政治工作，軟硬兼施說：

爾等幸有天王，天王為天父第二愛子，救爾等世人，爾等俱要報恩。報恩若何？打仗殺妖是第一報恩事也。現在無妖可殺，無以報恩，細思爾等有女，各要貢獻天王。勿匿，匿則殺。[193]

世界上有這等道理嗎？革命前，要你貢獻性命；革命後，又要你貢獻

---

[193] 轉引自張宏傑：《坐天下》，P183。

女兒和錢財，還得叩謝皇恩浩蕩。專家學者大都認為，太平天國只不過是建立在欺壓人性基礎上的另一個殘暴的政權。黃仁宇說：「肅清太平軍之殘部於次年完成。即使最後這一段戰事，也與美國內戰四年時間相埒，而中國之內戰死傷人數更多，而解決的問題反少。」[194] 洪秀全們用無數男人、女人的血淚唯一做成的事，是繼王莽等人之後，再一次佐證德國詩人賀德林的一句名言：「總是使得一個國家變成人間地獄的人事，恰恰是人們試圖將其變成天堂。」

　　差不多與此同時，皖北淝水和渦河流域的祕密組織「捻子」發動大規模起事，稱「捻軍」。捻軍在皖、豫、魯、蘇、鄂、陝、晉、直（冀）8省活動，極盛時兵力達20萬。後來，張樂行率部分捻軍渡淮與太平軍會師，接受太平軍領導，配合太平軍作戰，但不接受改編。不久捻軍分裂，大部分返淮北，只有張樂行等少數留淮南，還有一部分轉戰河南、山東。1862年秋，清軍大舉進攻皖北，張樂行被叛徒俘送清營。天京失守後，太平軍和捻軍的殘部合併為聯軍，賴文光被推為領袖。以太平軍軍制重新整編，改為騎兵，在豫、魯、蘇一帶流動作戰，大有重振旗鼓之勢。1865年，他們在曹州殲滅官方所派的蒙古騎兵，清廷改派曾國藩督湘軍，李鴻章督淮軍。第二年，聯軍又分為東西兩軍，賴文光等繼續在中原地區活動，為東捻軍；張宗禹等轉入陝西率回民起事，為西捻軍。東捻軍被李鴻章淮軍圍困在黃河南岸、運河東岸、膠萊河西岸和六塘河北岸一帶，1868年初在揚州全軍覆沒，賴文光被俘。西捻軍轉戰陝西後，改向東北挺進保定，威脅北京，後進山東黃河以北、運河以東一帶，被李鴻章、左宗棠軍包圍，同年全軍覆沒。

　　此前幾年，雲南發生回民起事，被鎮壓。其中陝西回民任武逃回老家渭南，1862年春發動民變，據說目的是將陝西的漢人殺光，在那裡建立一

---

[194] 《中國大歷史》，P278。

個純粹的伊斯蘭教國家。他們首先殺大荔縣八女井的漢人，一個上午殺一萬多人。緊接著挨村殺，不分男女老幼。很快發展到大荔、渭南、華縣一帶，渭河兩岸 30 萬漢人全被殺光。他們號稱「陝回十八營」，幾個月在關中平原殺 500 萬，占當地漢人的 80%。僅 1 年時間，關中 26 個縣長被殺，陝甘兩省 1,100 多萬漢人被殺。據統計，戰前（1861 年）甘肅人口 1,946 萬，戰後（1880 年）僅存 496 萬，減少 75%。此恐怖還波及寧夏、青海和新疆。清帥多隆阿率軍清剿，也在渭南、大荔一帶大屠回民，60 里內「盡成白地」。左宗棠率部進入，對回民剿撫兼用，令「所有白彥虎部回逆，拒納降，斬立絕」。1877 年，白彥虎逃往俄羅斯，才告平息。

還少不了說說當時的對外關係。

第一次鴉片戰爭失敗，朝野都很不甘。《南京條約》規定英國人在廣州、福州、廈門、寧波、上海等五處港口「貿易通商無礙」，廣州官方和民眾硬不執行。拖到 1856 年，英國不耐煩了，便聯合法國發起第二次鴉片戰爭。清軍英勇抵抗侵略。

晚清名將僧格林沁被稱為「國之柱石」，與曾國藩合稱「南曾北僧」。他認為西方列強跟太平軍、捻軍之流一樣，高調說「洋兵伎倆，我所深知，何足懼哉」，也的確有過小勝，就更目中無敵，主動「誘擊夷人」，導致英法聯軍約 1 萬名從天津進攻北京。僧格林沁率 3 萬騎兵及兩、三萬步兵，在通州與北京之間一個叫八里橋的地方迎敵。北京地勢易守難攻，北、南、西三方高山峻嶺，東南方的天津是大海，天然屏障，在歷史上幾乎不用設防，可現在敵人偏偏從海上來。不過，一般來說也不可怕，我方占盡天時地利，敵寡我眾，蒙古人還特別善戰。有一度，距離敵人只有二、三十公尺。然而，就這二、三十公尺，成為不可踰越的屏障，蒙古人的戰刀砍不過去，而敵人的槍炮則勢如破竹……直至北京的城門大開。咸豐皇帝聞迅，慌忙出城到東北老家「巡狩」去。

最大亮點：「洋務運動」

第二次鴉片戰爭失敗，朝野不得不痛苦地承認「三千年未有之變」，與列強又簽訂一系列條約，十來年間較為平靜。列強暫時沒施加更多武力，他們相信清廷會「門戶開放」，還成立「英中聯合艦隊」與清軍聯手鎮壓太平天國。清廷認真履約，不再幻想列強像以前周邊小國一樣「朝貢」，將精力轉移到「洋務運動」方面，甚至直接聘用外國人任朝廷高官。設立總理各國事務的衙門，專門負責相關事務。也許可以說，將抵抗侵略的主戰場，轉移到談判桌上。

◎俄國

俄國原本只是以莫斯科為中心的斯拉夫小國，直到1582年，即萬曆年間，才開始向外擴張，19世紀中葉還頑固保持野蠻的農奴制。1861年，沙皇亞歷山大二世推行改革，廢除農奴制，從此飛速發展，更瘋狂地對外擴張。但宿敵英國在印度與波斯堵截俄國南下發展之路，克里米亞在100多年前，便讓俄國遭到失敗，俄國在巴爾幹半島的延伸也受挫，便轉而覬覦中國。

正如雪珥所說：「俄國與日本，從此雙雙成為中國最凶險的敵人，儘管在不同的歷史時期，他們也會竭力在表面上輪流扮演出中國好鄰居的角色……」[195] 對此，清廷當時就有所認知，只是尚未達成共識，形成「海防派」與「塞防派」。「海防派」以李鴻章為代表，認為日本是最危險的敵人；「塞防派」以左宗棠為代表，認為抗俄急於抗日，林則徐還預言：「終為中國患者，其俄羅斯乎。吾老矣，君等當見之。」[196] 俄國用行動不斷踐行林則徐的預言，讓中國一再吃虧。

1689年，中俄簽《尼布楚條約》，確立黑龍江和烏蘇里江流域，包括庫頁島在內的地區屬中國，貝加爾湖以東原屬中國的尼布楚，讓給俄國。

---

[195] 雪珥：《帝國政改》，北京：線裝書局，2012年，P191。
[196] 轉引自司馬當：〈林則徐是如何看待俄國的〉，《理論參考》2017年第1期。

這是中俄第一份邊界條約，被視為「萬年和約」。俄國趁火打劫，1858年強迫清廷簽訂《璦琿條約》，改以黑龍江為界，黑龍江以北、外興安嶺以南64萬平方公里屬俄，且規定烏蘇里江以東的中國領土由中俄共管。墨跡未乾，同年又逼迫簽《天津條約》，要求清廷給其他國的優惠適用於俄國，並重勘未定邊界。1860年再逼清廷簽《北京條約》，劃烏蘇里江以東34萬平方公里給俄國。柏楊憤然說：

中國既沒有被俄國打敗，俄國也沒有費一槍一彈，只憑恐嚇和詐術，就硬生生地奪取九十八萬平方公里的中國領土，是日本面積的兩倍半，而且這還是第一批，更多的恐嚇和詐騙還在後頭。這不像是真實的國際交涉，倒像是一篇童話故事。[197]

俄國的野心遠沒滿足。1862年訂《中俄陸路通商章程》，規定俄商在中國邊界百里之內貿易概不納稅，開中國陸路通商減稅的惡例。1869年修改，將運津俄國貨物在張家口「酌留十分之二」改為「酌留若干」，俄商可在蒙古各地自由貿易，並一概免稅。

1864年又簽《中俄勘分西北界約》，連同原本的《北京條約》，割占中國西北部巴爾喀什湖以東、以南44萬平方公里。

1871年，趁新疆回民起事之亂，俄軍藉口「安定邊境秩序」，派兵長驅直入伊犁。他們在那裡設官，移民墾殖，勒索民眾，實行殖民統治。1879年，沙俄脅迫清廷駐俄大使崇厚在克里米亞半島擅自簽訂兩國《里瓦幾亞條約》，一是中國收回伊犁，但伊犁西部霍爾果斯河以西、南部特克斯河流域以及塔爾巴哈臺（今新疆塔城）地區齋桑湖以東土地劃歸俄屬；二是賠償「代收代守」伊犁兵費及恤款500萬盧布（合銀280萬兩）；三是俄商在蒙古、新疆貿易免稅等。這是一個嚴重損害中國主權的不平等條約，國內輿論譁然，紛紛譴責崇厚喪權辱國。清廷拒絕批准，將崇厚革

---

[197]　柏楊：《中國人史綱》下冊，P243。

職，交刑部治罪，判監斬候（死刑緩期執行），秋後處決。清廷改派出使英法公使曾紀澤（曾國藩長子）兼任出使俄國公使，赴俄談判改約。為增加談判籌碼，清廷派左宗棠率軍出嘉峪關。為展現收復伊犁的決心，左宗棠「抬棺出征」，鼓舞士氣。俄國不得不降低要求，1881年重簽《中俄伊犁條約》，主要內容為中國收回伊犁，部分取消原約的割地規定；只許俄國在嘉峪關、吐魯番設領事館；俄商在蒙古等地貿易改免稅為「暫不納稅」，但仍失去霍爾果斯河以西及齋桑湖以東地區。透過此約及以後的勘界議定，中國7萬多平方公里的領土劃歸俄國，賠償增至900萬盧布。

1883年，中俄訂立《科塔界約》，又從中國割去齋桑湖以東及以南大片領土。第二年訂《中俄續勘喀什噶爾界約》，帕米爾高原即中國古代稱「不周山」、「蔥嶺」，古「絲綢之路」在此經過，其西北部又被俄劃走。1892年，俄軍又入侵帕米爾東部，摧毀清廷設在那裡的哨所，逐中國駐軍，強占那一帶2萬多平方公里。

◎英國

中英在前一階段衝突最激烈，這時期相對友好。1863年，清廷聘請英國人赫德（Robert Hart）為海關總稅務司。兩年間，已開放的廣州、上海、寧波、福州、廈門、天津、煙臺、牛莊（今遼寧海城）、鎮江、九江、漢口、潮州（汕頭）、淡水、臺灣（臺南）等14個通商口岸，均設立由外國人管理的海關。

1869年簽訂《中英新訂條約》、《新修條約善後章程》，主要內容為開放溫州、鞠湖為商埠；英國洋布、大呢、洋絨進口兩稅一併完納，在通商口岸省分均免重徵；英商從內地買土貨出口，沿途交納稅金，其稅額超過部分，發還英商；英商可僱用中國木船行駛內河，裝運貨物；九江關備輪船1艘，拖帶鄱陽湖一帶貨物；英商修理船隻、船塢物料免稅；鴉片進口每百斤增稅至50兩，生絲出口按值5%徵稅。

英國擬從緬甸修一條到雲南思茅地區的鐵路。1874年，派一支近200人的武裝探路隊，從緬甸出發；第二年，又派駐華大使馬嘉理前往接應。雖然有與清廷聯繫，但未與當地官府溝通，強行闖入，引發衝突，馬嘉理被殺。英國駐華使館向清廷提出觀審、賠償等要求，總理衙門予以駁回。經多次協商，1876年簽訂《煙臺條約》。第一，了結滇案，英國派員在雲南調查5年，中國賠款25萬兩。第二，優待往來，各地涉及英國人生命財產案件，英使館派員前往觀審。第三，通商事務，中國增設宜昌、鞠湖、溫州、北海為通商口岸，大通（今安徽淮南）、安慶、湖口、武穴、陸溪口、沙市為輪船停泊碼頭，上下客商貨物。此外，英國派探路隊從北京經甘肅、青海赴西藏，或經四川入藏，或由印度入藏，中國提供便利條件。

1885年，英軍入侵緬甸，俘虜緬王，併入英屬印度。清廷派員出使，力爭緬甸入貢。次年訂《中英緬甸條約》，清廷承認英合併緬甸，同意與英商談滇緬邊界及通商問題，英國允許緬甸每年向清進呈土特產一次。

英國利用《煙臺條約》獲取的探路權，派人從哲孟雄（今錫金）修路到西藏境內。西藏當局在隆吐山（今錫金與印度邊境）建卡設防，英軍反誣藏兵越境。1888年，英軍毀隆吐山卡哨，藏兵抵抗，但寡不敵眾，連同亞東、朗熱等地關隘相繼失守。清廷將駐藏大臣革職，要求對印度英軍退讓，謀求談判。1890年初，訂《中央會議藏印條約》，清廷承認哲孟雄歸英國保護，劃定邊界，英強占隆吐山一帶。1893年，訂該條約附加條款，也稱《藏印續約》，開放亞東為通商地，准許英國派員駐紮，5年內藏印貿易互不收稅，西藏門戶從此被開啟。

◎法國

中法本來是非常友好的，差點結盟，這時期也發生武裝衝突。1874年，法國迫使越南訂立《法越和平同盟條約》，法國成為越南的保護國，否定中國對越南的宗主權。1882年，法軍攻占越南河內，進而北上，試圖

開通紅河,圖謀雲南。廣西反清「黑旗軍」劉永福應邀南下抗法,獲得大捷。越南國王晉升劉永福為一等男爵。此後,中法展開多次爭奪戰。1884年訂立《中法會議簡明條款》,清廷承認法國與越南訂立的條約;法國不索賠,中國同意在中越邊境地區開埠通商;中國從北越撤軍,並約定3個月談詳細條款。法國單方面確定在越南向中國軍隊原駐地分期「接防」的日期。對此,李鴻章沒同意、沒明確反對,也未上報清廷。法軍突然到越南的中國陣地接防,發生衝突。

戰火從越南燃到中國本土,法國艦隊突襲福建水師,炮轟馬尾船廠。中國船艦倉促應戰,旗艦「揚武號」雖被擊傷,仍然用尾炮擊中法艦,沉沒前,還向法艦發最後一炮。這一仗,福建水師被擊沉7艦,傷亡官兵700多名。隨後,清廷對法宣戰,令各路軍迅速調兵,嚴防法軍入侵。同時詔賞劉永福,努力恢復被法侵占的北越之地。法艦攻滬尾(今臺灣淡水)失敗,宣布封鎖臺灣。廣東、福建和上海等地民眾突破法艦封鎖,不斷輸送物資。次年初停戰。在南方戰線,清軍對越南宣光等地發起進攻,大將馮子材在鎮南關(今友誼關)等地大敗法軍,收復十多個縣,法國內閣為此倒臺。簽訂《中法和議草約》,明確停戰,中國軍隊撤出越南,法國解除對臺灣的封鎖,並退出基隆、澎湖。同年訂《中法新約》,內容基本上同前。此約被認為是打了勝仗卻投降,法國實現入侵雲南、廣西的目的,清廷又一次遭受屈辱。

1886年,中法在天津訂立《越南邊界通商章程》,內容主要是互派領事;進出廣西、雲南邊界貨物,進口稅減1/5,出口稅減1/3。但法國政府認為距他們要求太遠,拒絕批准。

◎葡萄牙

並非不敬地說,葡萄牙是歐洲小國,現在人口也只有1,000萬出頭。不過,小有小的好處,小則思變,不會沉醉在地大物博中睡懶覺。十五、

六世紀,葡萄牙靠海吃海,率先發展海軍,艦隊四處探險征戰,到 18 世紀,成為影響世界最強大的全球性帝國。葡萄牙殖民活動近 600 年,曾包括非、亞、美 53 個國家的部分領土,官方語言葡萄牙語,成為 2.4 億人的共同母語和世界第八大語言。1517 年,葡萄牙商人及官員到廣州,與明朝廷交涉,被稱為近代中國與歐洲接觸的開端。1557 年,葡萄牙人租借澳門,並開始與中國進行貿易。

1887 年初簽《中葡草約》,葡萄牙享有最惠國待遇,中國割澳門以及澳屬地給葡萄牙,葡萄牙在澳門協同中國防止鴉片走私。同年底,在北京正式簽約,肯定草約,澳門成為歐洲國家在東亞的第一塊領地。

◎美國

在那個飽受列強欺凌的時代,中國朝野都認為美國相對友好。清廷認為:「英、法、美三國以財力雄視西洋,勢各相等,其中美國最為安靜,性亦平和。」[198] 曾國藩還具體比較了一番,說英國最狡黠,法國次之;俄國勢力大於英、法,為英所害怕;美國人則「質性醇厚,其於中國素稱恭順」。[199]

發展中美友好關係,眾望所歸。令人不敢相信的是,清廷竟然聘用剛剛結束駐華公使之職的美國人蒲安臣(Anson Burlingame)為中國政府的「欽差大臣」,反過來代表中國出訪,震驚世界。恭親王在奏摺中介紹蒲安臣「其人處事和平,能知中外大體,遇有中國為難不便之事,極肯排難解紛」[200],值得信賴。

1868 年,蒲安臣代表中國政府出訪的第一站便是他的祖國——美國,並在華盛頓簽訂中美《天津條約續增條約》,規定兩國人民往來「聽其

---

[198] 復旦大學歷史系中國近代史教研組:《中國近代對外關係史資料選輯》上卷,上海:上海人民出版社,1977,P242。
[199] 董叢林:《曾國藩傳》,北京:人民出版社,2014 年,P269。
[200] 轉引自楊進:〈大清「洋欽差」外交奇事〉,《人民論壇》2012 年第 27 期。

自便，不得禁阻」，可在指定地點開設學校，並可往遊學，兩國僑民不得因宗教信仰不同而受欺，並明確規定美國支持中國主權和領土完整，不干預中國的內部事務。對此，普遍予以好評，認為這是中國與西方第一次在平等基礎上簽訂的條約，梁啟超還稱讚「彼條約實為最自由、最平等之條約也」。不過後來有不同評價。

據此條約，美國隨後開始招華工。1894年，美國又要求與中國簽《限禁來美華工保護寓美華人條約》，規定居美華工離美期限超過1年者，不得再入美境；不准華人入美國籍；居美華工必須按美國國會通過的相關條例進行登記。

美國對中國奉行「合作政策」。1870年，美國剛卸任國務卿但在國際政治舞臺仍有巨大影響力的西華德（William Henry Seward）訪問中國，他在上海登陸時，第一眼看到的是中國官員出行隨從如雲，不由皺眉，當場對自己的助手評論說：「這就是帝國腐敗的證據⋯⋯一個國家，就如同一個人，（不可）總是惦記著過去的榮耀，尤其是在已經無能去發揚光大時。」[201] 這話在我們今天讀來，仍然覺得中肯。但西華德和美國，仍然對中國友好。1879年，美國前總統格蘭特（Ulysses S. Grant）訪問中國，這是西方國家元首首次訪華。格蘭特說：「我甚盼中國自強」。他的助手楊格在寫給李鴻章的信中說：

中國之大害，在弱之一字。我心甚敬愛中國，實盼中國用好法，除弊興利，勉力自強，成為天下第一大國，誰能侮之？[202]

◎日本

日本是跟中國交往最多的鄰國之一，的確算一定意義上的師生關係，這時期卻衝突越來越激烈。為什麼呢？

---

[201]　轉引自注171，P143。
[202]　同上，P144。

1862年，為了「以清為鑑」，日本特地派考察團到上海，一行51人。從臣高杉晉作到書店想買《海國圖志》卻沒有，而只有《佩文韻府》之類，感慨「口雖唱聖人之言，身已為夷蠻之所奴僕」。同行者則在其《清國上海見聞錄》中寫道：

> 現在上海軍營看到，（清國）兵卒弊衣、垢面、徒跣、露頭、無刀，皆乞食，沒有一個有英勇氣概可見。像這樣的士兵，我一人可敵五名。[203]

日本中下層武士看透了清帝國的真相，頓時狂妄起來。日本斷定大清亡國在即，與其讓別人搶走，不如他們近水樓臺先得月。就像杜佑評論安祿山「事理不得不然」，面對如此外強中乾的大清而不出手，那是日本太傻了！

1871年，訂《中日修好條規》和《通商章程》，約定兩國商民可在對方指定的通商口岸貿易（中國開放14個，日本開放8個），但不得進入內地；兩國貨物進入口岸，均照對方海關稅則完稅；兩國在對方指定口岸可設領事，約束本國商民，民事案件歸領事審理，刑事案件由領事和地方官會審。

同年，漂流到臺灣的琉球船民被高山族人誤殺。當時琉球是中國屬地，可是第二年日本封琉球國王為藩王，隨後日本官員來華質問琉球船民一事。清廷官員嚴正宣告臺灣、琉球「俱我屬土，屬土之人相殺，裁決固在於我。我恤琉人，自有措置，何預貴國事而煩為過問」？但同時又稱殺人的高山族是「化外」之民。「化外」指政令教化所達不到的地方，本意是想推卸責任，沒想到弄巧成拙，這時顯然產生歧意。日本抓住這句話，曲解為清廷承認臺灣高山族地區不屬於中國，於1874年設立「臺灣番地事務局」，任命長官，並在那裡設軍事基地。清廷派福建船政大臣沈葆楨率軍

---

[203]　轉引自馮天瑜《「千歲丸」上海行：日本人一八六二年的中國觀察》，北京：商務印書館，2001年，P283。

到臺，全面防禦。在英國調停下，簽訂《臺事專約三款》及憑單，約定日軍退出；清廷給撫卹銀 10 萬兩；清廷承認日軍此舉為「保民義舉」，給日本兼併琉球以口實。1887 年臺灣建省，開始統一在清廷管轄之下。

1879 年日本侵占琉球，廢琉球國王，改為沖繩縣。清廷反對，並請來華的美國總統格蘭特出面調停。日本表示願意談判，但不願第三者插手。第二年，日本代表來華，要求清廷承認日本併吞琉球。從此，中國宗藩體系迅速瓦解。

這時期發生不少「教案」。西方傳教士在中國廣設教堂，除了傳播基督教，還在各地辦有不少善事，如收養棄嬰、創辦醫院、募款賑災、出資辦學等等，孫中山、宋慶齡、袁隆平、楊振寧、馬寅初、王稼祥、冰心、方志敏等人，都曾在教會學校就讀。但新的問題隨之出現，燙手山芋一樣麻煩。例如有些佃農與地主發生租金爭執，農民便皈依西方宗教，向傳教士訴說苦惱，傳教士以宗教寬容的名義，向當地官府提出抗議，官方也為難。官方如果撫慰傳教士，地方士紳會責他們賣國；如果拒絕傳教士，那麼傳教士會向駐華使館抱不平，層層壓下來，免他們的職；如果搪塞，那麼事態惡化，可能導致攻擊皈依者，仍至殺傳教士。當然，也有一些鄉里地痞、流氓趁機入教作惡。法國天主教川東教主范若瑟在四川彭水唆使教徒欺壓民眾，1865 年，四川酉陽富紳率眾焚教民房屋，拆法國教士公館，又將前來支持教民的法國傳教士瑪弼樂打死。法國公使派兵入川威脅，四川總督讓主凶償命，賠銀 8 萬兩。但糾紛仍然時有。法國傳教士在酉陽組織洋槍武裝，修築城堡，教民又毆打老婦，威逼平民退婚，激起民憤。1869 年，民團領袖率眾焚教堂，毆斃傳教士，愈演愈烈。州官庇護教方，讓他們殺團民 145 人，傷 700 餘人，焚屋百餘所。這期間較嚴重的教案還有 1868 年臺灣、揚州、遵義、安慶，1870 年天津，1875 年延平，1876 年川東、皖南，1881 年濟南，1883 年雲南，1884 年潮州、溫州、揭陽，

1886年重慶，1890年四川大足等。1891年揚州、蕪湖、丹陽、武穴、宜昌教案後，駐北京各國公使聯合向清廷提出嚴重抗議，清廷即命各地「嚴密查拿，從重治罪」。不日，李鴻章又奉諭，說各省教案多由「哥老會」主謀，要求嚴懲首要分子。此前，列強一般是單個或一、兩個侵凌中國。因為煽動民眾盲目火燒教堂，導致列強各國開始聯合起來報復中國。

去脈：中日甲午戰爭

日本在「明治維新」成功之後，迅速強大，野心也猛然擴大，妄圖向中國大陸及南洋群島擴張，其前者須經朝鮮，後者須經臺灣。同治十三年（1874年）日本出兵侵略臺灣，清政府反而被迫賠撫銀10萬兩，另補貼40萬兩，並承認日軍是「保民義舉」。日本得寸進尺，光緒二十年（1894年）七月，又出兵朝鮮，清軍被迫反擊。因此年為農曆甲午年，所以稱「甲午戰爭」。

清軍在朝鮮多次與日本交鋒，均意外失敗。第二年，即光緒二十一年（1895年）正月，日軍入侵威海（今屬山東），清朝海軍迎戰，結果北洋水師全軍覆沒，威海陷落。清政府無奈，只得求和，被迫簽下《馬關條約》，承認朝鮮不再藩屬清朝，割讓遼東半島、臺灣及澎湖列島，並賠償白銀2億兩，讓日軍駐紮威海，空前之屈辱。甲午戰爭比此前的第一、二次鴉片戰爭及中法越南戰爭更令人震撼，因為：

其一，中日同為東方古國，學習西方軍事技術的起始時間也差不多，中國卻在軍事上如此輕易敗給日本。

其二，日本向來是中國人心目中的「外夷」小國，與泱泱大國不可同日而語，甚至視之藩屬，中國卻如此之敗，實乃奇恥大辱。

其三，《馬關條約》之損害，尤其是割讓臺灣及澎湖列島，令朝野大駭。

其四，時值科舉，大量進京趕考的舉子將戰敗的創傷帶回家鄉，影響全國各地。[204]

史家李定一說：「第一次中日戰爭證明中國的軍事近代化政策成效不彰，其原因何在？若只用『昏庸無能』四字譴責當時推行新政的主持人，則太簡單了。」[205] 但光緒帝顯然有失理性，剛親政的他，太渴望戰功了。戰前，李鴻章曾坦率說北洋艦隊的裝備老化，明確忠告「不可急於一時，而落入日本圈套」，建議先從朝鮮撤軍，等實力充足後，再打「持久戰」。主戰派批李鴻章軟弱，急不可待要打。血氣方剛的光緒說：「中國果能因此振刷精神，以圖自強，亦未始非靖邊強國之一轉機也。」[206] 於是，中日兩國同時宣戰。光緒頒〈大清光緒皇帝宣戰諭旨〉，號召「迎頭痛擊，悉數殲除，毋得稍有退縮」，幾乎是孤注一擲與日本決戰。

從日本簽《馬關條約》回國後，李鴻章深沉地反省道：

> 我辦了一輩子的事，練兵也，海軍也，都是紙糊的老虎，何嘗能實在放手辦理，不過勉強塗飾，虛有其表，不揭破尤可敷衍一時。如一間破屋，由裱糊匠東補西貼，居然成一間淨室，明知為紙片糊裱，然究竟不定裡面是何等材料。即有小小風雨，打成幾個窟窿，隨時補葺，亦可支吾應付。乃必欲爽手扯破，又未預備何種修葺材料，何種改造方式，自然真相破露，不可收拾，但裱糊匠又何術能負其責？[207]

這是李鴻章為自己辯護，不過說的都是實情。當時，清王朝無異於「破屋」，他這個「裱糊匠」只能「修葺」而不能改造，自然無力回天。當時日本的思想家福澤諭吉坦言：

---

[204] 李定一：《中華史綱》，P765。
[205] 同上，P736。
[206] 〈禮部侍郎志銳奏為戰爭已開皇上主持宜定折〉。
[207] 吳永、劉治襄：《庚子西狩叢談》，北京：中華書局，2009年，P121。

看一下中國今天的情況，可以說不論怎樣，如果滿清政府依然如故的話，那麼所謂把中國導向文明開化的地步，實是一場空話。無論如何，若把這個衰老政府根除之後另行改組，則人心也許會為之一變。目前的政府，即使出現如何偉大的人物，即使出現一百個李鴻章，也無濟於事⋯⋯是國家的政府，還是政府的國家？這個問題，我想中國人自己也是明白的。[208]

「是國家的政府，還是政府的國家」，或者說「是國家的帝王，還是帝王的國家」，這個問題，中國人本來早已弄清楚，所以孟子才會說「民為重，社稷次之，君為輕」，然而孟子之後，中國人反而越來越糊塗。

所幸的是，亢奮的光緒終於冷靜下來。委派官員赴煙臺與日本換約時，光緒承認自己失誤，耐心諭曰：

自倉卒開釁，戰無一勝。近者情事益迫，北可逼遼、瀋，南可犯畿疆⋯⋯戰守更難措手。一和一戰，兩害兼權，而後幡然定計。其萬難情事，言者所未及詳，而天下臣民皆當共諒者也。茲將批准定約，特宣前後辦理緣由。我君臣唯期堅苦一心，痛除積弊。[209]

於是，緊接著有「戊戌變法」。

人們對「同光中興」評價不高。歷史學家寫道：

中國在收穫「同光中興」經濟成功時，沒有適時實現社會轉型，沒有培養出自己的社會中堅階級，這是最為可惜的一件事。它為後來的歷史突變，為大清帝國的瓦解，埋下了一顆最具生命力的種子。[210]

較多學者認為，所謂「同光中興」，只是一種幻象。

略議帝王任性與華麗轉身。

---

[208] 〔日〕福澤諭吉：《福澤諭吉自傳》，北京：商務印書館，2016年，P216。
[209] 《清史稿》卷24，〈德宗本紀〉，1冊，P616。
[210] 卜憲群：《中國通史》卷5，P436。

大清王朝最後幾十年，盡是些傀儡皇帝，只有慈禧太后是實權人物。對慈禧，我的印象曾經很壞，她殘酷地扼殺「戊戌變法」；自私地挪用海軍經費為自己造頤和園；愚蠢地利用義和團瘋狂對世界宣戰，而戰爭真的一來，又狼狼地逃跑……簡直壞透了！

然而，細看一下晚清史，冷靜地想想，我又不能不予以一定的理解與肯定。物極必反，正是那次狼狼逃亡，面壁思過，她找到了一切問題的根源：「誤國家者在一私字，困天下者在一例字。」[211] 同治駕崩後，她曾經與李鴻章三次密談，內容無人知曉，人們只知他們很有默契，心照不宣。李鴻章在簽完更加屈辱的《辛丑條約》之後，沉痛地上書：

> 臣等伏查，近數十年內，每有一次構釁，必多一次吃虧。上年事變之來尤為倉猝，創深痛巨，薄海驚心。今議和已成，大局少定，仍望我朝廷堅持定見，外修和好，內圖富強，或可漸有轉機。譬如多病之人，善自醫調，猶恐或傷元氣，若再好勇鬥狠，必有性命之憂矣！[212]

從此，慈禧華麗轉身，開始正視現實，正視三千年未有之變局，以國家長遠利益為重，一方面對外和解，甚至表示「今宜專講西學」，而不再幻想依靠義和團之類巫術對抗全世界；另一方面，開始調整皇族與百姓的關係，順應潮流，順應民心，支持君主立憲改革，有些還超出「戊戌變法」計畫。當革命黨發動自殺襲擊，試圖阻止欽差出國考察時，她完全有藉口中止改革，轉而全力鎮壓改革派。可她沒這樣做，而是有條不紊地繼續推進改革。針對地方請願，文中「憲政所以能實行者，必由國民經有一運動極烈之年月，蓋不經此，不足摧專制之鋒」，禮部侍郎于式枚抓住這句把柄，奏請緩行立憲，她也沒有採納。改革事業不慌不忙繼續著。清廷釋出《各省諮議局章程及議員選舉章程》，要求各省迅速設立諮議局，限

---

[211]　《義和團檔案史料》下冊，北京：中華書局，1958年，P915。
[212]　轉引自《獨醒之累》，P343。

一年之內全部辦齊。隨後釋出《欽定憲法大綱》，要求立憲限 9 年籌備完成，並頒布「九年預備立憲逐年推行籌備事宜清單」，逐一開列每年應該完成的事項。我覺得這應該讓人有所信服。再說，那個時期不光是保守派、改革派和革命派 3 種勢力相互激盪，甚至刀光劍影，你死我活，還有帝國主義列強的侵略。可慈禧抵擋住了，近代經濟與文化教育事業呈蓬勃之勢，慈禧功不可沒！

我總覺得，如果慈禧晚點死，君主立憲改革非常可能成功。當時世界輿論認為慈禧之死「不只對該國本身，且對整個世界都極為重要」[213]。由此可見慈禧的分量。《劍橋中國晚清史》將清之滅亡時間定為：1908～1912 年，也就是慈禧太后和光緒死後，載灃攝政時期，說「至少在 1908 年前，能夠完全控制新思想，以防止對原有的秩序構成任何嚴重的威脅」。1908 年開始就不一樣了！因為「主少國疑」，人們更強烈要求加快改革步伐，希望能早日擺脫風險，連地方督撫、資政院和資議局，也越來越多站到民眾這邊，載灃卻沒能順應形勢，以致民心、軍心、官心與皇族之心的衝突愈演愈烈，「引起了普遍的不滿和更廣泛的反清大聯合」[214]，放棄改革，而選擇革命，導致君主立憲事業突然暴亡。

還可以從另一個角度反思。假如慈禧像楊廣，隋煬帝楊廣繼承的是「開皇之治」盛世，可他盲目追求「大外交、大工程、大排場、大戰爭」，導致民變四起，仍然無法正視現實，一再拒絕真相，不願採納忠告，不肯收斂自己的奢侈，也不肯救濟災民，一味凶殘地鎮壓，直到真的再也回不去了，夢斷江南。如果他能像慈禧，至少是從突厥那死裡逃生後，不再好戰，及時為災民開倉放糧，留在京城處理朝政，何至於短短十幾年，就將好端端的隋朝葬送？大清那樣風吹雨打，慈禧還穩住半個多世紀呢！

---

[213] 〈慈禧死了，清國改革走向何方〉，《紐約時報》1908 年 11 月 22 日。
[214] 《劍橋中國晚清史》下卷，P497、498。

假如慈禧像楊廣，跟八國聯軍、跟更多列強硬拚下去，非常可能死更多人，賠更多款，被瓜分更多領土。對內不恢復改革，革命黨非常可能更早、更多、更猛地舉行武裝起義，也非常可能更早地葬送大清。大清在慈禧死後不久即滅亡，則從反面說明晚清不能沒有像她那樣一個華麗轉身的領導者。

一個終於知錯，堅決改正，挽救了時局；一個堅持拒諫不認錯，不僅丟江山，自己性命也賠了進去。

可惜慈禧早死了些年，她的接班人一樣是楊廣的德性，只能聽槍聲而不能聽諫言。在一意孤行、為所欲為的帝王面前，諫言寫得再漂亮也很可能沒半點用處。

我常常不能不悲哀地想，在任性的帝王面前，歷史又有多大用處？孔子著《春秋》，就幻想透過「輿論導向」，讓千秋亂臣賊子棄惡從善，帝王更是一個個聲稱「以史為鏡」，可是 2,000 多年帝國史為什麼還是一幕幕似曾相似？

醫治帝王的任性，唯有民主。對諫言，帝王常常當耳邊風，甚至將寫諫書的人下獄斬殺；而民主，帝王若不聽，可以要他靠邊去，天壤之別。這是人類透過千百年摸索出來的，付出了無數鮮血淋淋的代價。辛亥革命勝利，意味著帝王任性時代的結束。

下篇
改革的歷史經驗與教訓

下篇　改革的歷史經驗與教訓

第一章
欣慰與遺憾

在《夏之卷》，已經對43個盛世作過小結，其中包括中興。不過，既然在這裡對中興作專題考察了，也就有必要換個角度，進一步試作深入探討。

一、改革成功的典範

◎ 開國與中興

「中興」與「盛世」、「治世」顯然有所不同。後者大概兩種情形：一種是造反起家，將舊王朝砸個稀爛，開創一個新王朝，可以按自己全新一套思路放開手腳去闖，僥倖闖出一片新天地，如隋文帝楊堅的「開皇之治」。當然，大多數開國帝王並無心或無力「全新」地闖出「新天地」，打天下只不過是為了坐天下、享受天下——趙高早就把話挑明：「如果坐天下而不能享受天下，天下就成為天子的鐐銬」，只不過是新瓶裝老酒而已，否則秦制不會2,000多年只是修修補補，而沒有根本性改變。再一種是父輩、祖輩打下良好基礎，只需錦上添花，如「文景之治」，蕭規曹隨，按劉邦國策「無為而治」便是；又如「康乾盛世」，雖然基礎不是很好，但至少沒有嚴重危機。

相對來說，開國不是太難的事。且看那些「夷狄」開百年大國：北魏拓跋珪376年還只能投靠匈奴，386年即趁亂復國，才10年時間；契丹遼國耶律阿保機907年上臺，916年就統一8大部落改稱皇帝，才9年時間；西夏李元昊1032年繼位夏王，1038年建國稱皇帝，才6年時間；金國完顏阿骨打1113年繼任酋長開始反遼，1115年就建金國稱皇帝，才2年時間；蒙古成吉思汗1189年被推舉為部落可汗，2年多就統一蒙族，1206年建成大帝國，頭尾17年；滿清努爾哈赤1616年建後金，第二年轉而向大明挑戰，1644年就入主中原，頭尾也只有28年。而北宋寧宗趙擴在位30年、南宋理宗在位40年、明世宗朱厚熜在位45年，也都沒混出點盛世的樣子。這樣久占茅坑不拉屎的皇帝大有人在，更甚者反而將接手的盛世給敗光。

中興就不同了，接手的一般是自家的爛攤子，卻必須保證承上啟下，投鼠忌器，不說戴著腳鐐跳舞，也是在獨木橋上跳舞，更需要智慧。256

年，魏國朝堂之上舉行一場辯論會，將少康與劉邦相比較，年輕氣盛的皇帝曹髦認為少康比劉邦更偉大，因為開國只是乘著前朝的衰弱順勢而為，而中興則是將已經衰落的情勢逆轉過來，要難得多。只遺憾曹髦自己中興未成身先死。趙構則成就了「建炎中興」，既是創業之主，又是守成之主，他曾嘆道：

朕常思創業、中興事殊，祖宗創業固難，中興亦不易。中興又須顧祖宗已行法度如何，壞者欲振，墜者欲舉，然大不容易，此實艱難，朕不敢不勉也。[215]

趙構這話乍看有自我表揚之嫌，其實很謙虛。在北宋大臣范祖禹的筆下可知：「古人有言：創業非難，守成為難」。學者說：「開創江山殊為不易，守住江山，並將它帶向繁榮與昌盛，則更為艱辛。」[216]

趙構的接班人孝宗趙昚曾經與他的大臣討論怎麼恢復中原，進一步實現中興。大臣劉珙說：「復仇雪恥，當然是我們的頭等大事。但如果沒有十年潛心內修之功，恐怕不可輕言恢復。」有的大臣異議：「想當年高祖（劉邦）、光武（劉秀），草根創業，沒幾年就奪得天下，我們恢復中原怎麼需要十年？」劉珙說：「高、光身起匹夫，以其身蹈不測之危而無所顧。陛下躬受宗社之寄，其輕重之際，豈兩君比哉！」[217] 是啊！奪權以破壞為主，可以不擇手段，沒什麼顧忌，比建設容易多了。奪權之時，指責別人這個不行、那個不行，許諾這個好、那個好，枕前發盡千般願，能將樹上小鳥哄下、打下就行，管他洪水滔天。守業就不一樣了，放個屁都是聖旨，舉國上下到處有記載，男女老少等著兌現，瞻前顧後，再怎麼也得裝裝斯文的樣子，那就「不敢不勉」了。套用某個句式來說──創業難，守業更難，中興難乎其難！

---

[215]　《中興聖政》卷12。
[216]　卜憲群：〈創業與守成：論西漢「文景之治」〉，《光明日報》2000年7月21日。
[217]　《續資治通鑑》卷140，〈宋紀〉140，8冊，P3739。

中國歷史上的帝王，多到難以統計。一種說法是從夏、商、周至清末的帝王，共 829 人，從秦始皇登基至溥儀退位則 494 人，其中造反稱帝約 100 人，封建割據稱帝約 60 人。朝代總數也多得難以統計，一般正統的計 25 個，也就是說，至少有 25 個較像樣的開國帝王。而自夏以來 4,000 多年中，中興之世僅 15 個，涉及帝王 18 人，大大低於開國皇帝數。難怪評論家會說：「在中國古代，『開國』其實沒有什麼了不起，隔個幾十、幾百年，就有人會來開一下國，連蒙古人、滿人都能來開一下。」[218] 在戰亂時，比如王莽、劉秀們混戰的那個時候，隔個幾天、幾個月，就會有人來開一下國。

打個不雅的比方：強姦也能生孩子，精神病患者也能生孩子，窮到當乞丐、討飯吃也能養大孩子，但要培養一個身心健康的後代，就遠沒那麼容易了。世人都說培養一個貴族至少得三代！孔丘是「野合」出來的，而孔子千年、萬年難成一個。

◎ **中興之奧祕**

全覽中華民族歷史上 15 次有名分的「中興」，最深的印象是什麼？

我最深的印象，簡而言之，是現在已變得有點過於普通的兩個字——改革。

治國與開國有諸多不同。托克維爾說：「戰士之後便是立法者。戰士志在破壞，立法者專於建設。」[219] 開國重在破壞舊世界，好比拆一棟舊樓，我們很容易看到一群工人帶著鐵鎚去敲，講點技術，就用挖土機去挖，頂多利用「爆破」，幾天了事。而要建一幢美麗的高樓大廈，那就複雜多了。得換一大批專業技術人員，從畫設計圖到竣工、驗收都很講究，

---

[218]　俞天任：〈歐洲的王室為何能存續千百年〉。

[219]　［法］托克維爾：《民主在美國》（*Democracy in America*），曹冬雪譯，南京：譯林出版社，2012 年，P5。

一、改革成功的典範

想快也快不了。自古有言:「文安邦,武定國。」從以武為主,到以文為主,就得改革,就得轉型。沒有改革,繼續依靠那些鐵鎚、挖土機與爆破,斷然建不起高樓大廈。

開國無不是草創。劉邦西元前 209 年起事到前 202 年正式立朝登帝,頭尾總共才 8 年,其間不停征戰,生死未卜,不可能有太多時間考量體制問題,只能以繼承前朝為主。李淵從起兵到登帝不到一年時間,「徒知得之之易,不知隋失之之不難也」。曹操的理想只是當郡守,蕭道成遺言還強調「吾本布衣素族,念不到此,因藉時來,遂隆大業。」[220] 楊堅雖然早年從政,但篡為自己江山的想法不可能太久。秦始皇的體制看似橫空而出,其實不過是百年前商鞅變法的推廣,倒不是「草創」。所以,王朝之初都有如嬰孩,不可能完美。

改革相對於「革命」。革命指變革他人的「天命」,即改朝換代。改革則一般指本朝代的自我改良。

改革並非新詞,至少可以追溯至《後漢書》:「覆試之作,將以澄洗清濁,覆實虛濫,不宜改革。」《後漢書》距今 1,500 多年。其同義詞、近義詞還有不少,例如:

變法。如《商君書》:「今吾欲變法以治,更禮以教百姓,恐天下之議我也。」

變革。如《禮記》:「立權度量,考文章,改正朔,易服色,殊徽號,異器械,別衣服,此其所得與民變革者也。」

更化。如《漢書》:「為政而不行,甚者必變而更化之,乃可理也。」

維新。如《詩經》:「周雖舊邦,其命維新。」

革故鼎新。如漢魏伯陽《周易》:「御政之首,鼎新革故。」

---

[220] 《南齊書》卷 2,〈本紀〉2,16 冊,P26。

為了更能審視歷史上的中興，在接下來的討論中，將不囿於中興時期的改革，不拘限於帝制時代，也不拘泥於中國。《全球通史》(*A Global History: From Prehistory to the 21st Century*) 作者、美國當代著名歷史學家斯塔夫里阿諾斯 (Leften Stavros Stavrianos) 說，他是「站在月球上看世界歷史的」。比照來說，我們看中國歷史則當立足於世界。或者說，看中國歷史，最好能放在同期世界歷史的背景之下。美國著名政治學家和社會學家利普塞特 (Seymour Martin Lipset) 有句名言：「只懂一個國家的人，他實際上什麼國家都不懂。」[221] 這句話意思是說，需要經過「見山不是山」的階段，才能使「見山又是山」成為一個境界。

　　改革是一項古老而又常新的事業。可以說，人類社會的歷史是一部改革史。從原始社會到如今，何如天壤之別！歷經無數次各方面的改革，一點一滴改進而來。從採集、狩獵經濟到農牧業，從亂婚、群婚到配偶制……可謂不自覺的改革，而盤庚遷都等等，則無疑是自覺的改革。特別是春秋戰國時期，從西元前426年魏國開端，至前316年燕國，這110年間，還有楚國吳起變法、齊國鄒忌變法、韓國申不害變法、秦國商鞅變法等，所有諸侯國先後都進行了大改革。燕國改革最晚、最不自覺、最不徹底，所以最早被滅。秦國改革不是最早，但「商君雖死，其法未敗」，從惠文王至秦始皇接連5代改革不止，沒有出現其他六國那樣變法與廢法反覆停頓，而堅持最長，改得最徹底，所以由一個被眾鄰看不起的野蠻小國，迅速變成一大強國，並最終統一六國。

　　改革可謂一國強盛的必經之路。每個政權的創立都倉促，各項制度不可能完美。經過一個時期實踐，或久或不久，都會出現一些問題，或大或小，必須改革。大問題大改，小問題小改。不改就生患，最終被積弊所吞噬。正如范仲淹所說：「歷代之政，久皆有弊。弊而不救，禍亂必生」，而

---

[221]　轉引自 [美] 彼得·圖爾欽 (Peter Turchin)：《歷史動力學：國家為何興衰》(*Historical Dynamics: Why States Rise and Fall*) 序，北京：中信出版社，2020年，P2。

一、改革成功的典範

「中國家革五代之亂,富有四海,垂八十年,綱紀制度,日侵月削」,現在「不可不更張以救之」。[222] 國家制度不完善,存在弊政,且會不斷遇到新問題,需要不斷及時改革,這是常態。那種老是吹噓體制多好,不需要改革,「述而不作」即可,倒不正常。專家學者指出:

> 縱觀人類社會歷史,包括社會主義在內的所有社會制度,都是不斷變化和經常改革的。從古到今,從中到外,不論哪個民族、哪個國家、哪個時代,其社會制度總是處於變化和改革之中。不是大變,就是小變;不是變好,就是變壞;不是自變,就是他變;不是因變好、變治、變強而興,就是因變壞、變亂、變弱而亡。[223]

美國憲法是世界上第一部成文憲法,榜樣只有2,000多年前的古希臘民主體制。但古希臘是小城邦,總共才四、五萬人,那樣小的地方,談民主當然容易。當時美國已有13州,這麼大一個國家,適合民主制嗎?沒有先例,不少人持疑。

托克維爾曾經專門到美國考察,寫有《民主在美國》一書,比他《舊制度與大革命》更受好評。他也認為:「人類歷史上尚未出現一個長期實行共和制的大國,因此可以說共和制大國這個模式是難以實踐的」,「一般而言,再沒有什麼比大帝國更不利於人類的幸福和自由的了」。且美國不是先有國家再獨立,那13州原本都是獨立或半獨立的邦,只因為向英國殖民者要求獨立才臨時聯合,勝利後思考要不要繼續作為一個國家。1787年,制憲會議討論了116天,一條一條投票通過,投了569次。投票後還有人不滿意,不肯簽字。爭議到1789年,即獨立戰爭勝利後第六年,法定建國日的13年後,該憲法前一部通過,美國政府才開始工作。但還得有「憲法修正案」,200多年來,已成功修改27項,平均每十來年改一項,另有6項

---

[222] 范仲淹:〈答手詔條陳十事〉。
[223] 苗楓林:《世界改革史》,濟南:山東人民出版社,1991年,P1。

未通過。這樣「結合大國和小國各自的長處，才創立了聯邦制」，並使合眾國憲法「就像一件由能工巧匠製造出來的美麗藝術品」。他們不圖表面「大團結」欺騙民眾，而有如俗話「先小人後君子」般，先爭吵個夠，通過後，再共同認真遵守執行。具體方面的改革也很多，例如羅斯福總統（Franklin D. Roosevelt）的口號「為美國人民實行新政」。這樣，才使美國「既像一個小國那樣自由和幸福，又像一個大國那樣繁榮和強大」。[224]

世界歷史上著名的改革，還有俄國農奴制改革、日本明治維新、二戰後聯邦德國政治改革等等。

改革有成功、有失敗，失敗多於成功，切不可忽略。779年唐代宗李豫去世，太子李適繼位。李適時年38歲，年富力強，且有雄心壯志，上任當月就罷梨園樂工300餘人，譴散宮女數百；詔皇陵從簡，禁宦官兵權；禁回紇人在京著漢服，罷榷酒收利。次年，廢除具有160餘年歷史的「租庸調」制度，改行「兩稅法」。這一系列改革，讓朝野大為振奮，紛紛稱頌李適為「中興之主」。可是才兩、三年時間，就被文官武將折磨得精疲力竭，特別是軍人發動「涇原之變」，李適倉皇而逃，重演「安史之亂」。李適不僅中興未成，反而變成一個昏君，惡政纍纍。又如嘉慶，上臺第二天就掀起打「大老虎」反腐風暴，人們也紛紛稱道「嘉慶新政」，卻不料倒退式改革，改了十幾年，變成「嘉慶中衰」。

政權危機之時，救世失敗成末世，成功則中興，不僅死裡逃生，而且開創新盛世。「**中興**」**是中華民族歷史上改革成功的典範。**

實際上，中華民族歷史上成功的改革遠不止本書這15次。「盛世」之類是歷史上陸續推出來的，沒有統一評選。對於商鞅變法，柏楊評價非常高，說「這是中國歷史上唯一的一次輝煌變法」[225]，《史記》描述商鞅

---

[224]　同注219，P97～101。
[225]　柏楊：《中國人史綱》上冊，P172。

變法「行之十年，秦民大說，道不拾遺，山無盜賊，家給人足。民勇於公戰，怯於私鬥，鄉邑大治」。[226] 這顯然是一幅「盛世」景象。西漢學者劉向還說，秦始皇「併諸侯，亦皆商君之謀也」[227]。由此可見，商鞅變法理當冠之以「中興」之譽，可歷史多是儒家寫的，儒家囿於歷史的偏見，視而不見。

然而，**中興往往淪為「迴光返照」的代名詞**。由於沒能堅持深化改革，徹底擺脫危機，正如俗話說「躲得過初一，躲不過十五」，無法鳳凰涅槃，無法實現真正的長治久安。歷史上的中興留給我們的教訓諸多，最沉痛的便是這條。西漢、明、清的末世，都是中興 20 餘年後便至，北魏在 30 餘年後，唐在 40 餘年後，西周則僅僅在 11 年後。

二、改革的王朝

視野放寬些，立足於中華民族歷史的高度來看，不少朝代之創，本身就是一大成功的改革，一大耀眼的中興！

王安石說：「夏之法至商而更之，商之法至周而更之。」[228] 據記載，西周初分封的諸侯國達 1,773 個。這麼多諸侯國弱肉強食，戰亂不已，「夫五霸，更三王者也；七雄，更五霸者也；秦兼四海，一切皆掃除之，又更七雄者也」。[229]

秦始皇吸取歷史教訓，不再分封，改行郡縣制。實際上，從此至清末，中國不再「分封建國」，而是「反封建社會」，即「中央集權社會」，只

---

[226] 《史記》卷 68，〈商君列傳〉，3 冊，P1766。
[227] 《史記集解》，P1770。
[228] 《臨川文集》卷 70。
[229] 惲敬：《大雲山房文稿・三代因革論一》。

由於某種原因，近幾十年習慣稱「封建社會」。不論叫法，秦始皇新行的政體是一大驚天動地的改革。可是，儒生淳于越公然反對，說周朝之所以長達1,000多年（其實，包括西東周也不到千年），得益於分封子孫和功臣。「如今皇上擁有天下，您子孫卻淪為平民，萬一有人發起叛亂，誰來相救？」[230] 顯然，淳于越的出發點為秦氏著想，只是太過迂腐。試想，古人如果真那麼偉大、古法真那麼靈驗，為什麼那些朝代作古而不延續迄今？如果「官N代」們真那麼可靠，哪來那麼多搶班奪權、弒君弒父？有目共睹的是，歷經數百年分封與被侵，到西元前256年，周王自己的地盤僅剩36村、3萬多人口，相當於今天一個鄉鎮，其他地方都是諸侯的，且相互間爭戰不已，不堪目睹。淳于越們對此卻視而不見，秦始皇能不生氣嗎？當然，「焚書坑儒」太過。柳宗元在〈封建論〉一文中指出，秦「失在於政，不在於制」。秦氏皇位很短，但秦氏體制極長。專家學者認為，秦始皇「對中國政治制度的變革卻是決定性的」，「代表著統治理論與實踐的巨大創新」，「帝制時代的歷代中國政府都只是它的進一步發展與完善」，並認為「在世界歷史上，也沒哪一個人能像他一樣在政府體制方面留下如此偉大而不可磨滅的印記」。[231]

然而，「以防弊之政，作立國之法」的改革[232]，有如翹翹板，這頭起來，那頭下；那頭起來，這頭下，不可能一勞永逸。鑑於秦之暴亡，劉邦在繼承秦制的同時，針對性地進行一些改革，如建國初實行「郡國並立」的雙軌制，即適當恢復分封制，將東部半個帝國分封給兒子及功臣，但其政權由國家官員掌管，各地繼續作為「郡」和「縣」，按秦制統治，既適當滿足軍事將領稱王、稱侯的欲望，又基本上保證了中央集權。

---

[230]　同注224，卷6，〈秦始皇本紀〉，1冊，P180～181，「殷周之王千餘歲，封子弟功臣，自為枝輔。今陛下有四海，而子弟為匹夫，卒有田常、六卿之臣，何以相救？事不師古而能久長者，非所聞也。」

[231]　[英] 薩繆爾‧E‧芬納：《統治史》卷1，P503。

[232]　馬永卿：《元城語錄》卷上。

二、改革的王朝

鑑於三國、東西晉及南北朝大亂，隋朝也大改革，實行六部制，避免權力集中於丞相；實行科舉制，唯才是舉，避免過度依賴「官N代」。

鑑於「安史之亂」後及五代十國軍閥作亂，北宋一開始便對開國功臣「杯酒釋兵權」，改而重用文官。對中央禁軍管理體制進行一系列改革，三衙鼎立，握兵權、調兵權與統兵權分開。趙光義認為：「外憂不過邊事，皆可預防。唯奸邪無狀，若為內患，深可懼也。」[233] 這認知不可不謂深刻，可謂血的教訓。現代世界先進國家，無不是文官政府，軍人在國內政治中保持中立。時不時傳出政變新聞的，無不是軍人勢力太強的落後國家。宋初改革總體是成功的，所以它不至於像五代時其他小國那樣短命。

忽必烈1271年建「大元」時，實行一系列「附會漢法」改革。自古至宋，都以前朝所賜爵位為國號，而非自稱，以示繼承前朝，具有正統。「大元」卻不同，語出《易經》「大哉乾元」，意為「元也者，大也。大不以盡之，而謂之元也，大之至者也」。超越古今，頗具秦始皇的氣度。

滿族從東北一隅入主中原，雖有大批貴族主張「率祖制，復舊章」，努力將外關的政治、經濟制度與思想觀念，原封不動地搬到關內。順治皇帝還是實行一系列改革，由尚武轉為尚文，要求「凡貪惡及不識字、縱信衙役劣員，作速指參」[234]，將目不識丁與貪腐相提並論。他們「漸習漢俗，於純樸舊制，日有更張」[235]，清初統治者踐行「以民為本」的儒家思想。1646年，江南大都尚未征服，便開科取士，首題「百姓足，君孰與不足；百姓不足，君孰與足」，次題「見而民莫不敬，言而民莫不信，行而民莫不說（悅）」。康熙意識到：「自古國家久安長治之模，莫不以足民為首務。必使田野開闢，蓋藏有餘而又取之不盡其力，然後民氣和樂。」[236] 正

---

[233] 同注217，卷16，〈宋紀〉16，1冊，P368。
[234] 《清順治朝實錄》卷57。
[235] 〈順治皇帝遺詔〉。
[236] 章梫：《康熙政要》卷19。

因為滿族統治者比蒙古統治者改革較多，從政治、經濟制度到價值觀念、意識形態都有所華麗轉身，所以比蒙古人成功得多，開創「康乾盛世」後又有「同光中興」。

或大或小，或多或少，或早或晚，幾乎沒有不改革的。面對剛覆亡的前朝，或者是從父皇、爺皇、叔皇那裡接過危機四伏的班底，還能蕭規曹隨嗎？如果那樣，別說復興，連繼續生存都成問題！

改革不是中興的充要條件，不能說只要一改革就能復興。但改革是中興的必要條件，沒有改革，可就沒有復興可言。

三、儒家與改革

有個海島，小孩每到 6 歲就必須鋸掉左腳。他們學校要求學生每天高呼 3 遍：「過去是單腳，現在是單腳，將來也要單腳！」原來，七、八十年前，有一艘遇難的海船，把十幾個男女丟在這個島上，食物不足，大家想吃人，又怕不道德，於是決定每人貢獻一隻左腳，既充飢又沒有吃人的良心負擔。這樣，大家都沒了左腳，覺得剩一隻腳好，反而覺得有兩隻腳很難看，因此形成為新生兒截肢的風俗。這故事的真實性無考，但至少可以作為一則寓言。或許出於偷懶的本性，人很容易跟隨、從眾，作繭自縛，不以為悲哀，反以為光榮，美其名曰「傳統文化」，想要破除，比形成還難。

有據可考的是滿族入關之初，強制漢人剃髮蓄辮，「留髮不留頭，留頭不留髮」，你自己選擇吧！需要如此以死相逼，可見人們多不情願。然而，經過 200 年奴化教育，辮子納入儒家「身體髮膚，受之父母」的觀念，漢人態度 180 度大轉變，竟然反對剪辮了。他們罵剪辮者是「假洋鬼子」，宣稱「吾頭可斷，辮不可剪」。被革命軍強行剪髮後，還哭著撿回去，說

要留著將來放進棺材。江南還有位頗著名的文人,著一篇〈駁剪辮文〉,頌揚「國初」辮子兵的神威,竟然博得一片喝采。直到 1912 年,清帝退位半年後,山東昌邑還發生一起屠殺案,沒剪辮子的村民,認為已剪辮子的 27 名鄉親忘了祖宗,把他們全都殺了。又如印度的「娑提」,婦女活活地與丈夫的屍體一同火化,英國殖民者要禁,印度婦女卻走上街頭抗議,直到 1987 年,印度才立法嚴禁「娑提」。由此可見「洗腦」多可怕!

姑且不論尚有學術爭議的夏商時期,儒家最嚮往的周公時代,也許可以說是中國最早、最成功的政治改革。此前,人們總認為「君權神授」、一成不變,王位是「鐵飯碗」,怎麼胡作非為,上帝都預設。周公不一樣,他認為上帝的任命不是終身制。周公著〈多士〉一文,強調周革商命是由於商人「大淫泆」,上帝「廢元命,降致罰」。商王「明德恤祀」的時候,上帝也「保乂有殷」。可是到紂王,「誕淫厥泆」,於是「上帝不保,降若茲大喪」,使商命終止。夏朝和商朝都因為道德淪喪才失去上帝寵愛,周朝絕不能重蹈覆轍。周公還提出:「天唯時求民主」,「民之所欲,天必從之」,「天視自我民視,天聽自我民聽」,從而把「敬天」、「明德」與「保民」三者連結起來。這實質上是一次政治文化的大變革。甚至「革命」一詞最早也出自儒家,讚揚湯武革命順天應人。

我覺得孔子總體偏保守,但不死板,他稱讚衛靈公為那個時代最賢的國君,並不因為他們夫婦生活作風問題,而否定他的政績。他由衷讚美改革家:「如果沒有管仲,我們恐怕要像野蠻人那樣披頭散髮、穿左衽衣裳了!」[237] 鄭國子產允許民眾在「鄉校」公開自由評議時政,保護原始民主,孔子也讚嘆:「以是觀之,人謂子產不仁,吾不信也。」[238] 在今天看來,孔子思想中仍然有開明的一面。如果沒有「改革開放」的精神,孔子

---

[237] 《論語・憲問》:「管仲相桓公,霸諸侯,一匡天下,民到於今受其賜。微管仲,吾其被髮左衽矣。」
[238] 《左傳》。

哪敢到十幾國去求職——圖謀幫外國「禮樂大治」——實現自己理想抱負的政治舞臺？顧立雅（Herrlee Glessner Creel）《孔子與中國之道》（*Confucius and the Chinese way*）一書，不僅將孔子視為教師、學者和哲學家，且設專章論他是改革者，並認為：「事實上，孔子倡導和促進了一場徹底的社會和政治革新，所以，他應被視為一位偉大的社會變革者」，對於貴族政治「這個制度的崩潰，孔子的貢獻大於任何人」。[239] 不過，我認為這評價值得商榷。但不管怎麼說，孔子比他千百年後的徒子徒孫們開明多了。任何一個真實的人都是多面的，而人們則熱衷於將人臉譜化、標籤化，特別是對塑造聖人來說。

「獨尊儒術」之後，中國人越來越保守。早在漢初，叔孫通建議採用儒學之時，就坦誠說：「夫儒者難與進取，可以守成。」[240] 孔子思想的核心是「克己復禮」，致力於挽救被時代拋棄的東西，而不是改革創新。他說：「三年無改於父之道，可謂孝矣。」父王死後 3 年不能改其政——當然是弊政，怎麼復興？按理，「三年無改於父之道」的擋箭牌，保守派可用，改革派有時也可以用用。趙頊與王安石君臣志同道合，人稱「上與安石如一人，此乃天也」。[241] 大臣總喜歡拿祖宗說事，說這不能做、那不能做。王安石則明確說：「不要說祖上，當今陛下就是祖宗！」[242] 這讓趙頊頓感輕鬆了許多。

唐五代之時，「儒生中通變者鮮矣！」[243] 雷海宗說：「宋明理學興起，少數才士或有發揮。多數士大夫不過又多了一個虛偽生活的護符而已。」[244] 民間笑話「寧可溼衣，不可亂步」，並不是空穴來風。清初某理學先生，

---

[239]　《孔子與中國之道》，P1。
[240]　同注 224，卷 99，〈劉敬叔孫通列傳〉，3 冊，P2101。
[241]　李燾：《續資治通鑑長編》卷 215，9 冊，P5238。
[242]　《宋會要輯稿·帝系》4，「上曰：『當以祖宗為限斷。』安石曰：『以陛下身即是以祖宗為限斷也。』」
[243]　孫光憲：《北夢瑣言》卷 7。
[244]　雷海宗：《中國文化與中國的兵》，P187。

三、儒家與改革

平時走路總是又方又正,一步三搖,斯斯文文。有天突然下雨,這先生也慌了,不知不覺跑了幾步,又覺察有失身分,連忙回到起跑的地方,重新大搖大擺地走,貽笑大方。還有一位理學先生也是這樣,讓旁人看了大笑,還慌忙掏銀子賄賂人不要說出去。這樣的知識分子當官,會有什麼樣的作為?可想而知。

董仲舒主張:「天不變,道亦不變。」可是鴉片戰爭後,天翻地覆了,儒家仍然不肯支持變革。學者痛心疾首地寫道:

> 當西歐各國在資產階級領導下,建立民主共和政體的時候,中國卻仍然在侈談君君臣臣、父父子子,更加強化和突出封建專制主義的地位……反映了清代政治制度在總體上的陳腐落後。[245]

直到清朝末年,一大群著名儒士還在那裡瘋狂地反對改革開放。如蒙古族理學大師、同治皇帝的老師倭仁,反對新式教育,說:「根本之圖,在人心不在技藝,尤以西人教習為不可」[246];另一位漢族理學大師、同治皇帝的老師徐桐,家住北京外國使館區東交民巷附近,稱是「與鬼為鄰」,每天上班繞道而行,遇洋人,用扇子遮臉,聲援義和團,呼籲對外宣戰,甚至叫囂「寧可亡國,不可變法」。再如滿族禮部侍郎剛毅,雖然有過為楊乃武與小白菜冤案平反的善舉,卻瘋狂對外主戰,並主張罷黜光緒皇帝,「寧贈友邦,勿與家奴」,那著名的賣國論調,就是他說的。學者描述:

> 那時候,中國官場的靈魂,無視已經日漸開化的世界,還沉浸在昔日帝國的榮光中,儘管儒學已經崩潰,但朝政還被那些迂腐發臭的八股氣緊緊包裹著,孔子仍然是不可侵犯的聖人。這個已經死了幾千年的人,一言半語,仍然對這個國家的政治秩序發揮深刻的影響力。[247]

---

[245]　白鋼:《中國政治制度史》下冊,P886。
[246]　《清史稿》卷391,〈倭仁傳〉,10冊,P7848。
[247]　傅野:《國家救贖》,福州:福建教育出版社,2013年,P209。

让我们再读一段美国记者 1876 年 2 月 20 日写的一段新闻述评：

> 我们从清国人那麻木、呆板的面孔上，看不到任何的想像力。他们的面容，从未闪现出丝毫幻想的灵光。他们并非弱智，也不乏理性，但就是没有创造性。在人类智力发展的过程中，他们是世界上最教条、最刻板的人。个人如此，整个民族更是如此：冷漠，很难脱出既有的规章制度，缺乏进取心，厌恶一切创新和改革。汉民族的这种特性，就好像是与生俱来、深入骨髓的。他们实在不应该是这样啊！[248]

今天读来仍然感到一种震撼。我尤其赞同：「他们实在不应该是这样啊！」你想想，春秋战国时代的汉人，那么生动活泼，勇于改革，善于创新。可是，随着「独尊儒术」，特别是在专制达顶峰的时期，却变成「世界上最教条、最刻板的人」，你说多悲哀？善于解剖国民性格的鲁迅叹道：「中国太难改变了，即使搬动一张桌子，改装一个火炉，几乎也要血；而且即使有了血，也未必一定能搬动，能改装。」[249]

海耶克说：「长远而言，是观念，因而也正是传播新观念的人，主宰着历史发展的程序」，「社会发展的总方向，是使个人从他从事日常活动时束缚他的那些习惯和成规的羁绊中解放出来」。[250] 没有思想的解放，没有观念的更新，历史就不可能会有实质性的进步。也正因为如此，帝国时期总要「独尊儒术」，以束缚人心，稳定统治，而不惜国家与民族的停滞。

---

[248]　傅野：《国家救赎》，福州：福建教育出版社，2013 年，P209。
[249]　鲁迅：《坟·娜拉走后怎样》。
[250]　[英] 弗瑞德吕希·奥古斯特·冯·海耶克：《到奴役之路》(*The Road to Serfdom*)，王明毅、冯兴元等译，中国社会科学出版社，1997 年，P42。

第二章
帝王與臣民

一、帝王要有「定志」

改革與革命最根本的不同，在於革命是變革他人職掌天下的「天命」，而改革是統治者對本朝制度的自我革新、完善。革命的主角是造反者，改革的主角是當朝帝王。

(一) 改革需要持十之以恆

開國帝王往往自以為新制度非常完美，可以傳之萬萬世。有的帝王還明確要求子孫後代不許變更，例如劉邦的「白馬之盟」，規定今後如果出現「非劉氏而王者，天下共擊之」[251]，不許後人對此加以改革。最甚者數朱元璋，他在《皇明祖訓》序中斬釘截鐵地寫著：「凡我子孫欽成朕命，無作聰明，亂我已成之法。一字不可改易。」後世也有些帝王霸道得很，自以為發明了「永動機」般的制度，苛求他的子孫不許更改。例如康熙五十一年（1712年）宣布，將丁銀稅額固定，以現行錢糧冊內有名丁數作為定額，永遠不再增減。永遠不加人頭稅，說起來自然有它的積極意義，可實際上難以執行，後世只能名義上傳承「永不加賦」政策，變換名目加以改革，衍生出「火耗」之類的弊端，不得不創新「攤丁入地」，總體還是加了賦。這類苛求，實際上是給後代預戴上枷鎖，束縛了國運的發展。開國創世是一時之事，改革發展則是長遠之事。

社會是不停發展、變化著的，俗話說「人算不如天算」，聖人也難以準確地預測身後的發展變化。後世如果真的嚴格恪守祖制，刻舟求劍，寸步難行。劉邦之後沒多少年，劉徹就覺得：「漢家庶事草創，加四夷侵陵中國，朕不變更制度，後世無法。」[252] 後世帝王應該都有類似劉徹的這種

---

[251] 《史記》卷9，〈呂太后本紀〉，1冊，P286。
[252] 《資治通鑑》卷22，〈漢紀〉14，2冊，P844。

感受,只不過不敢坦承而已。甚至墨跡未乾,開國帝王就不得不改革自己的政策。朱元璋對宦官有清楚的認知,開國不久便指出:

> 吾見史傳所書,漢、唐末世,皆為宦官敗蠹,未嘗不為之悗嘆。《易》稱:「開國承家,小人勿用。」其在宮禁,止可使之供灑掃、給使令而已,豈宜預政典兵。漢、唐之禍,雖宦官之罪,亦人主寵愛之使然。向使宦官不得典兵預政,雖欲為亂,其可得乎?[253]

這話說得多好,罪在宦官,根在皇帝!如果皇帝不給宦官權力,宦官即使想作亂,有可能嗎?為此訂三條規矩:一是在宮門立一塊鐵牌,上面寫著「內臣(即太監)不得干預政事,預(違)者斬!」;二是要求「內臣不得識字」;三是太監不得參加宮宴。然而,朱元璋很快違背自己定下的戒律。朱元璋取消宰相職位,直接面對六部尚書,將權力集中到自己手上。皇帝與尚書之間的關聯,在外是內閣,在內就是宦官。不知不覺中,宦官的權力變大。朱元璋經常派宦官出國詔諭,或派他們到國內各地考察稅收,參與政治。他的子孫更是將相關的規章制度拋到九霄雲外。朱元璋這種改革是一種倒退,反而誤了子孫。另當別論,這裡只是藉以強調:他自己也無法保證一時之策能正確多久。

出於某種原因,有些帝王口頭上不願意承認祖宗之制遇到了新問題。或出於「家長」的責任感,或出於建功立業,多數帝王還是想主動改革完善。劉徹就有一種「朕不變更制度,後世無法」的強烈責任感。更早的趙國,他們雖然在兄弟分家中占便宜最多,但在對外競爭中,仍然顯得力不從心,何況與東胡、匈奴、林胡等北方游牧族為鄰,境內還有鮮虞人的中山國,武靈王上任之初就吃了一連串敗仗。武靈王欄杆拍遍,從軍裝小細節發現大問題。漢族服裝峨冠博帶,顯得高貴,騎馬就糟了,一上馬就露膝蓋,就會受凍,到北方根本吃不消,不適應與北方游牧族作戰。所以,

---

[253] 谷應泰:《明史紀事本末》卷14,P198。

武靈王大膽決定向敵人學習，引進胡服，摒棄笨拙的「戰車」，改跟敵人一樣，騎在馬上、靈活作戰。

改革的主要反對派在統治者內部，甚至可能是自己的父輩，或兒孫。「胡服騎射」的改革思路一亮相，群臣立即敏感起來，聯想到「華夷之變」，強烈反對。散會後，武靈王單獨召見元老肥義，先疏通他的思想，獲得他的支持。然後藉一次遊覽機會，動員另一位大臣樓緩，也獲得支持。於是，他們三人率先穿胡服上朝。武靈王的叔父公子成氣壞了，當場站出來反對，稱病罷朝。武靈王派官員上門勸說，公子成還斥責「襲遠方之服，變古之教，易古之道，逆人之心」，扣了一堆大帽子，但沒一點實質性東西。[254] 趙武靈王忍聲吞氣，親自上門，耐心開導：

先王不同俗，何古之法？帝王不相襲，何禮之循……諺曰「以書御者不盡馬之情，以古制今者不達事之變」。循法之功，不足以高世；法古之學，不足以制今。[255]

只憑書上的知識，不可能完全了解馬的性情；古代的禮法不可能完全適應當今時事的變化。這話在 2,000 多年之前，就是人盡皆知的民諺，但在我們今天讀來，猶覺得振聾發聵。聽了這番話，公子成終於想通。第二天，他們 4 人著胡服上朝。但仍有趙文、趙造等大臣反對，武靈王又逐一駁斥。最後，仍然有趙燕頑固反對，武靈王不客氣了，派人上門警告：「繼續穿舊服，就是逆主，罪莫大焉！」趙燕這才嚇得不敢再反對。

這樣，武靈王正式下令全國改著胡服，後續就順利了。同時還有「騎射」改革，模仿胡族騎兵訓練和裝備，組建自己的騎兵部隊，大大提高軍

---

[254] 同注 251，卷 43，〈趙世家〉，P1468，原文「臣聞中國者，蓋聰明徇智之所居也，萬物財用之所聚也，賢聖之所教也，仁義之所施也，《詩》、《書》、禮、樂之所用也，異敏技能之所試也，遠方之所觀赴也，蠻夷之所義行也。今王捨此而襲遠方之服，變古之數，易古之道，逆人之心，而怫學者，離中國，故臣願王圖之也。」

[255] 同上，P1470。

隊的戰鬥力，成為戰國後期唯一可與秦抗衡的強國。梁啟超為他立傳，將他與秦始皇、漢武帝相提並論，與俄國彼得大帝媲美，題為《黃帝以後的第一偉人——趙武靈王傳》。

趙武靈王、秦始皇、劉徹等人對歷史與現實認知之深，那種使命感，那種急切的心情，是當時其他人無可比擬的。

(二) 帝王的改革之心

然而，帝王面對改革祖宗之制、改革實施後在朝野引起強烈反應的心態，是異常複雜的。任何帝王所面臨的局勢，乍看有歷史的相似性，但冷靜細思，又會發現更多的不同，也就不免感到無所適從。王夫之評論宋仁宗趙禎，說他執政 30 年，雖然努力改革，但一會兒這樣、一會兒那樣，不能堅持始終，官民無所適從，整天像鷙鳥一樣伸長脖子期望著什麼，因為皇上「無定志」[256]。

「特殊利益集團」並不是一成不變的。因此，應當區分改革之前「舊的利益集團」，與改革之後「新的利益集團」。帝王「無定志」，由他們尷尬的角色所決定：既是舊的利益集團總頭目，又是新的利益集團總代表，所以在變法中，往往患得患失，飄忽不定，難有堅定者。因為風險，如果不是迫不得已，他們一般選擇當個「啃老族」，美其名曰「守成之主」，將弊政粉飾為鮮花，擊鼓傳下去。

常常是弊政擊鼓傳花傳不下去了，帝王才可能勉強同意改革。改革順利，千好萬好，但這種情形幾乎沒有。他們一般不大可能真正否定前任，因為改革的是漢室，刷新的也是漢室，而不可能改革漢室，刷新的卻是唐室。所以，一般只能將汙損的、破殘的四壁粉刷、油漆一下，而無法輕裝

---

[256] 《宋論》，「計此三十年，人才之黜陟，國政之興革，一彼一此，不能以終歲。吏無適守，民無適從，天下之若鷙若鷺、延頸舉趾、不一其情者……夫天子之無定志也，既若此矣。」

上陣，包袱比蝸牛還重。

一個謊言得用十個謊言去圓，舊的包袱沒卸下，又不斷加上新的包袱。長此以往，總有一天背不動、改不動的時候，人民也由體諒、無奈變成憤慨。這就是越到後期，改革越難成功，而讓革命超越的原因。

諡號是後人評的，有好、中、差之分。可是你看那些惡諡，除了後一個朝代評給前一個末代皇帝的，如周幽王、漢哀帝、隋煬帝等極少數，有幾個是本朝評給前任的？朱由校那麼糟糕，幾乎找不出什麼他做的好事，諡號十幾個字當中，卻沒一個字眼不好。既然前任如此之好，還可能留什麼弊政呢？甚至對前朝末代皇帝也不惡諡，如元順帝、明思宗。雖然江山易姓，那把漂亮的龍椅得繼承享用。

被改革者 —— 即改革的最大獲利者 —— 這在邏輯上陷入一種悖論。由於不能跟過去切割，往往也就「慶父不死，魯難未已」。

皇帝不昏庸，奸臣怎麼可能當道？奸臣當道了，皇帝怎麼可能不昏庸？然而，政客不這麼看。朱由檢粉碎魏忠賢「閹黨」集團，照樣奉朱由校英明偉大，好像魏忠賢是元朝潛伏下來的特務；嘉慶打了和珅大老虎，照樣奉乾隆英明偉大，好像和珅是明朝培養提拔的。他們眼裡只有奸臣替罪羔羊，沒有先皇罪魁禍首。只要登上皇帝寶座，就只有大好與小好之分，而沒有糟與罪可言。如此，濫殺無辜無損於光輝形象，沉湎後宮幾十年也是機密。趙佶玩物喪志，玩丟了江山和自己的性命，其責任被歸咎於百年前變法的「奸臣」王安石，趙佶所得諡號為「體神合道駿烈遜功聖文仁德憲慈顯孝皇帝」，堆砌的也都是好詞吧？這就注定了他們即使改革也不可能徹底，更不可能圓滿成功。

改革遇到小阻力，帝王一般也能支持。唐文宗李昂改革禁軍的衣食供應，宦官仇士良說是宰相李德裕搞鬼，威脅要挑動軍人鬧事。李昂怒斥仇

士良:「草稿沒有這一項,朕要求加上的,有什麼錯嗎?」[257]皇帝攬責了,仇士良自然不敢再有意見。秦檜死時,有人非議,想撕毀和平協議,趙構連忙公開辯護,說與金求和那是他的指示,誰還敢說三道四?甲午戰爭北洋艦隊全軍覆沒,宣告「洋務運動」改革失敗,李鴻章一時陷入人人皆曰可殺的地步,幸好握有實權的總理恭親王挺身而出,在寫給光緒和慈禧的檢查書中辯護:「中國之敗,全由不西化之故,非鴻章之過。」[258]李鴻章躲過一劫,不禁感慨:「受盡天下百官氣,養就心中一段春。」正因為留有一段春,李鴻章撐著風霜刀劍般的「百官氣」,繼續為國盡心盡力當好「裱糊匠」。但是像這樣堅定的支持,史上不多。

要是遇到大阻力,對不起,他們首先得保皇位,讓大臣當替罪羔羊。「仁宗之治」時,盛世中潛伏危機,相對來說不太嚴重。趙禎使命感很強,主動想解決弊政,要求范仲淹開列當務之急。范仲淹不失理智,認為「久安之弊,非朝夕可革」,所以「始未奉詔,每辭以事大不可忽致」。趙禎一再派人催促,朝野輿論壓力增加,范仲淹這才上呈著名的改革方案〈答手詔條陳十事〉,付諸實施。結果,遭到舊的利益集團強烈反對,指責范仲淹等人組織「朋黨」。鑑於歷史教訓,宋朝皇帝最忌武將領兵與文官結黨這兩條線。范仲淹被指責組織朋黨,趙禎嚇一跳,頭馬上縮回去,停止改革,並罷范仲淹等人的官。張居正,需要他主持改革之時,萬曆「奪情」,並親自做大臣們的思想政治工作,強壓非議;等他死了,沒用了,再面對非議,萬曆翻臉不認人,親自下令抄他家,削盡原來的嘉獎,以罪示天下,家屬或餓死,或流放,曾經跟隨的官員,有的削職,有的棄市。如果不是社會輿論強烈譴責,迫害還不知到什麼地步。

如果是下一任,那可能更糟!秦孝公深切感到「諸侯卑秦,醜莫大焉」,

---

[257] 同注 252,卷 246,〈唐紀〉62,P10456,「敕書初無此事。且敕書皆出朕意,非由宰相,爾安得此言!」
[258] 《近代中國史料叢刊續編》第 70 輯,臺北:文海出版社,1980 年,P5064。

便懸賞「有能出奇計強秦者，吾且尊官，與之分土」。衛國的商鞅被感動，或者說被誘惑，不遠千里來投奔，主持變法，使秦國後來居上，連秦始皇後來「併諸侯，亦皆商君之謀也」。改革之功與改革之力成正比。商鞅變法更激烈、更徹底，得罪舊的利益集團也更多、更嚴重。太子觸犯新法，商鞅抱怨：「新法不能順利推行，就因為高層有人帶頭犯法。如果真想推新法，必須從太子開始。太子不可受黥面酷刑，可以由他的老師代受。」[259] 秦孝公支持，依照新法懲罰太子，讓他老師公子虔代太子受刑，秦國人很快變得認真遵守新法。3年後，公子虔自己又觸犯新法，被判劓刑。為此，公子虔懷恨在心，只因秦孝公還活著，得留點面子給他，商鞅暫時無恙。秦孝公很開明，不僅兌現早年「吾且尊官，與之分土」的諾言，將今陝西商州、今河南內鄉之地15邑分封給商鞅，尊號「商君」，且要把王位讓給商鞅——當然不敢接受。秦孝公不久死了，19歲的太子繼位，即秦惠王，閉門8年的公子虔等人馬上跳出來挑撥，說：「今秦婦人嬰兒皆言商君之法，莫言大王之法。」於是，秦惠王發逮捕令。商鞅只得聞風而逃，但很快被抓，結果車裂示眾，並被滅全族。

有幸的是，秦惠王對人不對事，報復商鞅個人，但並不反對商鞅所主推的改革事業。這樣，改革得以繼續，秦國也持續變強，在國際社會的地位很快好轉。史稱：「惠文君元年，楚、韓、趙、蜀人來朝。二年，天子賀。三年，王冠。四年，天子致文武胙……」[260] 一年一個腳印，步步向前。他在位27年，成為秦國第一位君王。

秦惠王的接班人也如此，人亡政不息，改革大業代代相承。商鞅之後約百年，大儒荀子到秦國遊歷了幾天之後，大談他的所見、所聞與所感：

> 秦國關塞險要，地形便利，山林河谷很好，物產豐富，這是地理優

---

[259] 同注251，卷5，〈秦本紀〉，P147，「法之不行，自於貴戚。君必欲行法，先於太子。太子不可黥，黥其傅師。」

[260] 同上。

勢。步入其境，觀察其風俗，百姓純樸，音樂不淫邪，服裝不怪異，對官吏順從，很像古時候的人民。再說其官府，百官嚴肅認真，無不恭敬勤政、敦厚誠信，很像古時候的官吏。進入其都，觀察其士大夫，他們走出家門進入公門，走出公門回到家中，沒有個人的私事，不拉幫結派，無不明達而公正，很像古時的士大夫。再看其朝廷，退朝的時候，各類政事處理得清清楚楚，毫無積壓，可以安閒得無所牽掛，很像古時候的朝廷。所以，他們四代人代代取勝，並非僥倖，而有其必然。這就是我所看到的秦國現實。古人說：「安逸而得治，簡約而周到，不煩而有成效，這是國家治理的最高境界」，秦國現在就是如此。[261]

荀子讚不絕口，這顯然是一派盛世景象。秦始皇初期，也類似。秦統一後行千古之制，空前強大，看似從天而降，其實只是從秦孝公開始，幾代秦國王公堅持不懈地改革、創新，以及其他諸侯國改革、創新的集大成者。

由此可見，要徹底改變一個國家，實現從弱到強，從諸侯都看不起，到四方來賀，光靠一代帝王不夠，還得一代又一代帝王傳承這種「定志」。

我們再討論一個反例。北宋堪稱改革的時代，不乏注重改革的皇帝，但就是沒有秦國那樣的改革「定志」。仁宗趙禎之後，神宗趙頊重拾改革的大旗，儘管他有所妥協，同意改革家王安石退休，但對王安石的敬重，以及繼續推進改革事業，至死不變。趙頊死後就糟了，繼位的哲宗年僅10歲，由其祖母太皇太后高氏臨朝聽政，而高太后一向反對新政，於是反對派迅速雲集而去。神宗屍骨未寒，司馬光不敢非議神宗，就上書指責王安石「以己意輕改舊章，謂之新法」，要求廢除保甲法、免役法、將官

---

[261] 《荀子·強國》，原文：「其固塞險，形埶便，山林川谷美，天材之利多，是形勝也。入境，觀其風俗，其百姓樸，其聲樂不流汗，其服不挑，甚畏有司而順，古之民也。及都邑官府，其百吏肅然，莫不恭儉、敦敬、忠信而不楛，古之吏也。入其國，觀其士大夫，出於其門，入於公門；出於公門，歸於其家，無有私事也；不比周，不朋黨，倜然莫不明通而公也，古之士大夫也。觀其朝廷，其間聽決百事不留，恬然如無治者，古之朝也。故四世有勝，非幸也，數也。是所見也。故曰：『佚而治，約而詳，不煩其功，治之至也。』秦類之矣。」

法等。高太后一拍即合,即復司馬光為門下侍郎(副宰相),開始清洗新黨人物,復職舊黨大臣。如同當年轟轟烈烈推行新法,現在轟轟烈烈罷除新法。這同樣引起很大爭議,連舊黨人物也紛紛表示反對。如蘇轍直接批評司馬光:「忠信有餘,而才智不足,知免役之害而不知其利。」參政知事范純仁是范仲淹的次子,司馬光最親密的朋友,也反對全盤推翻免役法,建議先拿一個州試點,慢慢探索更好的政策,遭斷然拒絕。在廢除新法方面,司馬光表現得比王安石還更「執拗」……

如果高太后與他的重臣終結改革能解決朝政危機也罷,問題是朝政危機更加惡化,如同一個重病者出醫院之後仍然臥床不起,日甚一日。繼任者不堪目睹,只好再舉改革大旗。高太后死後,宋哲宗趙煦親政,恢復新法,罷舊黨人物,還列了一份名單,以司馬光為首共309人,基本上都是反對王安石變法的。可是新黨內部分裂,新法改革又大受影響。徽宗趙佶還用他那手漂亮的「瘦金體」,親書那份名單,並刻寫上石碑,史稱「元祐黨籍碑」,分別樹於內府端禮門與文德殿外東牆上,以示繼續改革的決心。然而,1106年正月某日,一道霹靂將「元祐黨籍碑」劈為兩半,這就將趙佶的改革之志嚇退了。趙佶慌忙罷了主推改革的蔡京宰相職,且「旬日之間,凡京所為者,一切罷去」[262]。

現實問題又逼迫趙佶不可放棄改革,於是他表現得比趙禎更「無定志」。同年底,便有復用蔡京之意;第二年正月,正式恢復蔡京之職,還拜為太師,並復置醫學,復行方田等方面的改革。可是1109年,再罷蔡京,並令不到當時法定退休年齡的他退休。1111年六月,再復蔡京太子太師,九月下詔,充分肯定蔡京的鈔法、茶法和鹽法。次年復行方田、鹽法等改革,復置算學、醫學等,並正式復蔡京宰相之職,隨後還有很多次反反覆覆。有些大臣攻擊「時蔡京大興工役,民不聊生,變亂法度,吏無

---

[262]　曾莉:《蔡京年譜》,桂林:廣西師範大學出版社,2020年,P185。

所師」，趙佶聽多了，不能不有所信，又變得「亦惡京專」，1125 年再罷蔡京，而這時國勢也差不多到頭了。當然，蔡京的個人品性也有問題，那是另外的話題。

如果北宋皇帝的改革不是這般「無定志」，大宋的國運是不是可能不一樣？

二、朝野要有共識

改革是利益格局的調整，絕不可能像遊戲那麼輕鬆愉快。即使玩撲克牌，也常鬧得不歡而散呢！所以，要充分重視反對、抵制、扼殺改革的勢力。

(一) 利益集團究竟多大

堯舜時代「天下為公」，後來變為「家天下」。「封建」意即「封土建國」，指帝王把他直接管轄的王畿以外的土地，分封給諸侯。天子按爵位高低，將領土分封給宗室或功臣，讓他們索取那裡的土地收入，並在那裡行使政府職權。然後從諸侯、卿大夫到士，層層分封。西周社會分 3 個層級：一是周王 —— 諸侯國君，二是諸侯國君 —— 卿大夫，三是卿大夫 —— 家臣。這種等級關係，實際上相當於一個大家族，輩分、長幼、嫡庶系列分明。相傳這種制度從黃帝開始試行，周大力推行，至秦被中央集權制取代（之後雖然還有，但性質不同）。歐洲的中世紀、日本 8～19 世紀，也曾實行類似制度。

秦之後的帝制時代，照樣得「利益分享」，只不過形式與對象不同而已。不只是帝王的兒孫，還有他的妻妾公主，還有他的皇族以及臣僚，都

需要利益分享。這樣，形成一個越來越龐大的利益集團。專制與民主的差別是什麼？也許可以這樣比方：將搶來的贓物自己分了，以一個強盜替代另一個強盜，就是專制；將奪回的贓物歸還原主——人民，行使警察職能，是現代民主體制。

漢哀帝劉欣不愛女人，專心寵一個帥哥董賢。董賢的待遇僅次於皇帝，還封為高安侯，食邑 1,000 戶，不久增封 2,000 戶，賞錢多達一兆。事後抄查他家財產，高達 43 億，而當時國庫存錢僅 80 多億。大臣紛紛反對，直言：「天下貢獻，當奉養一國之君，如今卻盡奉董賢，順天意和民意嗎？」劉欣不僅沒收斂，反而假託太后遺詔，要再增 2,000 戶，並提拔董賢為大司馬——類似現代武裝部隊總司令。劉徹不惜代價征匈奴，據說原因之一就是為了外戚李廣利獲軍功，因為當時要求「非功臣不封侯」。

在「國本之爭」中，萬曆輸了，沒能立他寵愛的兒子朱常洵為接班人。為了補償，撥給朱常洵封地洛陽修建費多達 28 萬兩，超過祖制規定 10 倍。賜給良田 4 萬頃，一個河南不夠，得從相鄰的山東與湖廣劃撥，多到朱常洵不敢接受，再三請辭，改為 2 萬頃，仍然是個驚人的數字。萬曆生怕這個寶貝兒子窮困，還時不時加贈。如特賜每年銷售 1,300 引淮鹽的執照（1 引相當於 200～250 斤），為此，河東一帶不許別人賣鹽，導致國家鹽稅減少，進而影響邊關軍餉。

從明初朱棣開始，這方面已有所改革，宗親俸祿基本上都減半發放，到中晚期，很多遠支的宗親，財政也不供養了，但因為近支的宗親數量仍在不斷擴大，宗親爵位不降，國家財政還是不堪重負。

那麼，朱常洵這樣的宗室有多少呢？僅說居山西的慶成王朱鍾鎰，他子女 94 人，孫子 136 人，曾孫 510 人，加上他們的妻妾，整個慶王府成員達 1,000 多人。據粗略推算，明宗室人數每 30 年左右增加一倍。朱元璋開國時，家庭成員 58 人，到 1533 年，增至 1.9 萬餘人，明末近 100 萬。

整個明朝時期，官員薪資都很低，皇子皇孫的所有消費卻由國家財政支付，10歲開始不工作而領薪資，封王後年薪是最高官員的近7倍，此外，還像朱常洵那樣，常有臨時封賞。從中期開始，很多地方正常的財政收入還不夠養宗室。如河南，年財政收入84萬石，而供應王爺需192萬石。何況在「合法收入」之外，他們還要巧取豪奪。成都周圍11個州縣，王府占田70%，軍屯20%，民間（包括農民與小地主）不過10%。這就不難理解，為什麼一鬧天災會有那麼多災民→飢民→流民→暴民。

由此也不難理解，為什麼一個個王朝，到中後期都得進行反土地兼併之類的經濟改革。其實，換個說法，就是貧富差距問題，這迄今仍是世界性難題。國際上通用「吉尼係數」（Gini coefficient）衡量一個國家的收入差距，係數最大為1，表示居民之間的收入分配絕對不平均；最小為0，表示絕對平均，通常把0.4視為貧富差距的警戒線，大於這個數值，容易出現社會動盪。

中國歷史上的統治者不知道吉尼係數，但顯然很早就開始對貧富差距問題有所警惕。清入關後，滿人八旗處處享有特權，頹風日甚，問題越來越多。像開國功臣得妥善安置一樣，這些紈褲子弟也該有個去路。清廷一方面不得不適當糾正偏愛，如1792年規定旗人行竊，除本犯照例治罪外，其子孫一律削籍為民。另一方面，想方設法為他們謀求新的出路，如1723年，雍正命京師八旗無產業兵丁移居熱河（今河北承德等地）、喀喇河屯（今河北灤平）、樺榆溝（今河北承德）3處墾種；第二年，選200頃官地為井田，安置16歲以上、60歲以下無產業的旗人100戶，每戶100畝，並給銀、種粒和牛具等；第三年，又擇官地200畝為井田，安置無業旗人。1727年，詔凡犯罪革退官兵、在京閒住無業的旗人，連其妻子一同發往京外耕種井田。1747年，又規定除王室外，凡旗人願在外省入民籍的都允准。然而，這些改革不是根本性的改革，所以到1912年初還有「宗社黨」。

除了皇親國戚、寵臣，還有寵大的一般官僚隊伍，也是舊的利益集團成員。特別是科舉制度下的文官武將，他們得靠仕途獲得利益分享資格，養家活口，光宗耀祖。專制社會的蛋糕不是「按勞分配」，而是「按官分配」，即「官越尊則祿越厚」。朱由檢怒斥他的僚臣「出仕專為身謀，居官有同貿易」[263]，話說得不錯，但罵得沒道理。他們不是貴族，出生沒帶利益分享資格，不把當官當成做生意、木工、鐵匠之類的職業，你叫他們怎麼養家活口？問題在於官員貪婪，還想發財致富，光宗耀祖。明初處州定稅時，中丞章溢決定在宋制基礎上每畝加五合，朱元璋卻要求開國大臣劉伯溫的家鄉青田一個縣不加，並明說：「令伯溫鄉里世世為美談也。」[264] 康熙揭露的很透澈：「一個窮書生，背著布包進京趕考，一旦入仕，就車馬成群，怎麼來的？難道要朕一個個追查嗎？」[265] 這充分顯示，帝王對貪腐早就心知肚明，睜一眼閉一眼，只要你別逼到他那隻眼也閉不住就行！

除了一般官僚隊伍，還有一些特殊的舊利益集團成員，比如孔氏後裔。自從劉邦封孔子第八世孫孔騰為「奉祀君」開始，孔子嫡系子孫世襲爵位，宋時改為「衍聖公」，直至民國時期。可以說，這是中國最大的特權貴族。他們在宋代相當於八品官，元升為三品，明又提為一品，班列文官之首。孔子為當時千古統治者提供那麼重要的思想，他的世世代代享受某些特權也許應該。問題是，這些聖人後裔並非都「衍聖」，不乏貪婪之輩，在法定特權之外還索取無度。明朝衍聖公每年從曲阜到北京入朝，差旅費當然是國庫報銷。時任衍聖公，即孔子第 64 代孫孔尚賢，一點也不名副其實，竟然還要「橫索驛遞」，弄得「聖公所過，百姓如被虜賊，有司亦莫之誰何，以其為先聖之後也」。[266] 沿途的地方官對他們沒辦法，百官

---

[263]　計六奇：《明季北略》卷 13，北京：中華書局，1984 年，P219。
[264]　《明史》卷 128，〈劉基傳〉，60 冊，P2507。
[265]　《清康熙實錄》卷 261，「朕於大臣官員，每多包容之處，不察察於細故也。人當做秀才時，負笈徒步，及登仕，從者數十人，乘馬肩輿而行，豈得一一問其所以來耶？」
[266]　轉引自朱東潤《張居正傳》，P174。

之首張居正也無奈，但又忍無可忍，只好將他們入京的次數由每年一次改為三年一次，讓那一帶的百姓減災 1/3。

學者還發現一種具體的「潛規則」：「隨著年頭的增加，某些行為邊界總要朝有利於官吏的方向移動。如果更仔細地劃分，行為邊界的移動還有名義移動與實際移動。」[267] 儘管開國皇帝一邊帶頭節儉，一邊嚴厲肅貪，但還是隨著時間的推移，往官吏方向移——偏心越多，也就越移近被百姓徹底摒棄的那一天。

古今中外的政治改革與革命基本目的，無非是「均貧富，等貴賤」，即努力消除政治、經濟、文化方面的特權，實現社會平等。或者說是利益格局調整，重新洗牌。春秋時期，各諸侯國紛紛實行改革，「食有勞而祿有功」與「因能而授官」是兩大基本內容。其後，歷代改革也大都以此為主，包括遼、金、夏等少數民族改革也是如此，清末的民主化改革更是如此。可以說，權貴階級是古今中外革命與政治、經濟改革的主要對象，差別只是自己主動改革，還是被動讓別人來革命。清時史學家王鳴盛在評論「永貞革新」時說：「這次改革上利於國，下利於民，獨不利於弄權的宦官之類，觸犯了大忌，所以失敗。」[268] 王鳴盛逝世於嘉慶二年（1798 年）。108 年後，即光緒三十二年（1906 年），清廷派出的兩路出國考察人馬先後回到北京。載澤總結考察收穫：「憲政有利於國，有利於民，最不利於官。」[269] 載澤此語與王鳴盛此評高度一致，足以說明中國人在政治上本來完全可能繼續領先於世界，也充分說明「永貞革新」太超前了。

這就注定了權貴階級的改革積極度最差，只有少數菁英可能超脫私利的束縛。「戊戌變法」前夕，光緒向慈禧做最後請示，長跪兩小時。聽完

---

[267] 吳思：《潛規則》，上海：復旦大學出版社，2009 年，149。
[268] 王鳴盛：《十七史商榷》：「叔文行政，上利於國，下利於民，獨不利於弄權之宦官、跋扈之強藩。觀〈家錄〉，叔文實以欲奪閹人之兵柄，犯其深忌。」
[269] 轉引自紀彭：〈亂世清末的官二代們〉，《國家人文歷史》2013 年第 96 期。

匯報,她明確要求:「你的新政只要不違祖宗大法,無損滿洲第一族的權利,我就不反對。」改革一實施,大批貴族覺得「滿洲第一族的權利」受損,立即瘋狂反對,慈禧果然果斷地扼殺。

關於張居正的「一條鞭法」與僱傭兵制改革,著名學者薩繆爾·E·芬納評論:「二者都是對舊制度明顯瓦解的反應,但二者都沒有實現既定目標,因為政府背後缺乏改革動力。官員們根本不允許皇帝推行這些政策,他們自身既不願,也不可能推行這些新政策。官員們的目標只是平靜地生活。」[270] 當然這種平靜是表面的、暫時的,甚至是虛假的。自己欠利時,鬧著改革,甚至革命,搖身一變成為得利者,馬上反對改革與革命,妄圖將諸不公鋼鑄鐵打,千秋萬代保持下去,別人能不「仇官」、「仇富」嗎?

有些帝王責任感強,出於長治久安的考量,不得不推行一些改革,但這對貴族來說,往往是與虎謀皮,他們會有捨小家、保大家的高風亮節嗎?王莽篡漢,如此「大逆不道」的改革,居然得到朝野一致支持。然而,王莽推行均分土地、解放奴隸和更換錢幣等改革,一旦觸及切身利益,一個個變得受不了,紛紛起兵造反。據統計,當時反王莽的義軍領袖中,普通百姓僅28%,豪強大姓占72%,說明反對者主要是社會上層。又如宋朝的宗室,開國時僅幾十人,百年間增至數千人,京師官員月俸總需4萬餘緡,諸軍也只有11萬緡,而宗室的花銷就要7萬餘緡,這還沒算入他們生日、婚嫁、喪葬、歲時補洗雜賜與四季衣物方面的經費,如果算入的話,就跟軍費開支差不多了,顯然不能不加以控制,否則還會呈幾何增加。曾經想過對此加以改革,但沒有落實。到神宗趙頊時代,連最保守的司馬光也贊同對此予以改革。於是決定,宣祖(趙匡胤之父)、太祖、太宗之子,擇其後一人為公,其餘孫之子聽出宮任外官,並鼓勵透過科舉入仕。有些宗室子弟不滿,聚街抗議。對於《市易法》的改革,他們

---

[270] 薩繆爾·E·芬納:《統治史》卷2,P242。

也頑固抵制。趙頊皇后之父向經,長期虛報名下的商鋪,逃避賦役,令其依法繳錢也拒絕聽從。趙頊祖母曹太后之弟曹佾,翻修府宅,賒買木材不付錢,還指使內臣冒充市易官員誣告。為此,王安石氣憤地問趙頊:「陛下試觀此兩事,後族怎會不造作言語,稱新法不便?」[271]

學者敘述清史時,深刻地剖析:

在最近二百多年的統治中,極端的君主專制將官僚體制內的生物成功改造成一種習慣匍匐、人格低下的奴才,他們貪戀的僅僅是權位和金錢,而對國家的整體利益和長遠命運,沒有任何考量。原因一點都不奇怪,在極權主義的政治文化中,以政府名義做出的罪惡行為的後果,是由全體人民來承擔,從未有人試圖去追究參與決策者個人的責任。這就導致了以損害國家整體利益和長遠利益為個別集團謀取私利的行為甚囂塵上,在大多數時代甚至弄到王朝都要分崩離析的地步,那些利益集團依然不願罷手。[272]

17世紀末、18世紀初,俄國沙皇彼得一世推行政治、經濟、軍事、文化等一系列改革,如取消貴族一入伍就當軍官的舊制度,規定他們也得先當普通士兵,逐級升遷;規定地主貴族只能把土地和其他不動產傳給一個兒子,其餘子女只能分得金錢等動產,迫使他們自謀其食。受這一系列改革影響的貴族,便聚集在太子阿列克謝周圍,成為「太子幫」,公開反對改革,與彼得一世矛盾日益尖銳。阿列克謝還與奧地利宮廷勾結,陰謀政變。彼得一世只得將阿列克謝皇位繼承人的資格取消,令他出家當神父。阿列克謝叛逃奧地利後,彼得一世將他引渡回來,透過特別法庭判處死刑,並將皇位繼承人制度改為皇帝自由選擇。

---

[271]　崔銘:《王安石傳》,P559。
[272]　卜憲群:《中國通史》卷5,P410。

■ (二) 改革的反對者與支持者

歷史上的官員，雖然不像皇室貴族，但他們在家鄉往往都有大量田產。建國立朝之初，經過重新洗牌，相對「均貧富」。中後期土地兼併越來越嚴重，一些高官大臣同時也是大地主，改革必然涉及他們的切身利益，他們反對改革毫不奇怪。當然也有部分情操高尚者可能超脫私利，公而忘私，毅然支持改革；也有些人的直接利益雖然沒受損失，但使命感特別強，出於不同的政見，也很可能強烈地反對改革。

百姓常常被統治者掛在牆上，念在嘴上，難得留在他們心上。只有一些開國帝王，可能會像養雞生蛋一樣稍加關懷。朱元璋認為：「天下初定，百姓財力俱困，譬猶初飛之鳥不可拔其羽，新植之木不可搖其根，要在安養生息之。」[273] 於是鼓勵開墾荒地，全免3年租。

政權稍穩定，統治者想謀求更大的功，並開始享樂，累積的財富揮霍一空，這就需要改革斂財力度。他們改革的目的往往只為補充國庫，改革的措施無非與民爭利。劉徹時期一系列經濟改革，導致國富民窮，當時民謠「烹弘羊，天乃雨」，說的是當時主推改革、總管財政的桑弘羊，說要將他殺了、烹了，旱天才可能降雨，可見百姓對其多怨恨。張居正的「一條鞭法」，無非是重新丈量土地，強化地方官員收稅業績的考核力度，堵塞偷稅、漏稅的空隙。如此，國庫的確增加收入了，可是百姓呢？

百姓常常成為改革的受害者，所以他們對有些改革並不歡迎，《禮記》說：「百乘之家不畜聚斂之臣，與其有聚斂之臣，寧有盜臣。」聚斂之臣比貪官汙吏更可惡，所以李嗣源為太子監國就迫不及待地罷租庸使孔謙，數其罪而斬之。萬曆時期，首輔王錫爵對吏部尚書顧憲成抱怨：「現在真奇怪！朝廷認為對的，外人一定認為不對；朝廷認為不對的，外人一定認為對。」意思是指責民眾不與朝廷一條心。顧憲成糾正道：「應該這樣說

---

[273] 《明太祖寶訓》卷3，北京：中國友誼出版公司，2023年，P96～97。

二、朝野要有共識

吧！外人認為對的，朝廷一定認為不對；外人認為不對的，朝廷一定認為對。」[274] 這話像有趣的繞口令，很容易讓現代讀者想到「塔西佗陷阱」（Tacitus Trap）。古羅馬歷史學家塔西佗筆下的羅馬皇帝所說：「一旦皇帝成了人們憎恨的對象，他做的好事和壞事，就同樣會引起人們對他的厭惡。」此話被引申成為一種社會現象，指當政府部門或某一組織失去公信力時，無論說真話還是假話，做好事還是壞事，都會被認為是說假話、做壞事，生動地揭示了朝野、官民相互間對立的嚴重程度。

趙頊有中興之志，一上臺就對文彥博等高官強調：「天下弊事至多，不可不革。」[275] 王安石本著「天變不足畏，祖宗不足法，人言不足恤」的大無畏精神，不失時機上〈本朝百年無事劄子〉，詳陳「累世因循之弊」，號召「大有為之時，正在今日」。趙頊即任用王安石主持推行一系列重大改革，史稱「熙寧變法」，財政方面有均輸法、青苗法、市易法、免役法、方田均稅法、農田水利法；軍事方面有置將法、保甲法、保馬法；科舉方面廢除以詩賦詞章取士的舊制，恢復以《春秋》、三傳、明經取士及太學「三舍法」制度。指望透過這一系列變法，實現「富國強兵」的目標。這次改革既廣且深，引起非常大的反響。

即使在今天看，這場改革總體上對國家和百姓都有利。在這場變法當中，執行時間最長、爭議最大的是青苗法。理論上，官方利率僅20％，比民間高利貸低得多，「破富民以惠貧民」，好處顯而易見。王安石也很慎重，早在鄞縣工作時就試行過青苗法，效果良好。在全國推廣之前，還在河北、京東、淮南三路再次試點過，效果仍然不錯。然而，王安石對國情還是沒了解到位。集權體制下，官員在實際工作中只需對上級負責，往往可以不顧下級與民眾的感受。任務從朝廷出來，一級級官員生怕完成不

---

[274] 同注253，卷66，P1027～1028，「錫爵嘗語憲成曰：『當今所最怪者，廟堂之是非，天下必欲反之。』憲成曰：『吾見天下之是非，廟堂必欲反之耳！』」

[275]《續資治通鑑》卷66，4冊，P1617。

了任務,一層層加碼,再好的政策也常常被扭曲。這樣的現象,王安石之前已屢見不鮮,王安石之後還層出不窮,唯獨王安石沒預防到。他以青苗惠民為重要指標考核官員,地方官為了完成放貸指標,就強行壓制百姓借貸,而為了完成收貸指標,又層層加息,實際利率往往超過法定利率,有的地方竟然超過35倍。真正需要貸款的,還得給官府辦事人員「好處費」;而不需要貸款的,也被迫「奉旨貸款」──白白承擔高息。這樣一來,惠民政策也就變成禍民政策了。

大宋開國以來,實行「花錢買平安」的國策,不僅增加名額,盡可能讓讀書人當官,還盡可能讓沒飯吃的人去當兵。趙匡胤曾經得意地說:「吾家之事,唯養兵為百代之利。蓋凶年歲,有叛民而無叛兵,不幸樂歲變生,有叛兵而無叛民。」[276] 這種養兵政策,的確發揮過積極作用,但實行兩、三代就承受不了。北宋開國時軍隊不到15萬人,慶曆年間成長到125萬,造成「一歲所用,養兵之費常居六七」,更糟的是,那些混飯吃的兵無法打仗,問題的嚴重性不用我說。王安石大改革,規定45歲以上體弱者和50歲以上者一律裁掉,也就是那些老弱兵的飯碗被砍掉,他們能不反對嗎?

朝中那些沒私利的士大夫,反對聲也非常強烈。大名鼎鼎的司馬光,他的故事婦孺皆知:小時候玩耍,有人掉進水缸,同伴驚呼救人,殊不知等大人趕到,那孩童早淹死了。司馬光急中生智,隨手搬起石頭,將那缸砸破,水落人活。由此可見,小時候的司馬光多能打破慣性思維!隨著讀書、當官,有本事編寫《資治通鑑》時,他反而變得非常保守,成為王安石最大的反對派。他不問具體,只究改革本身,責問「天地不易也,日月無變也,萬物自若也,性情如故也,道何為而獨變哉」[277],主張「夫繼體

---

[276]　邵博:《邵氏聞見後錄》卷1,北京:中華書局,1983年,P1。
[277]　《溫國文正司馬公文集》卷47。

之君，謹守祖宗之成法，苟不墮之以逸欲，敗之以讒諂，則世世相承，無有窮期」。[278] 又如重量級人物文豪蘇東坡鼓吹：「國家之所以存亡者，在道德之淺深，不在乎強與弱；歷數之所以長短者，在風俗之厚薄，不在乎富與貧。」[279] 再如享有「賢相」之譽的文彥博，認為「祖宗法制具在，不須更張」，他還有板有眼地檢舉說：「市易司不當差官自賣果實，致華山山崩」。[280] 你看看，這都是什麼「道理」！

王安石對國情可以說有清楚的認知。早在主持變法之前，他便對趙頊坦言：「臣所以來事陛下，固願助陛下有所為，然天下風俗法度一切頹壞。在廷之臣，庸人則安常習故而無所知，奸人則惡直醜正而有所忌。有所忌者倡之於前，而無所知者和之於後，雖有昭然獨見，恐未及效功而為異論所勝。」[281] 言外之意是說，只有憑藉皇上強大權力的堅定支持，才可能戰勝反對勢力，完成重大改革。可趙頊也撐不住壓力，還是讓王安石失望。

還值得說一說鄭俠。他進士及第後本來只是個校書郎，王安石推薦他出任光州司法參軍。但他「恩將仇報」，向中央告狀，誇大一些地方官以變法之名侵害百姓的問題，被貶為京城安上門的門監。第二年，光州旱蝗嚴重，飢民流離失所，鄭俠便畫一幅「流民圖」，並寫一篇〈論新法進流民圖疏〉，以一地之災，否定全國一系列改革。中書省拒絕向上轉呈，鄭俠便冒著欺君的風險，謊稱「流民圖」和疏奏是邊關急報。他歷數新法種種不好，信誓旦旦說：「旱由安石所致。去安石，天必雨」，「如陛下行臣之言，十日不雨，即乞斬臣宣德門外，以正欺君之罪。」王安石辯解：「天災這種事，即使堯舜盛世也無法避免，怎麼能怪到改革頭上呢？」趙頊還是信了鄭俠的話，一夜未眠，自省道：「朕始謂可以利民，不意乃害民如

---

[278]　《續資治通鑑長編》卷194，8冊，P4704。
[279]　《宋史》卷338，〈蘇軾傳〉，49冊，P8643。
[280]　同注278，卷239，P5810。
[281]　《續資治通鑑長編拾補》卷4。

此。」[282] 第二天，下〈責躬詔〉（即〈罪己詔〉），罷方田、保甲、青苗諸法。3天後，憋了10個月的老天碰巧真的下雨，落井下石。幸好宋朝有不殺文人的好傳統，王安石只是辭職。難怪後來張居正改革時，乾脆取消全國書院。

不可忽略的是，這些反對者與那些出於私利而反對的舊利益集團不同。舊利益集團往往滋生私仇，不僅要停止改革，還要改革者身敗名裂。這些反對者則不然。特別是北宋，那是個君子多於小人的時代。司馬光在我們今天看來，也是道德君子。司馬光對事不對人，反對改革但同時為王安石辯護：「人言安石奸邪，則毀之太過；但不曉事，又執拗耳。」王安石死了，司馬光還請求加封他為太傅。只不過如蘇轍批評司馬光「忠信有餘，而才智不足，知免役之害而不知其利」[283]，在那場改革中，產生了主要的破壞作用。王安石的同母四弟王安禮，因政見不同，也成為反對派的先鋒。他們不惜代價阻止王安石的改革，既然不為私利，那究竟為什麼？

有一種剖析很到位：「王安石的失誤之處，恰恰在於他的追求方法，而忘記了他的根本目標。宋神宗支持王安石變法，是為了鞏固封建統治，解決財政困難只是鞏固統治的必要條件……王安石變法中對人民有益的農田水利法、方田均稅法，遠遠比不上免役法、市易法、青苗法、均輸法等馬上有錢的政策落實得堅決……忽視了百姓真正得到了多少利益……變法十幾年，雖然在一定程度上緩和了財政困難，但階級矛盾卻更為尖銳了。」[284] 所以，有識之士，哪怕是親友，也得站出來說公道話。

這類保守派，如同現代反對黨，只不過是出於政見不同，客觀上也具一定積極意義。正如《歷史的教訓》寫道：

---

[282] 同注275，卷67，4冊，P1669。
[283] 《蘇東坡全集·東坡先生本傳》。
[284] 彭勇：《天朝落日》，北京：東方出版社，2013年，P208。

二、朝野要有共識

那些抗拒改變的保守派，與提出改變的激進派，具有同等的價值——甚至可能更有價值……經過這樣的對抗，就像兩性衝突和階級鬥爭一樣，才能產生充滿張力的創造性力量，才能帶來富有活力的發展，才能產生整體隱而不彰的基本統一與運動。[285]

不僅底層的百姓需要這樣的代言人，就改革本身來說，也需要一定的不同意見，有如汽車的煞車功能。只不過得注意，因為上有「為國盡忠」之正義，下有「為民請命」的旗號，他們往往比舊利益集團更公開、更激烈，真可謂「成事不足，敗事有餘」。

西元前14世紀，埃及成為古代世界第一個帝國。當時，法老常常藉助阿蒙神力，代表地方世襲貴族勢力，與國王代表的中央集團勢力爭奪權力。阿蒙霍特普四世上臺後實行大改革，廢止阿蒙神及其他任何地方的神，新創「阿頓教」，並將都城遷到300公里外。他還籠絡一大批文學藝術家，提倡現實主義，鼓勵創作歌頌新神和新國王的作品。這些文藝作品，不僅在改革大業中發揮鳴鑼開道作用，且對後來埃及文學藝術產生了極大影響。然而，一葉障目，有失偏頗。一味崇拜阿頓神，幾乎荒廢國政。特別是由於築新都、新廟以及對新顯貴、新祭司賞賜，加重了財政負擔，得動用軍隊強制繳納租稅，農民沒從新政中得到什麼好處，連太后、王后也不滿，很快出現動亂，甚至發生謀殺國王的事件（未遂）。好不容易熬了18年，阿蒙霍特普四世死，他女婿繼承王位，不敢將改革繼續下去，恢復阿蒙神，回到舊都，補償損失，阿蒙霍特普四世被咒為罪人，新都城也被宣布為不潔之地。

---

[285]　[美]威爾·杜蘭、艾芮兒·杜蘭：《歷史的教訓》（又譯《讀歷史，我可以學會什麼？》），倪玉平、張閎譯，北京：中國方正出版社，2015年，P50～51。

三、改革者要講策略

商鞅娶了楚公主,楚王是商鞅的泰山大人。可是,商鞅為了擴充自己的領地,竟然趁著楚宣王病重南下攻楚,公然背棄盟約。所以,秦孝公死,惠文王繼位並開始清算商鞅,楚國才會與韓、趙、蜀等國遣使朝賀惠文王,並紛紛要求秦國處死商鞅。

具體來看,每一個改革家都有這樣或那樣的性格缺陷,或者操作失誤,例如王安石固執己見的脾氣,張居正玩弄權術且不廉潔等等。吳起不僅是改革家,還是軍事家。有一次,一個小兵身長毒瘡,身為將軍的吳起,竟然親口幫他吮吸,讓人感動得一塌糊塗。吳起官癮太重,他早年也飽讀儒書,弄得傾家蕩產,也沒撈到一官半職,遭鄉鄰譏笑。吳起大怒,一口氣殺了「誹謗」他的30多人,然後逃走,連母親去世都沒回家奔喪守孝。更令人髮指的是,魯穆公想用吳起可又不放心時,為了表忠,他公然把自己的老婆殺了。魯穆公好感動,於是用他為大將,也果然打了勝仗。可是魯國朝野非議紛起,說為了功名利祿,連自己老婆都敢殺,天底下還有什麼事他不敢做?魯穆公冷靜想一想,也覺得不放心了,便藉故罷免,他只好又捲起鋪蓋走人。後世對吳起的評價多負面,白居易說「其心不如禽」。這樣一個人,後來在楚國主持變法,可想而知如何不擇手段,最後落得被亂箭射殺,也就不奇怪了。

這裡,著重討論一些共性問題。

■(一)改革須講時機

理論上來說,要有憂患意識,防患於未然,及時發現問題,主動採取措施,將矛盾解決在萌芽狀態。「病越拖越重,官司越拖越輕。」醫生也常

教導,重在預防,要常體檢,有病早治療。可一涉及帝王,就不能按常理論。「諱疾忌醫」典故,說明早在 2,000 多年前,帝王就不喜歡醫生說他有病,不喜歡民眾批評朝政有問題。只有等他自己感覺到痛,才可能承認有病,承認需要醫生,連紅丸之類都肯吃。可是,這時往往太遲,扁鵲已逃走,蔡桓公只能等死。當今社會還常發生醫療糾紛呢!扁鵲要是不逃,讓蔡桓公死在手術檯上,會有好結果嗎?趙匡胤皇后王氏病逝,翰林醫官王守愚就被責以「進藥不精審」,流放海島。

扁鵲認為「上醫治未病,中醫治欲病,下醫治已病」,他想當「上醫」與「中醫」,蔡桓公沒給他機會。扁家三兄弟,兩位兄長是「上醫」與「中醫」,扁鵲連「下醫」也做不成,只得自己逃命──太不合格吧!卻青史留名,勝似兩位兄長。這是一種人性,一種無奈。救蔡桓公的時機不可早,當然更不能遲。掌握這種時機,如掌握烹飪的火候,書上寫時間多少、溫度多少,有人還配備磅秤與計時器之類,那是沒用的,完全得靠感覺,簡直是藝術。

我的小說《孔子浪漫史》寫孔子和南子聯手編《詩經》。小說中孔子(第一人稱「我」)周遊列國後期,學生子貢從魯國帶來一個負面新聞:

他只好說前些天在齊國,聽說齊定公病危時,太子明的地位岌岌可危,大臣伯生冒著生命危險站出來,幫太子穩定地位,順利接班。沒想到這新君屁股沒坐熱,就對伯生妻子生邪念,公然追到伯生府上。伯生好言相勸不聽,定公還拿伯生的綠帽子賞人取笑。伯生忍無可忍,以抓賊名義將他弒了。君不君,臣不臣,何事成啊!

我說不,好事!我看是好事!子貢糊塗了:「哦?先生……先生說君不君、臣不臣是……好事?」我說怎麼不是好事?你救過人嗎?我是說河裡救人,要看時機,讓他先喝幾口水。不然的話,力氣還大,很容易把你拖住。沒把他救上來,你一起沉下去。所以,一定要等他喝幾口水,掙扎

不動，再拖上岸，救了他又不受連累！子貢說他沒下河救人，但這道理一聽就明瞭！

我說那你肯定長過皰疔吧？他說有！小時候，經常長，大了……現在……當然少……我說治皰疔也得看時機！時機不成熟，皰疔還紅，弄它，又痛又不會好。只有等它爛到差不多，形成膿包，只要輕輕把那個小小白白的膿頭擠掉，不會痛，又快好。只有爛透了，才可能徹底好！[286]

在這裡，我想突出一個挽救時局的問題，跟河中救人、治皰疔同個道理，晚了肯定不行，可是太早也危險。

最能說明這個問題的是「同光中興」。改革與革命賽跑，清朝展現得非常典型。試設計示意圖如下：

第一階段：清統治者的家訓「敬天法祖」。早在入主中原之初的順治五年，1648年，清統治者就在全國各府學、縣學立一塊臥碑，碑上刻著3條禁令：一是不得言事，二是不得立盟結社，三是不得刊刻文字。這3條正好是近代西方所謂的言論自由、結社自由和出版自由。文字獄不是他們發明的，但幾乎可以視為他們的代名詞。在這時期，你要是想當「上醫」，膽敢建言改革，試圖削減滿族的特權，無異於找死。也可以說是「欲速則不達」之理。

「哭廟」是蘇州一帶流傳已久的習俗。每逢官府不端，學子們便聚集到「文廟」，作〈卷堂文〉，向祖師爺孔聖人的木牌哭訴一場，很無奈，很悲哀。上級官府聞訊，往往會調查處理。這風俗一代一代傳下來，傳到大清入主18年的時候，情況發生變化了！這年吳縣令一方面嚴刑逼賦稅，杖斃一人；另一方面盜賣官倉，中飽私囊，當地秀才們便舉行一場「哭廟」。不想，巡撫不是派員來調查案情，而是派兵鎮壓，一口氣殺了著名學者金聖歎等18人。此為當時「江南三大案」之一。不讓批評朝廷，也不

---

[286]　馮敏飛：《孔子浪漫史》，哈爾濱：北方文藝出版社，2017年，P53～54。

讓批評當地貪官汙吏，眼睜睜看著一批批「大老虎」茁壯成長。

第二階段：鴉片戰爭爆發，一位名叫徐繼畬的山西人在福建為官，親眼目睹了這場千古未有之戰，感慨萬千。道光二十八年（1848年），他完成《瀛寰志略》一書，不僅如實介紹西方的科學技術，破天荒將華盛頓放到中國歷史的參照系中予以對比：

華盛頓，異人也。起事勇於勝廣，割據雄於曹劉，既已提三尺劍，開疆萬里，乃不僭位號，不傳子孫，而創為推舉之法，幾於天下為公……創古今未有之局，一何奇也！泰西古今人物，能不以華盛頓為稱首哉！

「泰西」即我們現在所說的西方。對徐繼畬這話，美國人也感到有新意，但美國駐華公使蒲安臣謙遜說：「華盛頓所實踐的，正是中國孔夫子的思想，『己所不欲，勿施於人』，中美兩國應當互相學習！」後來，浙江寧波府將徐繼畬這段話，用中文鐫刻在石碑上贈予美國，該石碑被砌入華盛頓紀念碑上。然而，徐繼畬當時在國內受到激烈批判，徐繼畬很快被革職，《瀛寰志略》只在日本暢銷。中國人早就提出「天下為公」，高喊了幾千年，不見半點蹤影，一旦聽說個「幾於天下為公」的華盛頓，卻如臨大敵，活脫脫的「葉公好龍」。帝王所做的，經常是他們所標榜的反面。這時期誰要是膽敢建議清帝向華盛頓學習，仍然無異於找死。

第三階段：清統治者更痛了，不得不承認軍事、經濟、文化都明顯有問題，才可能推出「洋務運動」等一系列前所未有的改革。但對政治體制改革來說，時機仍未成熟。當時很開放，直接聘用不久前的敵人──西洋人為清廷高官。這些洋官可不想尸位素餐，積極考察，為清廷進一步改革出謀劃策。同治四年（1865年），時任清廷海關總稅務司的英國人赫德上呈〈局外旁觀論〉，直言不諱稱「法本善而反惡，種種非是，以致萬國之內，最馴順之百姓，竟致處處不服變亂」，「視洋人以夷，待之如狗」，戰敗的根本原因「皆由智淺而欲輕人，力弱而欲伏人」，為此提出一系列建

議。同時，英國公使館參贊、著名漢學家威妥瑪（Thomas Francis Wade）呈報〈新議略論〉，也坦言如果再不「借法自強，改革振興」，「中華日後能否保其自主」將成問題。在提交這份改革建議書時，英國公使還特地發一份外交照會，鄭重督促清廷加速改革。清廷對這幾份建言雖然感到刺耳，但不能不有所重視，便轉發沿江、沿海各省督撫，要求他們認真讀一讀，並將意見呈報中央。結果，地方高官出現兩派：滿族高官認為這些建言是列強「求媚於中國」，建議不予理睬；漢族高官則認為是「危詞恫嚇」、「傲慢之談」；左宗棠還認為英國的「來福槍」不如我們的土槍；劉坤一認為鐵路、電報沒什麼實際用處。在這場大討論中，我們看到的分明是千年前的扁鵲與蔡桓公。英國人想當「下醫」，也熱臉貼冷屁股。假如當時採信，那很可能避免了後來一連串戰亂。

第四階段： 更後來些，慈禧們終於承認平等外交，派出中國第一位大使 —— 郭嵩燾。郭嵩燾出使英國，將沿途見聞寫入日記《使西紀程》，還在寫給李鴻章的信中，進而闡述自己的見聞與感想：

> 西洋立國兩千年，政治和教育都非常修明。跟遼、金崛起的情形絕不相同……西洋富強，固不超過礦業、輪船、火車。但它們所以富強，自有原因……船堅炮利是最末微的小事，政治制度才是立國的根本……中國之大患，在於士大夫沒有遠見。

在100多年後的今天來看，這段話還振聾發聵，在當時更是驚世駭俗。郭嵩燾認為只有人民先富足，才可能有國家富強，而一些人卻總是本末倒置。說「中國之大患，在於士大夫沒有遠見」，沒錯，他們甚至可能連淺見都沒有，只會閉著兩眼胡說。專制的死穴就在這裡，順耳的說假話可以堂而皇之，說逆耳的忠言卻會遭罪。結果，說真話的郭嵩燾被罵為漢奸，開除公職，開除鄉籍，直到光緒親政後，還有京官要求開棺戮郭嵩燾的屍。這顯示郭嵩燾的改革建議還是提得太早了。

第五階段:「洋務運動」、中日戰爭接連失敗,慈禧們才勉強承認自己的政治體制確有問題,接受康有為們的政治改革建言,啟動「戊戌變法」。當時,連碩儒翁同龢的思想也發生180度轉變,支持光緒變法。容閎被譽為「中國留學生之父」,咸豐四年(1854年)從美國耶魯大學畢業即回國,熱血沸騰。然而,他在廣州目睹總督葉名琛鎮壓民眾起事,一個夏季殺了7.5萬人,「場中流血成渠,道旁無首之屍縱橫遍地」。因此,他「憤懣之極,乃深惡滿人之無狀,而許太平天國之舉動為正當……幾欲起而為之響應」。隨後他還真的投奔太平天國,並正經八百地建議關於政治、軍事、經濟、教育方面的7條「大計」,卻也很快失望。他「每見太平軍領袖人物,其行為品格與所籌劃,實未敢信其必成」。不過,他還是認為「即無洪秀全,中國亦必不能免於革命……惡根實種於滿洲政府之政治」,「中國根本上的改革……不容稍緩之事」。於是,他重新將希望寄於滿清統治者良心發現,華麗轉身。他與康有為等人志同道合,他的寓所「一時幾變為維新黨領袖之會議場」。[287] 軍機大臣孫家鼐說:「今日臣士願意變法者,十有六七,拘執不通者,不過十之二三」[288],幾乎沒有一個人公開反對。至此,政治改革的時機應該像金秋一樣,瓜熟蒂落,水到渠成。

不想,變法一實施,舊利益集團就感到受不了。范文瀾歸納幾點:一是廢八股,引起全國讀書人憎恨;二是改廟堂為學堂,引起各地豪紳反抗;三是裁綠營,使百萬兵卒產生失業恐慌;四是裁京內外大批衙門及冗員,引起官僚們反抗;五是要求滿人自謀生計,使他們失去享受了200多年的特權。因此,各種舊的利益方迅速勾結,強烈反對,慈禧也變臉,變法僅百日便流產。容閎被迫流亡,還遭清廷追捕,最後客死美國。可見,這變法時機還是早了些,中國還得多遭受更多苦難。

---

[287] 容閎:《西學東漸記》,長沙:嶽麓書社,2015年,P30、31、59、62、126。
[288] 轉引自張宏傑:《坐天下》,P113。

第六階段：「智淺而欲輕人，力弱而欲伏人」的挑戰再次慘敗，八國聯軍進京，慈禧狼狽逃亡，她這才深刻地意識到「誤國家者在一私字，困天下者在一例字」，於是重續「戊戌變法」香火。

　　近代史學家認為，清政府每一步都非常被動，有如希臘諺語所說「願意的，命運領著走；不願意的，命運拖著走」。實際上，清政府每一個進步，或者說變化，都是被拖著走的，步步被動，總是在付出巨大代價之後，才不能不做出某種調整；總是在下一階段，才做上一階段應該做的事情。這裡簡單整理以上這6個階段，也許可以為此論做注腳。

　　然而，舊利益集團在慈禧死後仍然不斷阻撓改革，例如皇族「宗社黨」，直到民國元年（1912年）初，還妄圖與南方革命軍決一死戰。他們患得患失，一拖再拖，總想等一個最划算的時刻，就像等股市最高價位，一不小心眨眼間錯過，一落千丈，神仙也救不了。幸好這場革命與歷史上那眾多改朝換代不同，沒讓載灃們個人丟命。

　　關於「戊戌變法」失敗，有人認為主要原因就在於光緒操之過急。光緒剛親政，又受對日戰爭慘敗的刺激，恨不能一口吃成一個胖子，一夜變成一大強國。當時《字林西報》（*North China Daily News*）敘述：「舉世都為之震驚」，「就是日本的維新速度也瞠乎其後」。換言之，光緒沒有掌握好時機，如果不那麼急，分步漸進，減輕反彈，那麼這次改革很可能不至於失敗。蘇東坡並非一味反對變法，只是擔心「求治太急，聽言太廣，進人太銳」，反而不治；「願鎮以安靜，待物之來，然後應之」。[289] 另一個主角康有為的口頭禪是「非大變、全變、驟變，不能立國」，他說西方各國變法差不多歷經了300年，日本大約30年，而以中國人民之眾，如果上下一心，那麼「三年而宏規成，五年而條理備，八年而成效舉，十年而霸圖定矣」！「三年初見成效」可謂習慣用語，老百姓卻有口頭禪「心急吃不了熱豆腐」。

---

[289]　同注279，P8641。

三、改革者要講策略

史家常將亡國責任歸咎於前幾任帝王，而不歸咎於末代皇帝，如遼之亡不在於天祚，而在於道宗；北宋之亡不在於趙桓，而在於趙佶；明之亡不在於朱由檢，而在於萬曆……換言之，就是到天祚、趙桓、朱由檢時期，想改革也太遲了，而道宗、趙佶、萬曆時改革還有救。著名學者指出：「縱觀中國歷史，歷代王朝前期和中期的變法改革，往往是成功的，或有成效的，而後期變法不論改革者多麼有作為，都注定要失敗」，此為「變法效果遞減律」。中後期積弊過多，「利用腐敗的官僚機構去整頓腐敗的官僚機構，用土地兼併者去反兼併，用貪官去整頓吏治，就猶如以油滅火，越滅越烈」[290]。所以，一般來說，改革還是越早、越主動，越容易成功，這跟癌症治療越早越好是同個道理。改革越早，舊利益集團勢力越弱，越晚則越強，即使不如晚期癌細胞那般無治，也累積如山岳一般難撼。但在《冬之卷》，我還是探討了 14 個末世變為中興的可能性。

（二）順勢而為

救國畢竟與救人不同。人，有的不僅不肯自救，甚至要自盡。國家不能不救！早在 2,000 多年前，姜太公《六韜》就提出：「天下者，乃天下人之天下，非一人之天下也。」天下為公，你不肯主動改革、不肯刮骨療毒、壯士斷腕，而要等死，那是你個人毀滅，國家和民族不能讓你帶進棺材，還有很多人要改革！要革命！要拯救國家和民族！你不改革，要改革的還大有人在，不過，那結果可能連皇位與性命也一起被革掉了。「戊戌變法」前夕，康有為在呈送光緒《俄羅斯大彼得變政記》序文中便暗示：「如果不主動改革，人民起義或帝國主義侵略，將使清王朝覆滅。」結果不幸被言中。這樣的事，歷史上不是太少，而是太多。

不要神話聖人，也不要神話帝王與改革家。唐時文豪柳宗元，參與過

---

[290]　金觀濤、劉青峰：《興盛與危機》，長沙：湖南人民出版社，1984 年，P103、104。

「永貞革新」的決策。他著名的〈封建論〉一文，主題一句話：「封建非聖人意也，勢也。」這「勢」就是現代常說的時代潮流。在那個建國立朝需要「利益分享」的時代，你不「分封」不行。在分土建國制度一再造成內亂的情況下，不轉向中央集權也不行。常言道：「歷史潮流，浩浩蕩蕩，順之者昌，逆之者亡。」「聖人」也不是想怎麼做就能做成，孔子連三都也墮不了。秦始皇創千古之制，並不是空穴來風，心血來潮，一意孤行。王莽之流浪漫主義事與願違，**轟轟**烈烈而悲慘兮兮，就因為逆「勢」而行。袁世凱為什麼當總統成功，當皇帝失敗？就因為「勢」不同。「聖人」也當順勢立制，順勢改制。

　　外國的農奴問題，有點類似中國歷史上長期無法徹底解決的土地兼併與奴婢問題。早在差不多孔子時代，就有梭倫改革，當時雅典富人與窮人之間的差距非常嚴重。於是，梭倫頒「解負令」，拔除田地裡的債碑，禁止一切以人身為抵押的債務，被賣到國外為奴的人，由國家負責贖回。西歐農奴制在十四、五世紀基本瓦解，可是俄國到17世紀後期還存在。有識之士深為不安，大名鼎鼎的文人車爾尼雪夫斯基等人公開號召革命。改革派卡維林指出，農奴制「使整個國家陷入不正常狀態，並使國民經濟中產生危害國家機能的人為現象……如果這個制度原封不動，那麼，幾十年以後，它就會把整個國家毀滅」。沙皇亞歷山大二世贊同，感到不能再等、再拖，果斷地表示：「農奴制和農民問題遲早要解決。與其等農民自下而上起來解放自己，不如自上而下來解放農民！」結果，中國進行鴉片戰爭，俄國在改革農奴制，開始向資本主義過渡。俄國歷史上長期比中國落後，就因為這次改革順勢稍躍一步，迅速強大。

　　著名史家黃仁宇評論：「王安石能在今日引起中外學者的興趣，端在他的經濟思想和我們的眼光接近。他所謂的『新法』，要將財政稅收大規模商業化。他與司馬光爭論時，提出『不加賦而國用足』的理論，其方針

乃是先用官僚資本刺激商品的生產與流通。如果經濟的額量擴大，則稅率不變，國庫的總收入仍可以增加。這也是現代國家理財者所共信的原則，只是執行於 11 世紀的北宋，則不合實際。」[291] 換言之，王安石的改革內容過早，尚未成「勢」，即當時中外國家理財者都沒有形成那樣的共識，曲高和寡，難以成功。

(三) 時機成熟的代表

有作家言：「改革實質上是開新政，開新政的前提是『否定舊政』。如果舊政一切很好，那就不用改革。」所言極是。秦穆公時，秦國已稱霸西部，他如果知足，自然不會再做什麼改革。秦孝公心胸更大，認為沒資格參加中原的盟會，還時常遭受韓、趙、魏等國侵擾，「諸侯卑秦，醜莫大焉」，決心提升「國際地位」，這才不惜重金從國外引進改革人才。沒有正視不足，沒有更遠大的政治抱負，不可能會有真正的改革，也就別夢想什麼真正的中興。蔡桓公自信身體還非常健康時，扁鵲卻說他有病，沒當場被逮治以誹謗罪，已算僥倖。

劉徹〈罪己詔〉是個好發明，為「昭宣中興」打下好基礎。可惜，犯錯的帝王源源不絕，能「罪己」的屈指可數。既要改革中興的實惠，又想確保祖輩、父輩永遠正確的虛榮，天底下哪有這等好事？錯都不肯認，誠意何在？百姓哪有那麼好愚弄？下〈罪己詔〉也得講時機，謝道清和朱由檢都下過幾道〈罪己詔〉，但都沒用，就因為那時扁鵲已經逃走。

17 世紀末、18 世紀初，俄國沙皇彼得一世一方面看到自己政治、經濟和文化、軍事諸方面的落後，另一方面看到西方一系列先進，於是放下身段，隱瞞真實身分，裝成一個下士，自稱是「去西歐尋師求教的學生」，親自到西方學習。其誠其懇，令人動容。在東普魯士，由於學業優

---

[291] 《黃仁宇全集‧赫遜河畔談中國歷史》。

異，被總工程師稱為「出色的炮手」；在荷蘭，造船廠的老師在畢業證書上稱他是「一個勤奮、聰明、手藝精細的木工，學會了造船和繪圖設計」。同時他學會穿西裝，剪掉傳統的大鬍子。一年半後回國，在各方面實行大改革，改變落後、閉塞的狀態，使俄國很快變成歐洲強國。在這方面，慈禧後來也可圈可點，如公開委派考察團赴西方幾國考察，但與彼得一世相比，顯然差一截。

新舊帝王交替，如同現代政府換屆，是啟動改革的最佳時機。前任如果做得不錯，問題不明顯，需要的是錦上添花，倒不太利於推新政。前任如果做得糟，積弊顯而易見，民怨很大，需要的是撥亂反正，那很有利。朱厚熜後期27年躲在深宮不上班，朱載垕在外生活了13年，對時局瞭如指掌，但他是第三子，離太子、離皇位太遠，只能急在心裡。沒想兩個兄長突然去世，意外輪到他。當時首輔徐階十分勤政，皇上交辦的事，通宵達旦也會做完。朱厚熜臨終前夕，徐階與朱載垕一拍即合，連夜起草遺詔，以朱厚熜的名義宣布：「凡齋醮、土木、珠寶、織作悉罷，大禮、大獄、言事得罪諸臣悉牽復之。」所謂「牽復」，即牽引回覆正道。第二天一早宣布遺詔，「詔下，朝野號慟感激」[292]；新帝繼位，新政開始，一天都不拖延。再說，以先帝本人的名義認錯、糾錯，可以減輕繼任者行新政的壓力。

無獨有偶，萬曆更過分，留下的問題更多。朱常洛如法炮製，以萬曆遺詔的形式，罷停朝野抱怨已久的礦稅、榷稅及監稅宦官，發放拖欠已久的200萬兩銀，慰問遼東前線將士，迅速開創新局面。如果他沒暴亡，很可能也會開創一個中興之世。朱厚熜與萬曆的遺詔，實際上相當於〈罪己詔〉。

歷史上中興的經驗千條萬條，最根本的一條——正視遺留下來的弊政。

---

[292]　同注264，卷213，〈徐階傳〉，P3756。

社會學家指出，一個人或團體修復形象的策略或方法有5種：抵賴、諉過、大事化小、知恥和改過。學者曾撰文，對此次序稍做調整：一是抵賴，即「我或我們沒錯」；二是大事化小，即「有些失誤，並未全錯」；三是諉過，即「錯了，但不是我的錯」；四是知恥，即「雖不是我的錯，但我也有責任」；五是改過，即「錯了，由我重新開始」。所謂正視遺留下來的弊政，就是選擇了後幾種，至少不是第一種。只有意識到遺留下來的弊端，才可能有足夠的決心，撥亂反正。也只有承認過失，才可能獲得人民的諒解，重新凝聚人心。否則，繼續粉飾，不可能切實開新政，不可能扭轉衰勢。對於遺留弊政的認知程度，或者說對以上5種方式的選擇層次，與改革力度及改革之功成正比。如果帝王還在百般抵賴、諉過，只想大事化小，小事化了，別相信他會有正確改革的誠意。

(四) 警惕改革失敗的後果

改革失敗的具體原因諸多，不一而足。葉竹盛認為：「民主不是一場魯莽的冒險，它需要的不僅僅是勇氣，它是一項需要精雕細琢的事業。」我想借用這話說：「改革不是一場魯莽的冒險，它需要的不僅僅是勇氣，它是一項需要精雕細琢的事業。」

正如建設比破壞更講究技術，改革也比革命更需要智慧。除了時機，還有其他諸多方面需要講究策略。范仲淹10項改革，明黜陟、抑僥倖、精貢舉、擇長官、均公田5項屬於吏治，另外還有重命令、推恩信兩項與吏治相關，70%涉及政治體制。結果，只一年多時間，范仲淹就敗了下來。

王安石吸取范仲淹的教訓，改革以經濟為核心，涉及軍事和教育，幾乎不涉及吏治，指望阻力小一些，但也以失敗告終。有人認為：「正是因為王安石變法迴避了政治體制改革，所以讓改革有了很大的局限性，況且，

沒有政治體制改革的配套，經濟體制的改革也難以真正長久的成功。」[293]

不同於王安石、范仲淹兩個極端，王莽的改革可謂全面開花，政治、經濟、社會、文化、外交等全方面鋪天蓋地展開，結果引起全面反彈，也敗得最徹底、最悲慘。

改革需要精心謀劃，另一方面也需要帝王與民眾善待。王安石曾疾聲呼籲：「不以一日之瞑眩為苦。」[294] 古人常將瞑眩與藥物反應相連結，服用藥物如果沒有瞑眩之類的反應，簡直得懷疑那是不是良藥。改革如果沒有觸到一些人的痛處，如果不會引起一些人的反對，微波不驚，仍然皆大歡喜，四個人打麻將全都贏了，那就值得問一問是不是真改革了。分娩難免血汗，革命伴隨暴力，改革當中也常會有些「非常態」的舉措。像張居正公然毀天下書院64處，顯然是冒天下之大不韙的事，他會不知道嗎？那為什麼要做？我覺得他是為了堵反對派的聲音，為了保證改革的順利進行，吸取范仲淹、王安石「未及效功而為異論所勝」的教訓，不得已姑且為之。拿破崙認為：「在國家存亡的緊要關頭，任何東西只要能拯救國家，就是有理的。」[295] 革命中的暴力不是往往都被諒解嗎？改革中的「非常態」，往往只是策略上的無奈，姑且暫為。張居正的改革沒有半途而廢，從這個角度來看，算是萬曆不錯。

多數改革失敗是因為途中就過不了關。一般來說，過不了關的是當事人，建議改革者、組織實施改革者成為罪魁禍首，十惡不赦，如西漢、明朝建議削藩的晁錯、齊泰等人，都落得身首異處的下場，范仲淹、王安石沒丟小命，那是僥倖逢仁政。領導改革的皇帝，要麼像趙禎那樣，搖身一變，成為抵制改革的領袖；要麼像李適那樣，向反改革派投降，同流合汙；要麼像光緒那樣，淪為反改革派的俘虜；甚至像元英宗那樣，為改革大業殉身。

---

[293] 李仕權：《改革的教訓》，北京：中信出版集團，2015年，P242。
[294] 王安石：〈論舍人院條制〉。
[295] ［英］約翰·霍蘭羅斯：《拿破崙傳》上冊，北京：商務印書館，1977年，P46。

三、改革者要講策略

蒙哥「自謂遵祖宗之法,不蹈襲他國所為」[296],致使民族矛盾十分激烈。忽必烈繼位後,實行「附會漢法」改革,緩和矛盾。但此後改革停滯,甚至與忽必烈背道而馳,無法走出泥沼,難以維護統治。英宗即位後,決意改革,但朝政被權相鐵木迭兒及其黨羽把持,無法作為。至治二年(1322年)鐵木迭兒死,英宗立即行動,一邊清算鐵木迭兒兒子及其黨羽貪贓枉法的罪行,一邊任命拜住為丞相實施改革。拜住很有「民本」思想,曾說:「自古帝王得天下,以得民心為本,失其心則失天下。錢穀,民之膏血,多取則民困而國危,薄斂則民足而國安。」[297]上任後推出一系列新政:一是起用漢族官員和儒士;二是釋出《振舉臺綱制》,廣泛推舉賢能;三是撤銷專門負責宮廷特供的徽政院,裁減冗官,精簡機構,輕徭薄賦;四是頒行《大元通制》,推行漢法,史稱「英宗新政」。鐵木迭兒餘黨擔心清算到他們頭上,大批貴族和官員則反對這些有損他們世襲政治、經濟特權的改革,陰謀叛亂。第二年,鐵木迭兒的義子、御史大夫鐵失趁英宗和拜住從上都返京,在途中將他們謀殺,另立新君泰定帝。泰定帝雖然清洗了叛逆,但「悉遵祖宗成憲」。英宗和他的改革徹底失敗,舊利益集團的特權保住了,弊政繼續累積。特別是大功臣伯顏,一方面大肆貪腐,「天下貢賦多入伯顏家」,另一方面,瘋狂推行民族壓迫政策,甚至想種族滅絕式屠殺漢人。至元六年(1340年),伯顏的姪子脫脫與順帝發動政變,將伯顏罷免,恢復改革,史稱「脫脫更化」或「舊政更化」,但又遭舊利益集團強烈抵制,改革再次失敗。拖到至正二十二年(1362年),朱元璋等民軍已經勢如破竹,明玉珍在蜀稱帝,而元統治者高層還在那裡爭權奪利。樞密副使李士瞻提出「悔己過以詔天下」、「罷造作以快人心」等20條改革建議,涉及政治、經濟、文化、軍事諸方面,順帝沒採納。至正二十六年(1366年),即元結束在中原統治的前兩年,監察御史玉倫普

---

[296] 《元史》卷3,〈憲宗紀〉,P36。
[297] 同上,卷123,〈拜住傳〉,57冊,P2192。

還提八項改革建議,順帝仍然沒採納。英宗或脫脫改革如果成功的話,元朝非常可能也開創個中興盛世;順帝如果實行改革的話,或許仍有挽救的餘地。

李隆基初期勇於改革,並善於改革,開創「開元盛世」,將中國帝制時代推至巔峰,唐朝成為當時世界最繁榮、強大的國家。然而,他滿足於此,陶醉於太平盛世,後期與前期判若兩人,史稱「半明半昏的皇帝」。他不再改革,前期的改革也大都廢棄,甚至倒退。在2,000多年歷史上,食封制度僅兩次大改革,一是劉徹取消諸侯王對土地的直接占有和治民權力,再就是李隆基取消食封制度的獨立性,意義重大。李隆基改「府兵制」為「募兵制」,對後世影響深遠,在中國兵制改革史上,具有重要地位。李隆基後期,卻對食封貴族讓步,其中公主封戶原來削減為500戶,又增加到1,000戶。軍事方面前期還能收復失地,後期積弊成「外重內輕」,「安史之亂」都對付不了,雖然藉助外力勉強鎮壓,但國勢一落千丈,未再回復。

朱由檢有雄心壯志,也很勤政,各類改革、舉措不斷。然而,他的改革沒有實效。明末清初的張岱斥之是瞎改革![298] 一天到晚十分忙碌,可是,到季末、年末一盤算,沒一樣建樹,瞎忙!改革無效,雖有中興大志,也難免淪末代皇帝。

讀法國史,我印象特別深的是1789年,人民代表要求調整公民與國王的許可權,國王不但不答應,還暗中調軍隊來鎮壓。人民拿起武器自衛反擊,這才開始有所妥協。到英國旅遊時,我特地去看歌劇《悲慘世界》。這是根據雨果(Victor Hugo)同名小說改編的,我早讀過小說,但這歌劇說是1985年以來,全世界演出最多的歌劇之一,仍然給我震撼之

---

[298] 張岱:《石匱書後集・烈帝本紀》:「先帝焦於求治,刻於理財,渴於用人,驟於刑法,以致十七年之天下,三翻四覆,夕改朝更。耳目之前,覺有一番變革,向後思之,訖無一用,不亦枉卻此十七年之精勵哉!」

感。特別是那個小男孩加夫羅契，恐怕沒一個觀眾不深受感動。我聯想到所讀法國大革命的文獻實錄：

> 各種年齡和不同身分的公民通通武裝起來了……
>
> 每個公民都宣傳自己是祖國的戰士……
>
> 甚至許多小孩只等堡壘停止掃射，便跑出來幫拾槍彈……[299]

雨果應該是依據這些實錄寫的。當時巴黎人民像著魔一樣，連婦女、小孩都瘋狂地追求自由。國王的改革卻遠不能適應這種星火燎原的新形勢。1789年，巴黎婦女為糧食所迫，到凡爾賽請願，國王方面表示：「如果國王能恢復他的全部權力，人民將永遠不至缺乏麵包。」她們果斷地回答：「不想以自由為代價換取。」1792年，為徹底廢黜國王，巴黎市民鄭重宣布：「寧肯死在自由的廢墟上，也不願容忍國王的專橫。」如此珍重自由的人民，怎麼會滿足於麵包？怎麼會有耐心等待國王一步三搖的改革？

路易十六有順應民心之情，但顯然不足。他的悲劇不是啟動了改革，而是因為他的改革距人民的要求仍然太大，更糟的是，讓人民懷疑他的誠意。當然，當時的革命者的確也太過。羅伯斯比個人勤政廉潔，但為人民帶來勝利的同時，也帶來獨裁與恐怖。

法國大革命是個案，人類社會善於吸取歷史教訓，整體趨向文明。如1792年，輝格派左翼組織「人民之友」，便宣揚溫和改革，以避免法國大革命在英國重演。1989年，法國大革命200週年時，各國紛紛紀念，時任英國首相柴契爾夫人（Margaret Hilda Thatcher）卻回答記者：「過去200年至今，我們英國一直在消化它留下的苦果，我們不要這樣的大革命。法國大革命所帶來的是一堆高高的、被斷頭的屍體，站在屍堆最高處的是一名獨裁者。每個試圖複製法國大革命的國家，留下的都只是腥風血雨和高高

---

[299]　蔣相澤：《世界通史資料選輯・近代部分》上冊，北京：商務印書館，1964年，P117、119。

在上的獨裁者。」

那麼，不改革比改革好，亦即等死比所謂「找死」好嗎？即使癌症晚期病人有一分希望，也得百分之百努力搶救，何況朝政關涉億萬人民的生命，不是個人生命所能比擬。醫生說手術有風險，但畢竟有生的希望，總比等死好，改革也是如此。

改革之功誘人，但絕不是皆大歡喜。梁啟超政治小說《新中國未來記》中說：「尋常小孩子生幾片牙，尚且要頭痛、身熱幾天，何況一國恁麼大，他的文明進步竟可以安然得來，天下哪有這般便宜的事？」

不過，也正因為是這種柳宗元所說的「勢」，常常改革者雖然「出師未捷身先死」，但他們的改革事業遲早還是繼續前行。回頭來看，最終身敗名裂的還是那些反對、阻擋與破壞向前改革的人。正所謂：「青山遮不住，畢竟東流去」，「爾曹身與名俱裂，不廢江河萬古流」。

商鞅身首異處，可他力推的新制延續 2,000 多年。李純繼位後，雖然貶謫又賜死王叔文，可李純一系列改革，正是王叔文們努力追求的。「戊戌變法」被慈禧太后扼殺，可她不久便自食其果，不得不重啟改革，甚至還有所擴大，其精神延續至今。這就是改革的魅力所在。

若非迫不得已，沒幾個人願改革；若非迫不得已，更沒幾個人甘棄改革之功！正如龔自珍所說：「與其贈來者以勁改革，孰若自改革」。所謂「勁改革」，即革命。

第三章
深化與超越

《中國改革通史》從改革內容與性質的角度，將歷史上的改革分為5類：一是生產方式改造型，二是富國強兵型，三是體制完善型，四是社會執行機制改良型，五是落後階級維護統治型，這5種類型有時互相關聯。[300] 中國封建社會的改革主要內容，有著不同於世界的顯著個性，即中央集權制、郡縣制、科舉制及土地買賣制度。

我更關注改革的成效。所以，我想嘗試從改革力度的視角，將歷史上的改革分為4種類型：一是鋸箭式改革，二是止痛式改革，三是疫苗式改革，四是基因式改革。

我總認為歷史上任何一個王朝都屬於夭折，其任何改革都未能實現長治久安的根本目的，每一次中興都只不過是迴光返照，虛幻的盛世。

社會變革主要透過兩種方式實現，一是革命，二是改革。當改革之路行不通時，便只剩革命一途。正如學者所說：「在中國歷史上，每當我們看到一個封建王朝在興起不太長的時間後，就不可避免地滋生出腐敗因素，並不可遏止地腐敗下去時，我們就知道只有革命才能解決問題。」[301]

那麼，不能深化為徹底改革的根源究竟何在？

改革是治理危機，拯救國難，與治病、救人諸多相似。李世民就說：「治國如治病」[302]。還是借用扁鵲「上醫治未病，中醫治欲病，下醫治已病」之說，將改革從治理效果的角度，分上、中、下三等，亦即粗淺改革、深化改革與徹底改革。

---

[300]　漆俠：《中國改革通史》綜合卷，石家莊：河北教育出版社，1997年，P588。
[301]　同上，P596。
[302]　《資治通鑑》卷193，〈唐紀〉9，12冊，P8050。

一、粗淺改革

■（一）鋸箭式改革

《笑林廣記》有個故事：一名中箭的士兵治傷，醫生將露在外的箭桿鋸掉，而不管留在肉體內的箭頭。一般來說，這只是個笑話，但在現實生活中，並非沒有。最奇葩的是約旦一位婦女到醫院剖腹產，回家發現肚子裡有震動的感覺，重新做手術，取出一部手機。可見，這比喻並不荒謬。

鋸箭式改革很常見。他們滿足於解決表面問題，得過且過，不管事後洪水滔天。如元和中興、萬曆中興等等，明顯都屬於鋸箭式改革。

◎不觸及制度的改革

「安史之亂」有一系列偶然因素，當然更有必然的因素，詳見《夏之卷》第十一章。好不容易平息，可是產生出安祿山的土壤──藩鎮問題並沒能剷除，雖然解除一時執政之病，並未能解決大唐王朝之病。後來的「元和中興」、「會昌中興」、「大中中興」3次大改革，都對藩鎮問題做過一些手術，但那些節度使好比箭桿，張三李四、一根根箭桿是一次次鋸掉了，可是箭頭──制度問題還在肉裡面，沒幾日就舊病復發。

最終，大唐不是亡在造反的黃巢手裡，而亡在鎮壓造反的朱溫手裡。朱溫本來是黃巢的大將，看黃巢成不了氣候，投奔官方，皇帝賜名「朱全忠」──實指望他全心全意忠於大唐。然而，經過十來年拚殺，將其他軍閥併吞差不多了，他卻逼唐昭宗李曄「禪讓」，朱全忠變成全不忠，改國號為「大梁」，徹底終結了289年的大唐。換言之，肉裡的箭頭終究發作了，直接要了大唐的命。

用柏楊的話說，張居正「不過像一個只鋸箭桿的外科醫生，只對外在

的、已廢弛了的紀律,加以整飭」[303],而沒有觸及制度。所以,「萬曆中興」變成迴光返照,也就不奇怪了。

◎改革局限於某一、兩個方面

劉徹很有大志,一上臺就改變先皇「無為而治」的國策,不再與匈奴「和親」,不惜代價征戰四方。同時,劉徹本身奢侈無度,加之天災人禍,「財用益匱」。前123年,即劉徹上臺第17年,財政部報告:「臧錢經用,賦稅既竭,不足以奉戰士。」為此,劉徹不是懸崖勒馬,停止意義不大的征戰,改行節儉,而是採取一系列改革措施,進一步斂財,詳見《夏之卷》第一章。從國庫角度看,這些改革無疑是成功的;但從百姓或從國家長遠發展角度看,則相反,無非飲鴆止渴罷了,王朝危機不僅沒能解除,反而加劇。換言之,財政危機的箭桿是鋸掉了,好戰的箭頭還在肉裡,王朝危機在表層下加劇病變。所幸他本人死前終於意識到,主動以「罪己詔」的形式悔過,脫胎換骨,獲得人民諒解,為繼任者的改革,鋪平了道路。

改革不是革命,但對難返之積重,非得有壯士斷腕的堅毅與果敢不可。

■(二)止痛式改革

面對呻吟不已的病人,醫生也急,不忍心看他繼續痛苦,於是給他止痛藥,或者注射麻醉劑。病人不痛了,微笑道謝,醫生就此滿足。至於病症,留待下次,或留給別人去治吧!

這類醫生實際上應該很少。較常出現的是對那種癌症末期的病人,醫生感到回天無力,百般無奈,只能給些麻醉藥,讓他減少痛苦,也算盡職。與鋸箭式相似,但有所不同。像這種治療方式的改革可多了,如少康

---

[303]　柏楊:《中國人史綱》下冊,P100。

一、粗淺改革

中興、盤庚中興等等。

北宋末年,「花石綱」擾民太甚,相繼爆發宋江、方臘起義,君臣慌了手腳。1121年初,宋徽宗趙佶命大臣童貫率京師禁軍及秦晉蕃漢兵15萬,兵分兩路南下,並交代說:「如有急,即以御筆行之。」趙佶這點倒是值得表揚,不會像楊廣等人那樣,連前線將士的手腳都控制住,大有「用人不疑」之風。到了江南,地方官匯報:「反叛難平,就因為花石綱擾民太甚。」當地民謠稱:「金腰帶,銀腰帶,趙家世界朱家壞。」朱指朱勔,趙佶的寵臣,特設蘇杭奉應局做「花石綱」,方臘的造反旗號就是「誅殺賊臣朱勔」。找到了病症,童貫便按事先授權,以皇帝名義釋出〈罪己詔〉,宣布改革措施,重點是撤銷蘇杭奉應局,罷「花石綱」及朱勔。結果「吳民大悅」,僅兩、三個月便將方臘基本平息。可是,當年閏五月,另一位大臣王黼挑撥說:「童貫這人真沒用!方臘造反,明明是鹽茶法引起的,他卻怪罪到『花石綱』,汙損陛下聖名。」聽這麼一說,趙佶大怒,隨即下令恢復蘇杭奉應局,並令王黼和梁師成負責,朱勔也重起,繼續採運花石綱,繼續醉生夢死。童貫感到不可思議,不禁嘆道:「東南人家飯鍋未穩在,復作此邪?」趙佶聽了「益怒」[304]。僅從這點看,趙佶是個十足的昏君!百姓不僅怨聲載道,而且反叛起事了,還無法正視問題。為什麼不能藉此機會脫胎換骨,收拾民心,重振朝綱呢?學者評論:「王黼在起義還未被平息之前,便恢復了花石綱,讓悲劇進一步地惡化……顯而易見,朝廷根本沒有從方臘叛亂中學到任何教訓,王黼還是獨掌大權,國家繼續從動盪不安的社會中攫取資源。」[305]

繼續採運花石綱,繼續醉生夢死。1125年,金滅遼後轉而大舉攻宋,危在旦夕,趙佶連忙又下〈罪己詔〉,對策跟上次大同小異,再撤蘇杭奉

---

[304] 《續資治通鑑》卷93,5冊,P2433。
[305] 《劍橋中國宋代史》上冊,P569～570。

應局。趙佶以為這次危機也會很快應付過去，可惜歷史不再給他機會。詳見《冬之卷》第十章。不難想像，假如4年前那次改革有誠心，撤蘇杭奉應局之事能夠堅持下去，挽回民心，是不是可以團結更多力量抗金？趙佶肯定了解改革的作用，不然不會到最後關頭還想到改革。然而，他沒有改革的誠意，只想麻醉百姓，自欺欺人，終被「夷狄」欺到死。

趙佶式的改革看似笑話，實際上卻有不少帝王都這麼做過。萬曆委派礦監到各地去徵收「私房錢」，激發多起反礦稅的民變。1602年二月，萬曆病重時終於良心發現，十六日晚，急召首輔沈一貫，囑皇太子繼位，並指示：「礦稅事，朕因殿工未竣，權宜採取，今可與江南織造、江西陶器俱止勿行，所遣內監皆令還京。」大臣們覺得是件大好事，當即草擬聖旨，「漏三鼓，中使捧諭至，俱如帝語一貫者」。沒想到，第二天萬曆的病情稍有好轉，立即派太監到首輔的辦公樓，索回這道聖諭。沈一貫認為這是皇帝遺詔，不能隨便收回。可是萬曆堅持要收，接二連三派了12名太監去追，還大打出手。沈一貫的腦門被打出血，只好交出。負責監印的太監田義聽說，即向萬曆進諫，不小心言語過激。萬曆非常憤怒，抽出寶刀要殺他。田義毫不畏懼，堅持說：「皇上金口玉言，不可出爾反爾！」後來，田義還唾罵沈一貫：「相公稍持之，礦稅撤矣，何怯也！」[306] 直到1605年，大臣進言說礦稅使天下山川「靈氣盡」，將危及皇上龍體，萬曆這才真有所懼，下令罷停礦稅，但礦監仍沒有撤回，直至萬曆死。如此改革，「萬曆中興」可能長久嗎？

◎德國式救急

讓我們來看看與趙佶、萬曆截然不同的救急。

德國兩次肇禍於世界，遭到毀滅性報復，不僅被分割占領，而且分別由戰勝國對它政治、經濟、文化全方位加以改造，跟一般亡國沒太大差

---

[306] 《明史》卷218，〈沈一貫傳〉，P3838。

一、粗淺改革

別。在這種情況下，西德中產階級及其政黨迅速崛起，勇擔歷史重任。首先，他們對過去進行徹底清算，大力開展「非納粹化」運動。這有外力幫助，就是國際法庭對戰犯的審判，但更重要的，還是他們自己對納粹歷史不斷進行深刻的反省與清算。對德國來說，希特勒絕不是一無是處，更不是沒有過功績，還絕對是當時人民的選擇——一票一票點出來的。他在經濟、文化和軍事上，曾為德國人民爭過很大面子，甚至在挑起第二次世界大戰前夕，差點被授予諾貝爾和平獎。[307] 然而，擅長哲學思考並製造精密儀器的德國人，對希特勒等人沒加祀奉。1970 年 12 月 7 日，西德總理勃蘭特在華沙猶太人紀念碑前跪下那一幕，成為戰後德國人徹底懺悔納粹歷史的經典象徵。前任德國總理梅克爾曾在演講中說：

德國在二戰之後的反思，也經歷了痛苦的過程。歷史歷歷在目，沒有人能夠撇清關係，每個德國人都必須反思自己，反思自己在過去的作為和不作為有何不對……德國正視歷史的做法是對的，可以讓後代不要重蹈覆轍。[308]

我在柏林街頭親眼見過，像我們公車停靠站牌一樣宣示那些歷史照片，包括反納粹烈士紀念碑。我還讀過格拉斯《鐵皮鼓》等反戰小說，德國作家勇於面對國家最黑暗的歷史，勇於擔責，令人敬重。這部小說獲 1999 年諾貝爾文學獎，改編的電影也在國際上獲大獎，並沒有「家醜外揚」之虞。可以說，他們是整個國家和民族向全世界發了〈罪己詔〉。

同時，他們修改《基本法》，完善民主制度。總統有權簽署法律，但只能簽署由聯邦議院和聯邦參議院通過的法律，且須得到聯邦總理和相關聯邦部長的副署，才能生效。萬一不小心再選出個戰爭狂人，也不可能發動第三次世界大戰了。這樣，聯邦德國很快以文明的新面貌屹立於世，並

---

[307] ［英］湯姆・納托（Tom Nuttall）：《事實：不為人知的世界》，熊文霞譯，北京：新世界出版社，2010 年，P14。
[308] 〈梅克爾清華演講：德國正視歷史的做法是對的〉，《新京報》2014 年 7 月 9 日。

以和平的方式實現國家統一。在 BBC 全球 24 國民意調查中，德國受歡迎程度多年名列第一。在歐洲一體化形式的「三駕馬車」——即英國、法國和德國——中，德國成為核心力量。他們不僅救了國家，而且第一次成為歐洲的實際領導者——以和平的方式實現他們曾經兩次以武力未能實現的夢想。

德國救亡之急是深刻自省，步步深化改革，而不是危情一緩，馬上又急於恢復什麼，重蹈覆轍。對希特勒及法西斯的否定，幾十年如一日，改革的誠意得到國內、國際的公認。這樣，國家不僅死裡逃生，化險為夷，也不僅復興一時，而日益強盛。

二、深化改革

醫生責任感強，不僅鋸箭桿，還拔箭頭，止痛、上藥、包紮，並千叮嚀萬囑咐，說明天、後天要來換藥，認認真真要將你的病徹底治好，並斷根，還進而努力不讓其他人再得這種病。如果說鋸箭式、止痛式是不合格的「下醫」，那麼這種醫生不僅是合格的「下醫」，且堪稱「中醫」——治「欲病」。

(一) 古方式改革

所謂「古方」，泛指古代流傳下來的醫術。

如同現代癌病、愛滋病，歷史上曾經有不少可怕的疾病，如天花、黑死病、霍亂等等。天花初期像感冒，沒幾天就可能變成一具全身腫脹的怪物，死亡率高達 25%，僥倖活下，也很可能變成一臉麻子，所以又名「痘瘡」。帝王雖然霸占全國最好的醫療條件，對天花也無奈。在東晉著名藥

學家葛洪《肘後備急方》中，有世界最早關於天花的記載，據說能治療、預防。可是，清順治皇帝為 8 個兒子中，選誰當太子憂愁，康熙臉上有幾顆淺淺的痘痕，居然成為入選的理由。原來當時已很開放，任用德國傳教士湯若望為欽天監。湯若望也通現代醫學，說順治得的不治之症是天花，康熙臉上有痘痕，顯示他出過天花，具有終身免疫力，而其他皇子都沒出過天花。換言之，沒出過天花的還會出天花，夭折可能性更大。就這樣，順治在臨死前下〈罪己詔〉，自我檢討 14 個過錯，並指定康熙為太子。皇室對天花都只能聽天由命，百姓更是束手無策。由此可見，中國古代對天花的防治效果顯然很有限。

這類改革特點是，在歷史上確定一個目標，然後努力將現實改回那個目標。對此，我想細分成兩種：復古式改革與法祖式改革。

◎ 復古式改革

復古式改革第一人，當數孔子。他認為遠古的堯舜禹時代非常美好，而不太遠的周公，已經將一切美好的社會制度制定完善了，只遺憾如今「禮崩樂壞」。改革的藥方是「克己復禮」，就是說統治者應當透過克制自己欲望的方式，恢復周公那套禮儀制度。他還明確強調「述而不作」，即只要照搬、照做周公的制度，不需要再有什麼改革創新。直到世界已開始千古之變，理學家還在叫嚷「斯道已大明，無煩著作」。專家學者評論先秦學派：

> 要麼主張回到過去，要麼主張拒絕舊時代。儒家學派屬於第一種，它是一個傷感的模式，對早期的周文王、周武王和傳說中的「黃金時代」，抱有一種非歷史的看法，特別是對於輔佐姪子攝政的周公（西元前 1042～前 1036 年）更是如此。[309]

---

[309] ［英］薩繆爾·E·芬納：《統治史》卷 1，P487。

周文王之前的歷史更是不可靠,堯舜禹的名字最早在《論語》中才出現,可見此前頂多僅存在口頭流傳當中。顧立雅說他們的故事「大半是在孔子時代之後發展起來的」,這些傳說中的帝王,反過來「被當成所有儒家美德的原始模型」,甚至「有一種極可懷疑的說法是:孔子創造了這些人物」[310]。就是對著這些「非歷史」的目標,孔子公然有板有眼地廣告:「苟有用我者,期月而已可也,三年有成。」才3年啊!比現代政府一屆任期還短。你去問問現在的鄉長、縣長、市長,他們敢不敢公開說這樣的大話?漢儒只能小心翼翼說27年建成太平盛世。[311]後周皇帝柴榮也雄心勃勃,只敢說立志任期30年,其中10年開拓疆土,10年休養生息,10年興致太平,比孔子保守多了!

　　我不由聯想到袁崇煥,他在朝堂上公開許諾,說5年定可收復遼東,朱由檢聽了大喜,大臣許譽卿卻替他捏把冷汗。袁崇煥解釋:「我看皇上對遼東戰事心裡很急,安慰安慰他!」許譽卿說:「皇上英明,怎敢信口開河?如果五年後沒能平遼,追責起來,你怎麼辦?」袁崇煥這才覺得失言。[312]莫非孔子3年變盛世之說也只是一種安慰?然而,帝王是可以糊弄的嗎?袁崇煥最後是被凌遲的,我不由慶幸孔子再沒被任用。難怪有人說:「孔子可能只是一個好吹牛、平凡、陳腐的三家村老學究。」[313]這話當然太過,太傷我們的面子,但並不是空穴來風。喜歡吹牛、說大話,看來是有些讀書人的通病。

　　英國空想社會主義的創始人湯瑪斯‧摩爾(Thomas More)名著《關於

---

[310] [美]顧立雅:《孔子與中國之道》,高專誠譯,鄭州:大象出版社,2000年,P174～175。

[311] 《漢書》卷24,〈食貨志〉上,P947,「民三年耕,則餘一年之畜。衣食足而知榮辱,廉讓生而爭訟息,故三載考績……三考黜陟,餘三年食,進業日登;再登日平,餘六年食;三登日泰平,二十七歲,遭九年食。然後至德流洽,禮樂成焉。」

[312] 同注306,卷259,〈袁崇煥傳〉,P4487,「帝退少憩,給事中許譽卿叩以五年之略。崇煥言:『聖心焦勞,聊以是相慰耳。』譽卿曰:『上英明,安可漫對。異日按期責效,奈何?』崇煥憮然自失。」

[313] 轉引自林語堂:《從異教徒到基督徒》,謝綺霞等譯,長沙:湖南文藝出版社,2012年,P32。

最完美的國家制度和烏托邦新島的既有益又有趣的全書》，簡稱《烏托邦》（Utopia），虛構一個航海家到一個奇鄉異國「烏托邦」的旅行見聞，那裡財產是公有的，人民是平等的，實行按需分配的原則，大家穿統一的工作服，在公共餐廳就餐，官吏由公眾選舉產生。湯瑪斯・摩爾認為，私有制是萬惡之源，必須消滅它。這認知無疑是善良的，理想是美好的，只可惜是不可能會有的。因此，「烏托邦」成為空想社會主義的代稱，演變成一個貶義詞。《烏托邦》可以追溯到柏拉圖的《理想國》，差不多孔子的時代，可見空想完美的社會制度，是全人類不謀而合的、久遠的幻想。

「井田制」就被一些現代學者認定為一種「烏托邦」，可時不時就有人把百姓當實驗室裡的白老鼠。王莽曾恢復遠古的井田制，輔以嚴刑峻法也執行不下去，3年後不得不撤銷。南唐時期土地兼併日趨激烈，李煜的對策也是恢復「井田制」，結果遭到強烈抵制，不僅改革以失敗告終，他自己也很快成為北宋的俘虜。可是北宋王安石，在當時有孔子之譽，著書立說「必以堯、舜、三代為則」[314]。土地兼併問題入宋後日趨嚴重。因為政策一方面不限個人土地占有額度，允許自由買賣，另一方面實行科舉取士制，士大夫特權不能世襲，他們往往在退休之前就大量購置田產，成為一方豪強。趙恆後期，曾詔令加以限制，但在眾多既得利益者的反對下，未能貫徹執行。到趙禎時期更為嚴重，地主不到總戶數的10%，卻占有70～80%的土地，史稱「承平浸久，勢官富姓，占田無限，兼併偽冒，習以成俗，重禁莫能止焉」[315]。王安石早在任地方官時，就寫了一首題為〈兼併〉的詩：

三代子百姓，公私無異財。

人主擅操柄，如天持斗魁。

---

[314]　晁說之：《晁氏客語》。
[315]　《宋史》卷173，〈食貨志〉上，43冊，P2789。

賦予皆自我，兼併乃奸回。

奸回法有誅，勢亦無自來。

後世始倒持，黔首遂難栽。

秦王不知此，更築懷清臺。

禮義日已偷，聖經久埋埃。

法尚有存者，欲言時所咍。

俗吏不知方，掊克乃為材。

俗儒不知變，兼併可無摧。

利孔至百出，小人私闔開。

有司與之爭，民愈可憐哉。

這詩的藝術性顯然不足，從思想的角度來看，還是可讀的，展現了他當時的政見，追述兼併的產生和發展歷史，揭露兼併造成的危害，斥責只知搜刮民財而不知變革的「俗吏」、「俗儒」，但他的對策只不過是幻想恢復西周的井田制。

所幸王安石的思想沒有停留於此，他後來在《寓言十五首·其三》中，進一步探索這個問題：

婚喪孰不供，貸錢免爾縈。

耕收孰不給，傾粟助之生。

物贏我收之，物窘出使營。

後世不務此，區區挫兼併。

在這首詩當中，王安石具體考量到政府應盡的責任，如果在百姓困難之時，能借錢、貸穀，救一時之急，他們就不必賣田、賣地。如果沒有這類社會保障措施，空談抑制兼併，不可能會有實效。這就是他後來之所

以力推「青苗法」改革的思想動機。後來，他仍言必稱三代，在那份著名的萬言書當中，雖然稱「方今之失，患在不法先王之政」，但強調「法其意」，立足於今，務實得很。

◎法祖式改革

　　復古式改革與法祖式改革有差別。法祖式改革有「成」的目標可守，只不過刻舟求劍而已。復古式改革的問題在於沒「成」可守，說確切點，是那個目標本身就不可靠。連夏、商時代是否存在一個大一統的政權，由於缺乏考古數據，迄今還有不少專家學者持疑，孔子和他的弟子們卻固執地認為從夏、商傳至西周的禮儀制度非常完美，根本不需要後人再動什麼腦筋，照搬即可。在此之後，一代代儒家依然好此。幸好帝王在這方面倒是大都很務實，像王莽那樣依周禮畫瓢的並不多。

　　問題是中國儒家始終像孔子、王莽等人那樣，「腳步向前走，而眼睛向後看」。相應地，改革也可簡單劃分成兩類：一是兩眼向後的改革，好比醫治天花，向後去找古墓裡的藥方；二是兩眼向前的改革，如向時代的前方找疫苗。是要讓保守派牽著鼻子後退，還是讓改革派引領前進？需要政治家作出抉擇，也是人民需要參與的抉擇。正如學者所說：「人類只有知道應該朝什麼方向前進，才可以談論進步。」在錯誤的方向前進，只會越來越離譜，越來越悲慘。

　　阿Q之所以吹噓祖宗曾經闊綽過，只因為他的現實太不堪。歷史悠久，曾經輝煌而現實不輝煌，只能說明其文明停滯，甚至倒退。歷史的倒退是輕易的，不信請看伊朗的歷史與現實。但倒退是不得人心的，是危險的。美國19世紀著名女詩人艾米莉·狄更生（Emily Dickinson）吟道：

假如我沒有見過太陽，

我也許會忍受黑暗；

可如今，太陽把我的寂寞，

照耀得更加荒涼。

美國人吟唱這樣的詩歌，時常警醒著，古方式改革，注定不可能長治久安。

(二) 疫苗式改革

1770 年代，英國醫生愛德華・詹納（Edward Jenner）發現牛痘，人類從此終於能夠抵禦天花病毒。後來英國又發明預防天花的牛痘疫苗，全世界推廣。1979 年 10 月 26 日，聯合國世界衛生組織鄭重宣布：全世界已消滅天花。

天花是人類目前消滅的唯一一個傳染病。疫苗現已成為普通百姓防治疾病的重要方式，這些疫苗可以讓人終生不罹患相應的疾病，是人類非常可喜的重大進步！人類歷史可以就此一分為二：有 XX 病的時代；沒有 XX 病的時代。

治國之病的改革也是如此。古人就意識到：「明者見危於無形，智者規禍於未萌。」[316] 能預防無形、未萌的問題，顯然比「妙手回春」的醫術更高一籌。

疫苗式改革，歷史上說得不少，如高喊「均貧富，等貴賤」之類的口號，一個個說是要解決貧富貴賤問題，迄今也沒有哪個地方真正實現。歷史上稍像疫苗式的改革不多，如孝文中興、景聖中興等。

相對於前者而言，這類改革的特點是，在時代的前方確定一個目標，然後努力將現實改向那個目標。

---

[316] 《三國志》卷 28，〈鐘會傳〉，10 冊，P586。

◎超越時空局限

春秋戰國時代，爭雄奪霸，紛紛掀起變法運動。秦孝公感到危機，連忙釋出求賢令，向國內外廣招變法人才。衛國的商鞅被感動，毅然投奔，深得秦孝公賞識，主持、開展變法運動。第一階段實行「墾草令」，增加「連坐法」，輕罪用重刑；廢除舊世卿世祿制，按軍功賞賜20等爵；獎勵耕織，特別獎勵墾荒，並限制商人，重徵商稅；焚燒儒家經典，禁止宦遊之民；推行「小家庭制」，擴大賦稅和兵役、徭役來源。第二階段主要內容是廢除「井田制」，承認土地私有，允許自由買賣；推行郡縣制，廢除分封制；遷都咸陽，修建宮殿；統一度量衡，頒布標準度量衡；編訂戶口，5家為伍，10家為什，按戶、按人口徵收軍賦；革除殘留的戎狄風俗，禁止父子、兄弟同室。透過這一系列變法，社會經濟大發展，秦國不僅很快擺脫危機，且躍居「戰國七雄」中實力最強者，為後來統一天下奠定了堅實的基礎。

其中好多內容很眼熟，秦始皇統一後在全國推廣。度量衡方面的政策迄今類似，現代不再論斤兩而論KG，不再論尺寸而論CM，還努力跟世界統一呢！從分封制到郡縣制，就像從君主制到君主立憲、民主制一樣，也是時代先驅。可見這次改革力度之大，方向之正確，影響之深遠。今天看來，商鞅變法儘管有明顯的局限，還是遠遠大於救秦國之功。有些內容成為一種文化，推動整個中華民族的深遠發展。

◎超越族群樊籬

縱觀數千年人類歷史，從野蠻走向文明，從戰爭走向和平，這種發展趨勢越來越明顯。儘管這種趨勢還那麼曲折，現實還諸多困擾，我依然堅信。艾米・蔡（Amy Chua）考察了歷史上包括唐朝在內的世界8個超級大國的起落興衰，認為：「無論哪一個帝國，寬容性都是其獲得世界霸權不

可或缺的關鍵因素。」[317] 古羅馬在西元一世紀前後擴張成為橫跨歐洲、亞洲、非洲，稱霸地中海的龐大帝國，至1453年被鄂圖曼帝國所滅。僅它帝國時期，相當於中國東漢至明朝。艾米‧蔡認為，古羅馬從古希臘那裡吸取經驗教訓，發現固執己見和民族隔離，常常引發仇恨，最終導致戰爭。所以，羅馬變得非常寬容，並以此為原則，改革執政方式。羅馬帝國的最高統治者，包括皇帝本人，可以來自帝國的各個地區，向所有受過良好教育的人開放，不論他是什麼種族或民族，「來自粗俗和野蠻地區的人」也能參與政治，分享帝國的權力和榮耀。羅馬帝國代表著一種communis patria，即共同的祖國。

中華文明幾千年史，十之八九認可唐朝最輝煌，那正是漢民族與其他各民族最融洽的時期。唐朝具有世界主義色彩，據說唐與世界300多個國家和地區建立官方關係，長安市區1/3人口是外國人，街上常見阿拉伯傳教士，印度、波斯和敘利亞的商人，朝鮮和日本的學者與僧人，布哈拉、撒馬爾罕、塔什干（今均屬烏茲別克）的藝術家等等。國際貿易也很發達，在廣州登陸的外國商船，平均每天10多艘。一方面派唐僧到西天取經，另一方面也讓外國人帶中國的書，連那些不登大雅之堂的《遊仙窟》、《素女經》和《玉房祕訣》之類的書也不禁，既沒有顛覆、洩密之嫌，也不怕有辱斯文，自信得很。李世民既是大唐皇帝，又兼敕勒國的可汗，他誠摯地說：「自古皆貴中華，賤夷、狄，朕獨愛之如一，故其種落皆依朕如父母。」[318] 唐也極積吸收異族文化，例如胡樂、胡舞等。唐朝之燦爛，首先在於有一個開放的胸懷。學者指出：「奇怪的是，封建大國越是強大的時期，它反而越開明。」[319] 其實並不奇怪，好比一個人，越年輕、越強盛之時，越開明，而越衰老、越無力、越保守。

---

[317] ［美］艾米‧蔡：《大國興亡錄》（*Day of Empire*），劉海青、楊禮武譯，北京：新世界出版社，2013年，導言P3。

[318] 《資治通鑑》卷198，〈唐紀〉14，P8252。

[319] 金觀濤、劉青峰：《興盛與危機》，長沙：湖南人民出版社，1984年，P228。

蒙古老祖宗保守，但變化也大，大起大落，甚至有人認為蒙古的統治是全球化的第一次浪潮。忽必烈變成世界人，試圖創造一個世界性的帝國。透過融合中國、印度、阿拉伯和歐洲文明，出現了世界上最先進的地圖、航海圖表、地球儀，遠遠超過同時代的歐洲人。他鼓勵國際貿易、宗教共存、自由通訊和文化交流。只可惜人亡政息。大臣伯顏甚至建議將所有姓張、王、劉、李、趙的全殺光，使漢人減少90%，幸好當時順帝沒殘忍到那種地步。狹隘的民族主義思想，令後期的元統治者自絕於漢人，自絕於中原。倒退的改革，讓他們在世界舞臺由主角淪落為跑龍套，很快被徹底驅逐到歷史舞臺的幕後去了。

三、徹底改革

疫苗式改革與基因式改革的主要差別，前者是專項治理，後者是綜合治理。

現在到醫院體檢或看病，醫生往往先檢視白血球是否正常。衰老和致癌作用是醫學界的兩座大山，科學界正在全力突破瓶頸，其中一個治療癌症的策略，是從病人身上提取合適的免疫T細胞，然後透過基因編輯技術，對細胞進行改造，使其能專門針對癌細胞發揮作用，之後大量體外培養這種改造過的免疫細胞。此外，還有更尖端的現代醫學，在細胞中持續穩定特定基因表現，或干擾特定基因表現。據說這種醫術能為人們身後500來年的子孫們提供健康基礎。這很容易讓我聯想到文化。周公在革商人之命之餘，就進行了類似這種的改革。儒家文化，為千古封建與郡縣制提供了不可或缺的細胞，只是近代以來，社會形態鉅變，才越發顯得不適應。

百年前，阿拉伯思想家謝基卜‧阿爾斯蘭抱著同病相憐的態度，旁觀了中西文化衝突。他冷靜地寫道：

> 即以人體為喻，紅血球固然為健康身體所必需，但白血球用以抗禦病毒之入侵，也必不可少。中華帝國之軀，並不缺少紅血球，但白血球幾告匱乏。[320]

文化改革是全面的、深化的、徹底的，是整個民族的進步，乃至促進人類的進步。「成康之治」、「同治中興」就大致屬於這類型的改革，前者所創「周制」，在西、東周實行了數百年；後者開始孕育中國的近、現代文化。其實，從周至秦漢之變，也屬於這類徹底的改革——即文化層次的改革——只因為某種眾所周知的緣故，而較少注重它。

曾經那麼燦爛輝煌的周王朝，之所以落得狼狽而亡，顯然是一種制度之亡。好比一個人暴富後，只想獨自過一種悠閒雅緻的日子，將田地、工廠全分給兒孫們去經營，自己留兩畝三分地，還一直縮水，沒多少年就開始財政危機，得向兒孫們「求賻（喪葬費）」、「求車」、「求金」、「告飢」。最後僅剩36邑3萬口人，現代一個鄉鎮規模而已，哪有半點「天子」的樣子？後來連周王的後裔們也不肯解囊相助，只好向自家僕人借錢，弄得一屁股債。現代公司倒閉，誰如果接手，那得連債務一起接過去。秦昭王雖然有善心，沒殺最後一個周王姬延，只是笑納其地其民，但債務是不會承攬的。人們紛紛向姬延索債，可他還有辦法？只好像現代一些老闆那樣跑路，躲到宮後一個高臺上去，人們稱之「逃債臺」，留到現今的成語「債臺高築」就由此而來。秦始皇滅六國，接過周天子的全部天下，還要接走那種「分封建國」的禍根嗎？對此，人們產生分歧，時不時爭議，斷續千百年⋯⋯

早在西周就有「縣」，但那只泛指郊外地區，不是行政區。前738年，

---

[320] 轉引自薛慶國：〈100年前的阿拉伯人如何看中國？〉，《中華讀書報》2016年9月21日。

三、徹底改革

楚武王熊通滅權國（今湖北荊門附近），建立權縣。熊通將縣設為一級行政區，從此，每滅一國，便把那裡的貴族遷到楚國後方，而將該國故地通常設為縣，因俗以治。縣制的創立，削弱了世襲貴族的勢力，楚王可以直接掌控縣的賦稅，調動縣的軍隊，增強楚國爭霸的實力。今天的「縣」就由此而來。半個世紀後，秦國向楚國學習，建立縣級行政機構，開始實行中央集權的體制。

秦王朝的中央集權是一種集大成式的創新。歷史學家說：「中央集權制度各事，戰國時期略見端倪，在《七國考》一書中無法連綴成章。」[321] 這就是說，秦始皇在六國探索的基礎上，進行了創新。所謂中央集權制度各事，類似的具體制度創新的有多項，清末民初的史家夏曾佑總結：

> 秦人革古創今之大端有十：並天下，一也；號皇帝，二也；自稱曰朕，三也；命為制，令為詔，四也；尊父曰太上皇，五也；天下皆為郡縣，子弟無尺土之封，六也；夷三族之刑，七也；相國、丞相、太尉、御史大夫、奉常、郎中令、大夫、衛尉、太僕、廷尉、鴻臚、宗正、內史、少府詹事、典屬國、監御史、僕射、侍中、尚書、博士、郎中、侍郎、郡守、郡尉、縣令等皆秦官，八也；朝儀，九也；律，十也。[322]

對此，我們今天常讀歷史者會感到非常熟悉，因為這些名詞在秦之後的 2,000 多年歷史文獻中經常讀到。

秦滅六國，群臣認為秦王政「平定天下，海內為郡縣，法令由一統，自上古以來未嘗有，五帝所不及」，建議他為「泰皇」。他聽了很高興，可是興猶未足，說「去『泰』，著『皇』，採上古『帝』位號，號曰『皇帝』」，並強調：「朕為始皇帝。後世以計數，二世、三世，至於萬世，傳之無窮。」[323] 秦始皇的自信心令人望塵莫及。

---

[321]　張傳璽：《封建王朝的興起》，三聯書店，2018年，P37。
[322]　夏曾佑：《中國古代史》，石家莊：河北教育出版社，2000年，P252～253。
[323]　《史記》卷4，〈秦本紀〉，1冊，P160。

統一當年，當務之急由如何得天下，轉型為如何穩定天下。丞相王綰等人建議：「原來燕國、齊國、楚國等那些地方，太偏遠了，請分封王到那裡去鎮守！」秦始皇實際上不大專斷，將這問題交由大臣討論。大臣們大多附和王綰，只有執掌司法的廷尉李斯表示反對，他說：「想想西周分封，當初其樂融融，可是沒多久就變仇敵，相互殘殺不休，周天子卻不能勸阻。讓各地沒有不同的利益，天下才能夠安寧！」秦始皇聽了，馬上表示贊同：「此前數百年天下爭戰不休，正因為分封建國，有一群侯王。現在天下終於初步安定，如果又分封立國，那是重新樹敵，怎麼能夠安寧？廷尉說得有理，不分封！」[324]於是，全國分為36個郡縣，直屬中央政府統轄。

關於王朝政體的事，本以為就此形成共識，不想還有人反對。那是前213年，即秦統一之後第八年，在咸陽宮舉行大型酒宴，70名「博士」為秦始皇賀壽，歡天喜地。大臣周青臣讚美：「想當年，秦地不過千里。陛下英明，如今日月所照，莫不賓服。諸侯制改革為郡縣制，人人自安樂，無戰爭之患，傳之萬世。自上古以來，沒有一位天子的威德堪比陛下！」秦始皇聽了這話非常高興。沒想到來自原齊國的博士淳于越強烈不滿，當即駁斥：「殷、周天下之所以長達千年，是因為分封子弟功臣為輔佐。現在陛下的子弟為民，雖然有大臣，可如果萬一有危難，誰來輔佐？不仿效古代而能久長的事，還沒聽說過。周青臣對陛下的過錯大拍馬屁，不是忠臣！」[325]

這話自然讓秦始皇掃興，但他仍不失開明，要大家議議。於是，李斯

---

[324] 同上，P170，廷尉李斯議曰：「周文武所封子弟同姓甚眾，然後屬疏遠，相攻擊如仇讎，諸侯更相誅伐，周天子弗能禁止。今海內賴陛下神靈一統，皆為郡縣，諸子功臣以公賦稅重賞賜之，甚足易制。天下無異意，則安寧之術也。置諸侯不便。」始皇曰：「天下共苦戰鬥不休，以有侯王。賴宗廟，天下初定，又復立國，是樹兵也，而求其寧息，豈不難哉！廷尉議是。」

[325] 同上，P180，「臣聞殷、周之王千餘歲，封子弟功臣，自為枝輔。今陛下有海內，而子弟為匹夫，卒有田常、六卿之臣，無輔拂，何以相救哉？事不師古而能長久者，非所聞也。今青臣又面諛以重陛下之過，非忠臣。」

反駁淳于越，指責：「古者天下散亂，莫之能一，是以諸侯並作，語皆道古以害今，飾虛言以亂實，人善其所私學，以非上之所建立」，並進而建議除秦國史書及「醫藥、卜筮、種樹之書」，「皆燒之」。如果要學法律，「以吏為師」即可。[326] 換言之，李斯這段反駁與建議，是要求禁止「援引理想化的古代制度來批評當前制度的做法」[327]。秦始皇同意李斯意見，郡縣制才堅持了下來。

秦制三大要素：郡縣制與帝制、大一統。郡縣制是核心，也是與「周制」，即封建制最大的差別。從此至清朝的 2,000 年間，實行的均是郡縣制，由此可見，秦制在當時多「先進」。封建制的地方負責人是「世襲」的，父子、子孫相承，郡縣制的各級地方負責人都是「流官」，而現代國家的官員也普遍是「流官」。與行之千年的制度相比，當時具體的政策自然是「短期行為」。秦始皇實行了統一文字、度量衡及「秦直道」的政策，雖然當時那種具體的度量衡單位早淘汰了，但那種統一的思路，也沿襲千古。從這個角度，也可見秦制思維多有遠見。

再說統一文字，千萬不可小看它的意義。柏楊曾經生動地說：「漢字像一條看不見的魔線，把語言不同、風俗習慣不同、血統不同的人民的心聲，縫在一起」，而「羅馬帝國拉丁文是一種拼音文字，一旦土地隔絕，言語相異的人，各自用字母拼出言語，不同的各種文字遂紛紛出現」，「可以說，自從紀元前腓尼基人發明拼音字母，歐洲就注定了不能統一」[328]。統一的漢文，為中國多次大分裂之後又一統，立下了汗馬之功。

然而，秦政留下來更為引人注目的是負面影響。經濟學有個名詞「合成謬誤」（Fallacy of Composition），意即對區域性而言正確的東西，對總體

---

[326] 同上，P181。
[327] [美] 陸威儀（Mark Edward Lewis）：《哈佛中國史・秦與漢》（*History of Imperial China*），王興亮譯，北京：中信出版集團，2016 年，P54。
[328] 同注 303，中冊，P122。

未必。換言之，在個體上是正確的，在總體上卻未必正確；反之亦然。具體來看，開「秦直道」、鑿靈渠無疑是正確且必要的，北禦匈奴是正確且必要的，然而，這些正確且必要的大事「合成」起來，就未必正確了，因為同時辦這些大事，可能超出國家的承受能力。更何況還迫不及待做了一堆沒那麼正確、更沒那麼迫切的大事，例如修阿房宮及陵墓，還有浩浩蕩蕩去求仙。據猜想，當時全國多達15%以上的人口被徵集到各大工地。因為過於沉重的徭役，讓荀子所見的那個盛世完全變了樣，《史記》描述其時「赭衣塞路，囹圄成市」，慘不忍睹。所以，稍遇一些偶然變故，例如秦始皇的遺詔被竄改，陳勝、吳廣因雨誤期而造反，強大一時的秦王朝，迅速土崩瓦解。

有些秦政不僅為當時民眾帶來苦難與動亂，還造成了影響深遠的惡果。因為抵制淳于越的錯誤觀點，竟然採取「焚書」政策，不久又發生更駭人聽聞的「坑儒」事件。其實，戰國時許多諸侯國都曾焚禁過《詩》、《書》，《孟子》記載：「諸侯惡其害己也，而皆去其籍。」「坑儒」事件在學界迄今尚存諸多爭議。但不管怎麼說，「它使後世的文人對秦帝國產生了持久的反感」[329]，直到今天，我們還難以釋懷。

對「秦制」與「秦政」應加以區別。周亡是「周制」之亡，秦亡則不是「秦制」之亡，而只是「秦政」之亡。秦制即郡縣制與帝制、大一統制度，實行了2,000多年，直到清朝末年，而其中的郡縣制與大一統制，行之更久遠……

湯恩比（Arnold Joseph Toynbee）早在半個世紀之前冷戰正酣之時，就熱衷於「統一世界」的課題，但他強調：「在今天這個世界上，武力統一世界的嘗試，只會是自取滅亡」，「我所預見的和平統一，一定是以地理和文

---

[329] ［英］崔瑞德（Twitchett）、魯惟一（Loewe）：《劍橋中國秦漢史》（*The Cambridge History of China Volume*），中國社會科學院譯，北京：中國社會科學出版社，1990年，P67。

化主軸為中心，不斷結晶擴大起來的」。[330] 新加坡國立大學、東亞所高級研究員郭良平也認為：「在當今世界當頭，靠武力征服早已行不通了，必須具備的基本條件是世界範圍內的認同和追隨，即別的國家和人民自願接受你的價值理念、先進制度、做法和政策，自覺地學習和效法。」這裡說的別國自願接受、自覺地學習與效法，就是古人所謂讓遠人「悅服」，「修文德以來之」。

只有基因式改革，文化創新，超越儒法，超越左右，超越中興，才可能抓住民族復興的飛躍契機。

針對西方文化入侵，面對新形勢下的新問題，當然要尋求新的對策。可以從傳統文化當中去尋求啟示，但如果幻想從古墓裡挖出什麼致勝利器，那就荒謬了。**復興不是復辟，而應當是一種創新，一種進步！**

歷史上有一種「循吏」，指那類雖然沒做什麼壞事，可也沒做什麼大好事的小官。《史記》創〈循吏列傳〉，後為各史所承，成為記述州縣級地方官中好官吏的固定體例。前文所引朱東潤描述衙門辦公「其實只是辦紙」的情形，遠不只出現在明代晚期。實際上，在高官大臣當中，也大量存在「循官」，乾隆曾在一次會議上批評高官們說：

近來九卿大臣，朕實灼見其無作奸犯科之人，亦未聞有作奸犯科之事。然所謂公忠體國，克盡大臣之職者，則未可以易數也……今爾等唯以循例辦稿為供職，並無深謀遠慮為國家根本之計，安所謂大臣者歟！如僅循例辦稿已也，則一老吏能之。[331]

其實，也有眾多「循帝」，例如乾隆自己。乾隆雖然也有一些小打小鬧的改革，但更突出的一面是因循。「循吏」也想做些像模像樣的正事，

---

[330] [英]湯恩比、[日]池田大作：《展望二十一世紀：湯恩比與池田大作對話錄》，荀春生、朱繼征、陳國梁譯，北京：國際文化出版公司，1985年，P305、294。

[331] 《乾隆實錄》卷162。

無奈受「循官」所制約，而「循官」又被「循帝」制約。集權專制帝王不是權力大無邊，無所不能嗎？北魏創「三長制」，權力伸延到鄉村，史稱「以大督小，從近及遠，如身之使手」。我覺得這描寫非常生動，由此想像帝王就像人腦一樣，一個意念、聖旨下達，全國各地就可以像身手四肢般，迅速而靈活地運作起來。所以從理論上來說，集權專制應該是非常優勢的。但實際上不是那麼回事，帝王往往受制於文化，常常感到力不從心。有些帝王連根據自己的意願選擇皇后、太子都難以如願，明世宗朱厚熜甚至被那些儒臣強迫改稱自己的生父為叔父、生母為叔母。如此可憐、可悲，你想他們還能超凡脫俗、大刀闊斧做些什麼？「循帝」又被體制與文化所制。

古老的中華文明必須進行細胞式的改革，首先有文化的創新，才可能適應現代世界，真正實現民族的偉大復興。

四、超越中興

上述三層五種類型的改革，列簡表如下：

層次	屬性	類型	例證	特點
淺層改革	政策	鋸箭式	元和中興 萬曆中興	鋸箭桿了事，不管肉體內的箭頭，滿足於解決表面問題，將病根留給別人去治。
		止痛式	少康中興 盤庚中興	給服止痛藥，或注射麻醉劑，滿足於暫時解決問題，不管事後洪水滔天。

四、超越中興

層次	屬性	類型	例證	特點
深層改革	制度	古方式	王莽改制 嘉道中衰	搬用遠古或父輩的成功經驗，刻舟求劍，沒有成功的案例。
		疫苗式	孝文中興 景聖中興	將此病徹底治好，治斷根，並努力讓其他人不再患同一種病。
徹底改革	文化	基因式	成康之治 同光中興	全面的改革，整個民族的進步，乃至促進人類的進步。

這三個層次並非強調由淺入深，按部就班。各層次的改革可以同時進行，深層次的改革包含淺層次的改革。有些改革淺嘗輒止，雖救不了帝王一世，更救不了國家和民族，但總比沒有好。不難想像遠古的人類社會多麼簡單粗糙，正因為有不斷改革，每次改進一些，歷經無數次，從量變到質變，才有美好千萬倍的今天。

作為三層五種類型改革的小結，強調兩個關鍵詞：

◎綜合

所謂「唐宋之變」，可以有多種說法，最簡單說，就是由重武轉為重文。趙匡胤非常重視「以史為鏡」，唐後期至五代那兩、三百年之亂，都是藩鎮軍閥造成的，因此他實行「杯酒釋兵權」的歷史性大改革。如前所述，趙光義明確告誡大臣及後代子孫：

國家若無外憂，必有內患。外憂不過邊事，皆可預防。唯奸邪無狀，若為內患，深可懼也。[332]

通俗地說，民眾造反比外敵更難防。字裡行間還有一層意思：外敵打不過，最糟無非是割地賠款；但民眾造反，可是會危及皇位的，可怕得多！趙光義將此概括為「事為之防，曲為之制」，並強調「紀律已定，物有

---

[332]《續資治通鑑長編》卷 32，2 冊，P719。

其常,謹當遵承,不敢踰越,諮爾臣庶,宜體朕心」[333],當作「祖宗之法」代代相傳。

此舉說來,算是非常成功,因為兩宋不僅都避免了像五代時期小王朝那樣短命,而且在經濟、文化方面,開創了中華文明的高峰。然而,以更高的標準來看,大宋這個歷史性改革,也未能實現「長治久安」的理想。所謂重什麼、輕什麼,無非是翹翹板式的改革,這頭起來、那頭必下;那頭起來、這頭必下。在那個叢林時代,又不能沒有兵,趙氏把兵視為一種福利事業來養,造成積弊「三冗」之一——兵冗。趙頊曾嘆道:「窮吾國用者,冗兵也。」[334]可這當時世界最龐大的軍隊中,不僅老弱殘者多,而且情緒欠佳,軍人發牢騷:「考個進士怎麼像戰場凱旋一般!當今敵騎壓境,何不賦詩退敵?」這樣的戰鬥力可想而知,結果100多年出不了一個名將,連小小的西夏都戰勝不了,還被區區金兵亡國,繼而又被蒙古人徹底亡一次。可見,這個歷史性改革,最終是失敗的。從宋至清,國家軍隊主要用於鎮壓百姓造反,對外則寧願割地賠款。

「事為之防,曲為之制」,一般通俗地稱為「以防弊之政,作立國之法」,幾乎都沒有真正實現「長治久安」的目標。到「十全老人」乾隆,他得意地自吹:

> 前代所以亡國者,曰強藩、曰外患、曰權臣、曰外戚、曰女謁、曰宦侍、曰奸臣、曰佞幸,今皆無一彷彿者。[335]

終於把歷史上亡國之弊全都對照整治完美了,這下終於可以確保江山萬萬年了吧?

這種「以防弊之政,為立國之法」的改革治國,用現代話來說,是「路

---

[333] 同上,卷17,1冊,P382。
[334] 同注315,卷196,〈兵志〉,P3274。
[335]《清高宗實錄》卷1112。

徑依賴」，用民間說法來說，就是「頭痛醫頭，腳痛醫腳」，缺乏綜合性思維。沒有考量到頭痛的病因很多，除了最大可能是感冒，也可能是神經痛，還可能是顱內感染、腦血管疾病、顱外頭面部疾病以及全身疾病，如急性感染、中毒等等；腳痛可能是外傷，也可能是由於血液中尿酸高引起的痛風，簡單來個「頭痛醫頭，腳痛醫腳」，即鋸箭式、止痛式醫療，根治不了問題。

何況疫苗也不是萬能的。牛痘疫苗只能預防天花，而不可能包防百病。乾隆們醫治的歷史痼疾是多，可是百病都醫治了嗎？

更何況病毒會不斷變異，相關專家只恨跟不上其變異的速度。而乾隆們卻根本不屑一顧新問題，滿足於古墓裡的老藥方，能夠永遠健康、長生不老，那才怪呢！

我常莫名其妙聯想到早年學騎腳踏車，那車總是很不聽使喚，不是往左邊倒，就是往右邊倒。車往左邊或右邊傾時，我屁股以及整個身體往另一邊用力地扭，踏板也踩不動了，結果還是穩不住，沒兩步就倒下。腳踏車是無法靜止站立的（除非用腳支撐），社會則無法在停滯中穩定。學會騎車了，往左邊傾或是往右邊傾都沒有關係，並不影響前行。年少愛出風頭，還常常用一隻手扶把手，甚至炫耀地兩手都不扶，好比「無為而治」。「以防弊之政，作立國之法」，好比學騎車時身體糾正左傾或是右傾，解決不了長遠的問題。

從秦至清的 2,000 多年間，大大小小的改革也蔚為大觀，但都只不過小修小補。日本改革成功的奧祕在於，他們意識到：「受倡導的文明原本是一個統一體，很難只單單採用它的科學文明技術。」[336] 這種「統一體」，常被人為地分割。王安石、張居正也不過是李鴻章之類的「裱糊匠」，乾隆所謂「今皆無一彷彿者」，多換了些壁板門窗，大廈那歪損的基梁並沒有更新。想徹底改變國運，非有綜合性的大改革不可。

---

[336]　［日］吉田茂：《激盪的百年史》，李杜譯，西安：陝西師範大學出版社，2006 年，P40。

◎堅持

古今中外，沒有哪一次改革一帆風順，一蹴而就。秦始皇的郡縣制並非橫空出世，此前300年，秦武公便開始試行；100多年前，商鞅變法開始推廣；晉國在春秋晚期首創，趙國也曾試行。英國17世紀資產階級革命勝利後，1830年代開始，幾十年間，相繼又在政治、經濟、軍事、教育、衛生等各個領域進行改革，史稱「改革的時代」，經歷200多年的自我調整與完善。日本資產階級近代化程序算是最快的，但也歷經了一個多世紀。

法國社會學家古斯塔夫·勒龐研究人類群體心理，一方面指出，「如果一個民族抓住傳統不放，就不能改變，就會像中國一樣無法進步」，另一方面又強調，「思想要深入人心，需要很長的時間，要拔除也需要同樣多的時間。所以在思想層面，群體比智者和哲學家落後好幾代」。[337] 郭嵩燾認為，中國需要差不多300年，才可能走出秦漢以來累積源厚、流極敗壞的政教，非這樣漫長，不能指望振興。以百年之力或許可以「滌蕩舊染」，真正的改變在於人心風俗。[338] 唐德剛也說：

> 要從一個古老的封建制度（像文藝復興時代的歐洲），或帝國制度（像辛亥革命之前的中國），轉入一個民主代議制度，這種制度轉型，就非三年、五年之功了。事實上，東西方歷史告訴我們，這項轉型運動需時數百年，始能竟其全功。[339]

當然不是說人家電腦從無到有歷經幾十、幾百年，我們也得重新摸著石頭過河，連人家走過的冤枉路也不可少。我只是想強調：「俟河之清，人壽幾何」的心情是可以理解的，但欲速則不達。不必太急，不怕受挫，只要儘早華麗轉身，堅持改革，不斷向前推進就好。誠如馬克·吐溫（Mark Twain）所言：「持續的改進，勝過延遲的完美。」

---

[337] [法]古斯塔夫·勒龐：《烏合之眾：大眾心理研究》，P59、40～41。
[338] 轉引自《獨醒之累》，P11。
[339] 唐德剛：《袁氏當國》，桂林：廣西師範大學出版社，2004年，P4。

附
帝制時代的天時地利人和

【提要】

　　歷史上天時缺乏「國家主權」觀念，王朝即使強大一時並被國民擁戴，也遲早被更強大的外敵所滅。而現代即使彈丸小國，不備一兵一卒，也可望長治久安。

　　由於交通、通訊、軍事等方面的科技高度發展，歷史上曾經「一夫當道，萬夫莫開」的策略要地，變得幾乎可以忽略不計，「地緣政治」的意義也相應減弱。沙漠草原照樣可以繁榮，島國也可以躋身發達行列。

　　人和的因素倒是變得越來越重要。「得道者多助，失道者寡助」之說，可謂歷久彌新。只要不刻舟求劍，天地無私玉萬家；只要不劃地為牢，天涯海角皆通衢；只要人民心不死，國之永恆已成為可能。

附　帝制時代的天時地利人和

天時

　　現代歷史學家認為，氣候變化與改朝換代有一定關係，因為氣象災害導致農業歉收，飢民很容易變成流民——暴民，壯大反叛力量，加速王朝覆亡。著名史家雷海宗斬釘截鐵說：「自古以來，中國的一部或全部被西北或東北的外族征服，幾乎都在大地氣候的乾燥時期。這絕不是偶然的事。」[340] 明朝最後近一個世紀——差不多從 16 世紀中葉到 17 世紀中葉——適逢地球進入人類文明紀元後一段最寒冷時期，稱「小冰河期」。千年極寒的氣候，帶來一系列自然災害，造成大量飢民，讓李自成等民軍一次次絕處逢生，越來越壯大。

　　1900 年英國駐北京公使竇納樂（Sir Claude Maxwell MacDonald）致函其國內外交大臣，匯報義和團威脅越來越嚴峻的最新形勢，最後卻寫道：「我相信，只要下幾天大雨，消滅了激起鄉村不安的長久旱象，將比中國政府或外國政府的任何措施，都更迅速地恢復平靜。」[341] 竇納樂將希望寄予老天爺，看似荒謬，其實不虛。當時，北方嚴重旱災持續已久，被義和團充分利用。他們趁機編歌謠，把天災嫁禍給西方傳教士，煽動說：「天無雨，地焦旱，全是教堂止住天。神發怒，仙發怒，一同下山把道傳。」那些農民，覺得「當個團民比留在仍苦於乾旱的鄉間更加便於生存」，於是紛紛投奔義和團。而一旦「雨又下，文安霸州拳匪，相率回籍」，「途中自相語曰，天雨矣，可以回家種地矣，似此吃苦何益」。天災往往是農民捲入造反的主要動因，他們造反大都只不過是為了逃命，混碗飯吃。

　　中國不是早有「常平倉」嗎？為什麼還會造成滅頂之災？史家認為「常平倉」比埃及類似的做法更為先進，是中國對世界的重要貢獻之一。然而，

---

[340]　雷海宗：《中國文化與中國的兵》，P118。
[341]　轉引自金松：〈旱災引發義和團運動？〉，《文史博覽》2013 年第 9 期。

好事往往虛有其表。因甘肅災情較多，清初規定，凡是想要國子監監生資格的讀書人，按規定數目，向當地官倉捐交豆麥穀糧，就有資格應試入官，時稱「捐監」。遇到災荒，就用這些糧食賑濟災民。雖然有賣官之嫌，但賑濟蒼生，功德無量，目的是好的，可視為「常平倉」制度的進一步發展。不過，實行起來問題也不少，因而一度停止，直到1774年，王望任甘肅布政使才恢復。王望說倉儲不足，建議要監生把應捐的穀糧折為銀子，朝廷准允。不到3年時間，開銷監糧600餘萬石，全都折成銀子。1777年，王望升任浙江巡撫，王廷贊接任，續辦監糧500多萬石。王廷贊表功心切，向乾隆奏曰：「臣願將歷年積存廉俸銀4萬兩繳貯甘肅藩庫，以資兵餉。」萬萬沒想到，精明的乾隆卻看出破綻！王廷贊僅任甘肅布政使，何以家中如此富裕？於是密查，不小心查出一樁貪腐大案。兩任布政使及數十名地方官員，涉案白銀多達291萬兩。原來，他們假報天災，謊稱「常平倉」糧食已發放救濟災民去了。專家學者說：「在18世紀終告尾聲之際，清朝官僚統治最完美的成就——常平倉制度，毫無疑問已經失常，如同『盛世』也將於此際結束」，所以，在關鍵的「1910年和1911年嚴重的糧食短缺，清政府卻未有反應」。[342]說穿了，沒有好的政治制度，即使有好的「常平倉」經濟制度，也不足以保障災民不餓死、不造反。當然，如果1910年和1911年風調雨順，糧食不緊缺，即使沒有「常平倉」，也不至於餓死人，以致太多人造反。

不過，這裡更想說的是人文氣候。

一、世界政治千古大氣候

世界歷史是人類的歷史，而不包括獸類。「人類的歷史是文明的歷史……文明為人們提供最廣泛的認同。」[343]然而，越早期的人類，肯定

---

[342] 《哈佛中國史·大清》，P80、253。

[343] [美]薩謬爾·杭亭頓（Samuel P. Huntington）：《文明衝突與世界秩序的重建》（修訂版）（*The Clash of Civilizations and the Remaking of World Order*），新華出版社，2010年，P19。

附　帝制時代的天時地利人和

越帶有更多獸性。獸性與人類歷史呈反比，人性與人類歷史呈正比——雖然每個時代總有極少數人物連禽獸都不如。古希臘、古羅馬是文明古國，不甚開發的鄰居，如克勒特人、日耳曼人和斯拉夫人等，被他們統稱為「野蠻人」或「蠻族」。這跟古代中國北方人直到明代還辱稱南方人為「蠻」，驚人地相似。那麼，羅馬帝國（與古羅馬不同）又如何呢？其實它不過是一頭更大的獸而已，像電影《侏羅紀公園》(Jurassic Park)裡恐怖的巨獸。說起羅馬帝國，我老是聯想到烏賊，這種海洋動物主要吃甲殼類、小魚或互食，其中互食達 1/4。一頭鯊魚每年要吃掉其體重 5.2 倍的魚類，為此，有些學者認為這是與人類爭食，主張大力捕鯊。在古代，部落、國家之間「互食」是家常便飯。像羅馬帝國這樣的寵然大物，它體內「互食」的，遠遠超過 1/4。關於現代世界及其諸多不平等形成的原因，專家學者認為：「不同民族之間相互作用的歷史，就是透過征服、流行病和滅絕種族的大屠殺，來形成現代世界的。」[344]

但後來不一樣。隨著科技進步，人類可以侵犯更遠，「互食」現象倒是減少。換言之，一國直接併吞另一國的現象減少，取而代之的是殖民地現象。比如大英帝國遠在天邊，卻可以遠道而來，把大清帝國打得招架不住，但它不敢把中國併吞為它的一個省，而只是在大清內地劃些勢力範圍。這種現象好比釣魚，只要把釣線長長地甩到江河湖海當中，直接捕食。這時期，也稱「殖民帝國」時代。

再後來，二次世界大戰之後，殖民地現象也逐漸消亡。你看當今世界，雖然戰爭仍然幾乎年年有，可你看誰把誰併吞了？又有誰把誰變成自己的殖民地了？蘇聯侵捷克斯洛伐克，美國侵越南，越南侵柬埔寨等等，都不敢吞為己有，也不敢納為殖民地。近幾十年的戰爭，主要是趁其內

---

[344]　[美] 賈德·戴蒙 (Jared Diamond)：《槍炮、病菌與鋼鐵——人類社會的命運》(Guns, Germs, and Steel: The Fates of Human Societies)，謝廷光譯，上海：上海世紀出版集團，2006 年，前言 P5。

亂，在那裡扶持一個親自己的勢力，間接獲取一些利益。我想把這種現象稱之為「騙食」。例如歐洲，據統計，二戰前的1,000年當中，只有15年和平時光，而二戰後80年來，一直是和平的。

從互食、釣食到騙食，可以清晰地看出一種發展趨勢：和平與文明。與之相應的社會經濟發展則是：農業時代（土地人民）—— 工業時代（商業貿易）—— 訊息時代（價值觀）。

清兵入關前後那些年，世界政治形勢開始發生「三千年未有之變局」。1648年，哈布斯堡王室與法國、瑞典以及神聖羅馬帝國內布蘭登堡、薩克森、巴伐利亞等諸侯邦國簽訂和約，正式結束長達30年的戰爭。一般將此與1635年的《布拉格和約》、1659年的《庇里牛斯和約》，合稱為「西發里亞主權和約」。這系列和約，在歐洲大陸建立起一個相對均勢狀態的新格局，確定以平等、主權為基礎的國際關係準則，成為此後幾百年解決各國間矛盾、衝突的基本依據。在此基礎上，先後又簽訂了許多和約、條約，建立各種體系和國際組織，包括維也納體系、凡爾賽 —— 華盛頓體系和雅爾達體系等。聯合國正是在此基礎上建立的。從此，「國家主權至上」成為國際基本原則，國際糾紛有法可依，弱肉強食的叢林時代基本結束。

全世界國家，二戰前僅63個，目前聯合國成員國有193個，超過2/3是聯合國成立之後建立的，多數是1960年之後。英國、法國、比利時、荷蘭、葡萄牙等龐然帝國，曾經吞食了眾多小國，在聯合國干預下，被迫「吐」了出來。正是在「西發里亞主權體系」、特別是聯合國的保護下，越來越多小國勇於不設軍隊。座落在歐洲阿爾卑斯山萊茵河谷的列支敦斯登，夾在瑞士與奧地利兩國之間，面積僅160平方公里，人口至今只有5,000多人。它於1719年獨立，1868年解散僅有的一支小型軍隊，宣布作為永久中立國。保持中立，使它躲過了兩次世界大戰。它還沒有海關，

附　帝制時代的天時地利人和

也沒有自己的貨幣，國家元首長期居於國外，人均 GDP 卻達 5 萬美元以上。1936 年最後一名士兵死後，這個國家再也找不到半個士兵。除此之外，不設正規軍的國家還有 23 個，它們一般都是小國，甚至比列支敦斯登還小。大國如果要侵吞，簡直像大象吃螞蟻，但它們在聯合國跟一般大國一樣享有平等的一席之位、一票之權，一樣享有國家尊嚴。由於與人為善，大都在國際糾紛中保持中立，絕不像街頭巷尾流氓、地痞、小混混愛出風頭，惹事生非，它們一般還比大國更加國泰民安。立足於數千年世界歷史的高度看一看，不難發現這是一種非常可喜的現象。想想歷史上，五代時期，南唐、吳越等南方小朝廷，就都奉行「保境安民」的國策，不想被侵略，也不想侵略別人。北宋奉行的卻是「臥榻之側，豈可許他人鼾睡」，將它們一個個侵吞了。如果是在「西發里亞主權體系」，特別是聯合國建立之後，南唐、吳越完全可能「鼾睡」千秋。

　　近些年國際思潮又有所改變，有些學者認為全球化時代政府的主要職責是滋育健全的國民性，提升國家軟實力。還有一些人認為「人權高於主權」。

　　看「互食」時期的世界歷史，跟看《動物世界》紀錄片差不多，無窮無盡的追逐、廝殺、陰謀、背叛，萬般醜惡，充滿了獸性。古希臘文明領先一步，後起之秀羅馬帝國將它吞食，然後又有阿拉伯帝國或其他國家忽然向羅馬挑戰。世界大舞臺上的每一幕，主角只有極少數幾個。與戲劇不同的是，真實歷史的主角誰也別想始終表演，總是各領風騷若干年。當時的超級大國東羅馬──拜占庭帝國「互食」了歐、非、亞地區無數小國，營養非常豐富，壽達上千歲，比周朝更長、更強大多了。比起當今美國，毫不遜色，可也免不了被別人「互食」的那一天。

　　中國古代並不是新生嬰孩般純潔，後來才「禮崩樂壞」。在黃帝及堯舜的傳說中，就充滿了陰謀、戰亂與骨肉相殘。南唐、吳越之類想當「中

立國」，只因為太超前，沒有國際法保護，「保境安民」無法長久。中國歷史上的疆界「像法國手風琴一樣忽大忽小」，王朝大多數短壽是很自然的事。

現代不一樣了。美國與加拿大邊境長達 8,891 公里，屬世界之最，也有爭議，並曾有戰爭。但加拿大 2012 年總兵力才 6.8 萬，與美國的邊境地區，近百年也沒一兵一卒駐防，只長鮮花、美果，而不埋地雷、拉鐵絲網，照樣寧靜。1961 年 5 月 17 日，美國總統甘迺迪（John F. Kennedy）在加拿大議會演講：

> 地理使我們成為鄰居；歷史使我們成為朋友；經濟使我們成為夥伴；相互依賴使我們成為盟友。大自然讓我們連成一體，不要讓任何人分離我們。[345]

此後又半個世紀過去，不僅美、加那漫長的國界依然只聞花香、鳥鳴，而且更多國界被開啟。1985 年，德國、法國、荷蘭、比利時和盧森堡 5 國簽署《申根公約》，主要內容：一是在簽署國之間不再對公民進行邊境檢查；二是外國人一旦獲准進入「申根領土」內，即可在簽署國領土上自由通行。此舉受到越來越多國家的青睞，奧地利、丹麥、芬蘭、冰島、義大利、希臘、挪威、葡萄牙、西班牙、瑞典、匈牙利、捷克、斯洛伐克、斯洛維尼亞、波蘭、愛沙尼亞、拉脫維亞、立陶宛、馬耳他、瑞士以及列支敦斯登先後申請加入，總數目前已增至 27 個國家。如今，如果想到那些國家旅遊，只要向其中任何一國辦理申請即可，然後跟在自己國內縣市間旅行差不多。有學者注意到：「在經歷了幾個世紀的衝突之後，西歐獲得了和平⋯⋯歐洲的過去可能就是亞洲的未來。」[346]

戰爭，歸根究柢是經濟問題。農業時代，土地意味著收穫，攻城掠地

---

[345] 轉引自新聞社《華輿》，2021 年 5 月 27 日。
[346] 同注 343，P197。

自然重要。而工業時代，土地礦山等雖然還是財富，但重要性已大大下降。學者指出：「過去幾十年是人類歷史上最平靜的時代」，「發動戰爭幾乎無利可圖」，「占領已經賺不了大錢，只剩蠅頭小利。今天，主要的經濟資產是科技和體制的知識，而不再是麥田、金礦，甚至油田，而知識是無法用戰爭掠奪的」，因此，「『在戰爭中取勝』已經成為一種失傳藝術」。[347] 早期農業社會，因人類之間的暴力而死的人，約占所有死亡人數的 15%，20 世紀約占 5%，而今天只占 1%。

丟下歷史紛爭，和平相處，這種事主要取決於雙方的誠心，沒太多智慧、經濟的因素，並不比飛天更難。他們能做到的，其他國家應該也不難做到。所以說世界和平不是夢，儘管新聞中戰爭的烏雲時散時聚，俄烏戰爭尚未落幕。

二、中國政治千古大氣候

前文所說世界政治氣候偏重於軍事，各帝國疆域擴張與解體，中外高度相似。這裡所說中國政治偏重於文化，或者說意識形態，中外差異就大了。

專家學者指出：「中國的政治制度和希臘以來的西方傳統完全不同。事實上，二者是截然相反的。它的政治制度、社會結構與主流的社會價值體系相輔相成，這在自從早期美索不達米亞和埃及政府以後再也沒有出現過，在西方更是不曾出現過。」[348]

「君權神授」這在古代世界基本相同，但有很大差別。歐洲只強調王權來自於神意，中國古代則強調「天命靡常」。西方的神權往往高於世俗

---

[347]　[以色列] 尤瓦爾·哈拉瑞：《21 世紀的 21 堂課：人類命運大議題》（*21 Lessons for the 21st Century*），P161、163、167。

[348]　[英] 薩繆爾·E·芬納：《統治史》卷 1，P474。

權力，特別是中世紀，基督教教會成為社會的精神支柱，建立一套嚴格的封建等級制度，把上帝當成絕對權威。猶太教發明「有限君主制」，基督教和伊斯蘭教也要求君主受到神的約束，而不能像中國帝王一樣無法無天。歐洲君主必須親吻教皇的腳，在中國帝王看來是奇恥大辱。他們的科學、文學、藝術、哲學都得遵照基督教的經典——《聖經》，否則宗教法庭會予以制裁。「文藝復興」後，他們擺脫神的桎梏，但神與帝王是平等的。當代精神文化生活中最有影響力的德國猶太教哲學家布伯，在他的名著《我與你》一書中就認為，人是在和上帝進行一場「對話」，在這對話中，人是「我」，而上帝是「你」。由於虔誠地信神，人們的價值觀念長期較為穩定。雖然國際間戰亂難休，但國內不像中國歷史上那樣動輒「天下騷動」。據研究，西歐 8～16 世紀的 800 年間，幾十個國家裡，數得上的農民起事，總共不過七、八次，沒有一個王朝是農民起事推翻的。西歐農民偶有造反，也只是想「照往昔一樣地生活」，很少有人想當皇帝。

周公雖然發明「君權神授」條件論，神像現代選民一樣選擇有德之君，有德授之，無德收回，但周王們自己也不信。康王晚年就無德，並不擔心神收回授權。中國的帝王骨子裡並不信神，只是出於想長壽與駕馭民眾的目的，姑且利用之，但絕不容忍神凌駕於自己之上。本土的道家知難而退，不幻想駕馭帝王。外來宗教不知天高地厚，想讓中國帝王拜揖，結果不是投降就是敗逃。《梵網經》是佛教重要經典，明文規定：「出家人法，不向國王禮拜，不向父母禮拜，六親不認。」信佛的和尚不拜君父，反倒要君父拜和尚，中國怎麼可能容忍這等大逆不道？高僧法果便聰明地吹捧北魏皇帝拓跋珪：「皇上慈悲為懷，就是當今的如來，我等僧人理當禮拜！我們不是拜天子，而是拜佛！」[349] 將帝王捧為佛，自欺欺人且欺佛如此。拓跋珪一高興，特地創設一個官職「僧統」授予法果。天主教沒佛

---

[349] 《魏書》卷 114，20 冊，P2015，「初，法果每言太祖明叡好道，即是當今如來，沙門宜應盡禮，遂常致拜。謂人曰：『能鴻道者人主也，我非拜天子，乃是禮佛耳。』」

教靈活，不肯變通，不肯拜中國皇帝如自己的神，康熙毫不客氣地將他們驅逐。在西方歷史上，沒有神權的認可，誰也別想當國王。在中國歷史上則相反，沒有帝王的認可，哪尊大神也別想存在！

中國帝王打心底不信神，但他們非常注重利用神。金主完顏亮有天召集眾臣，說得有板有眼：「朕夜夢至上帝所，殿中人如嬰兒。少頃，有青衣特宣授朕天策上將，命征某國。朕受命出，上馬，見鬼兵無數，朕發一矢射之，眾皆喏而應。既覺，聲猶在耳。即遣人至廄中視所乘馬，其汗如水，取箭數之，亦亡其一。此異夢也，豈非天假手於朕，令取江南乎？」[350] 簡直讓我懷疑馬奎斯小說《百年孤寂》中那些魔幻故事，是不是受了完顏亮的啟迪。

有些帝王生怕朝野懷疑這種玄妙之事，往往還要製造一些異端。趙恆宣稱半夜有神人降宮中，告訴他正月初三應當在乾元殿設道場一個月，會有《大中祥符》降臨。於是，馬上新建道場，結綵壇9級，隆重而虔誠地恭候。正月初三清早，果然有衛兵報告說有條黃帛懸掛在左承天門之南角鴟尾上。趙恆便親自前往，命人取下。帛上文曰「趙受命，興於宋」之類。趙恆連忙拜受下來，大赦天下，並將年號改為「大中祥符」，準備泰山封禪。天書的欺詐性太明顯，許多正直大臣上書質疑，宰相王旦也反對。趙恆便宴請王旦，臨別又贈送一罈酒。回家開啟一看，竟然滿壇金銀。帝王對大臣行賄，空前絕後吧！王旦不敢再反對。[351] 意猶未盡，趙恆還要經常辦祭天活動來紀念天書這等非凡之事，並還想再得天書，又一次舉國若狂。

有趣的是，造反也往往假借天意。中國歷史上第一次農民起事，策劃者們用硃砂在一塊綢帕上寫「陳勝王」3個字，塞到魚肚裡。戍卒們買魚

---

[350] 《續資治通鑑》卷131，8冊，P3482。
[351] 《宋史》卷282，〈王旦傳〉，48冊，P7784，「帝繹此意決，遂召旦飲，歡甚，賜以尊酒，曰：『此酒極佳，歸與妻孥共之。』既歸發之，皆珠也。由是凡天書、封禪等事，旦不復異議。」

回來,發現魚腹的「丹書」,驚奇天意如此。陳勝還要吳廣潛伏到營地附近荒廟裡,半夜點篝火,模仿狐狸聲音,大聲呼喊:「大楚興,陳勝王!」就這樣,大夥們擁戴陳勝為王。然而,陳勝建立的張楚國才年把功夫就全軍覆沒,可見他們反抗暴政雖然順乎民意,但並沒有天意的庇護。那些傷天害理的暴君,不管臣民死活的昏君,更不可能得天獨厚。陳勝、張角等無數「亂臣賊子」捨命也沒能奪到天命,但畢竟有劉邦、朱元璋等為數不太少的幸運者「朝為田舍郎,暮登天子位」,這仍然給一代又一代田舍郎極大的鼓舞。

　　曹操一方面自己不信天命,曾經毀壞濟南城陽景王祠堂,另一方面又被黃巾軍以「天命」要挾:「漢行已盡,黃家當立。天之大運,非君才力所能存也」[352],奉勸他不要堅持為已失「天之大運」的漢室賣命。僅清代200多年間,散見於《清實錄》的農民起事就有300次以上,平均每年超過1.5次。漢末、唐末、明末都如此,民國之初還土皇帝林立。如山東安丘的普通農村婦女晁某,學武則天建立「大聖王朝」,自稱武則天,也矇騙了一些人,4名少年成為她的後宮,並公然向京城「進軍」,結局自然可想而知。

　　當然,就像嚴刑酷法雖然嚇不了慣匪大盜,但畢竟能嚇到大多數善良的民眾,「天命」論雖然嚇不了篡權者,但能嚇到眾多善良的民眾。一代代、一年年「奉天承運,皇帝詔曰」說多了,大眾還是相信帝王是秉承天意、統治臣民,發自內心稱帝王為「天子」。

　　中國的道教及外來宗教成不了氣候,能成氣候的是土生土長的「儒教」。將儒學稱之為宗教似乎不妥,但似乎也有一定道理。據考釋,甲骨文的「儒」字,像人沐浴濡身之形。上古原始宗教舉行祭禮之前,司禮者必齋戒沐浴,以示誠敬。胡適在〈說儒〉一文中,明確認為「儒最早是殷商教

---

[352]　《三國志》卷1,〈武帝紀〉,P7。

附　帝制時代的天時地利人和

士」。事實上，漢之後以儒教為國教，儒教的神權與皇權融為一體，不可分割。儒學雖然沒有教堂、道堂、佛堂之類，但歷代「明堂」類似於基督教堂或清真寺，「靈臺」則相當於教會的天文臺，儒家占有更多社會資源傳播它的教義。我們現代還常稱「儒釋道」，將儒教與佛教、道教相提並論。

周公「制禮作樂」的主要初衷，是想對自己的統治進行適當約束。孔子多次明確主張對權力「約之以禮」，所以我將儒教稱之為「孔子的籠子」，詳見《春之卷》。

中國帝王對儒教是非常重視的，而且越來越重視，這是有目共睹的。常有人驕傲地說：「你看，北魏、遼、金、西夏、元、清那些外來政權無不尊孔，都做了儒教的俘虜。比如蒙元，夠重視儒教吧？儒說也被蒙古人視為宗教，儒學教授享受無需納稅的優待。如果不是他們重視，理學很可能沒有後來。」那麼，這是為什麼？學者認為：「元代約有40萬蒙古人居住在漢地。以這麼少的人口，要統治人口中占大多數的漢人，唯一的方法是保持隔離。」其隔離重要措施之一，就是「種族分級制」[353]，即眾所周知的，公然將他們蒙古人列為第一等，而漢人最末一等。「三綱五常」之類，與這種民族歧視制度是天然一致的，怎不讓蒙元如獲至寶？後來的滿族也是如此。正如梁啟超在政治小說《新中國未來記》中說：「你想天下哪裡有四萬萬的主人被五百萬的客族管治的道理嗎？」漢人能服這口氣嗎？滿族統治者除了政治上高壓，還必須從文化上矇騙。理學事實上一再淪為異族壓迫的幫凶。

蒙元逃出中原後，因為不再需要民族等級，對儒教也就像風行一時般迅速絕跡，卻以「北元」之名存在更長時間。日本原本也是崇尚儒教的，後來將其視為「痼陋」，棄之如履，而改行「蘭學」，100多年來不是越來越好嗎？他們重視儒學只不過是為了「以華制華」而利用，並不是被儒學所「悅服」。

---

[353]　《哈佛極簡中國史》（*The Heritage of Chinese Civilization*），P148。

柏拉圖早年著《理想國》，認為理想的國家是由真正能夠擔當起人類正義與幸福的「哲學家——統治者」領導的、實現至善的國家。他所謂「哲學王」，就是中國的「聖王」；他的「理想國」，就是孔子的「周公夢」，這樣的夢不免會幻滅。於是，柏拉圖晚年寫〈法律篇〉，認為法治國家是「第二等最好國家」。漢儒所謂「霸王道而雜之」，也許可以說是柏拉圖所謂的「第一等最好國家」與「第二等最好國家」相加吧！從理論上來說，應該更為理想。秦制能夠延續2,000多年，正得益於此。

　　先秦儒家與現代諸多相通。所謂「刑不上大夫，禮不下庶人」，在現代看來，雖然等級意識明顯，但仍不乏人性的光輝。孔子解釋，說貴族犯罪，不要等法辦，自負請罪，穿上白衣到河邊自盡；而平民百姓忙於生計，就不要求全責備於繁瑣的禮了[354]——這當中展現了現代人道主義與民生主義的精神。顧立雅甚至說孔子政治哲學的基礎「與最現代的民主理論是一致的」[355]。湯恩比則認為「墨子之道，比孔子之道更適合現代人的實際情況。」[356] 法家、道家等諸子百家，同樣不乏歷久彌新的精華，也都與現代西方法治、博愛等精神有相近的內涵。這是一種怎樣的巧合？

　　事實上，東西方文明某種意義上本來就是同源，同出於「軸心時代」，只不過後來出現背離，西方被宗教誤導，中國則「獨尊儒術」，而宋儒「三綱五常」、「革盡人欲，復盡天理」，又對春秋儒家背叛，與現代文明相悖。西方透過「文藝復興」，從古希臘那裡找到了源頭，從宗教的壓迫下解放出來，重新從「人」出發。湯一介認為：「人類文明的每一次發展，都會回到原點去思索如何發展的問題。」[357]

---

[354] 《孔子家語・五刑解》：「大夫之罪，其在五刑之域者，聞而譴發，則白冠氂纓，盤水加劍，造乎闕而自請罪。君不使有司執縛牽掣而加之也。其有大罪者，聞命則北面再拜，跪而自裁……所謂禮不下庶人者，以庶人遽其事而不能充禮，故不責之以備禮也。」

[355] 《孔子與中國之道》，P181。

[356] [英] 湯恩比、[日] 池田大作：《展望二十一世紀：湯恩比與池田大作對話錄》，P427。

[357] 湯一介：《湯一介學記》，北京：新華出版社，2015年，P4。

附　帝制時代的天時地利人和

歷史上的儒學能夠走出國門，是因為被朝鮮、日本、越南等東南亞國家長期認同，西方也一度認同。一旦發現更適合的，他們就改而選擇別的文化。那麼，「革盡人欲」的儒教，還能被今天的世界廣泛認同嗎？

我有點贊同湯一介的觀點，好比一條河，中下游被汙染了，讓我們尋到源頭。但又存疑，實際上這種觀點老掉牙了，漢之劉歆、唐之韓愈等人都嘗試過了，無不失敗。

不管怎麼說，國之永恆，首先需要一種永恆的價值觀，而永恆的價值觀不可能「革盡人欲」。「人欲」都「革盡」了，「天理」何存？

地利

李世民強調天時的重要性，生動地說：「八個堯、九個舜，冬天也種不出莊稼，可是到了春天，山村野夫、童子也種得出莊稼，只因為時令不同。」[358] 孟子則曰「天時不如地利」，地利比天時重要。兩漢之際，有人勸蜀郡太守公孫述稱帝，就說：「用天因地，成功之資。」沒有地利，光天時沒用。

眾多學者都認為，環境地理和生物地理會影響社會發展，特別是對於軍事。有學者認為，戰爭是「有規律可循的，最基礎的要素就是地理……歷史上的軍事家，都是很好的地理學家」。[359] 現代比較政治學的內戰研究，仍然將「多山與否」列為一個變數來分析。因為多山意味著政府觸角的限度，也意味著叛軍容易找到藏身之所。典型如多山之國阿富汗，現代

---

[358] 《資治通鑑》卷197，〈唐紀〉13，P8200，「八堯、九舜不能冬種，野夫、童子春種而生，得時故也。」
[359] 郭建龍：《中央帝國的軍事密碼》，廈門：鷺江出版社，2019年，P20。

化的美軍花了 20 年努力，還是讓塔利班起死回生。

梁啟超認為文化也與地理因素密切相關。他將先秦學術分為南北兩派，北派包括鄒魯派孔子、齊派管子、秦晉派商鞅、宋鄭派墨子等；南派包括正宗老子、支派屈原等。他說：「北地苦寒磽瘠，謀生不易，其民族消磨精神，日力以奔走衣食、維持社會，猶恐不給，無餘裕以馳騖於玄妙之哲理，故其學術思想，常務實際，切人事，貴力行，重經驗，而修身齊家治國利群之道術，最發達焉……南地則反是。其氣候和，其土地饒，其謀生易，其民族不必唯一身一家之飽暖是憂，故常達觀於世界以外……」[360]長城內外之差，長江南北之別，迄今有一系列顯然的不同，這是你我都很容易見識的。

在這裡，僅討論地理因素與帝制時代王朝統治的關係。

一、不利方面

「由於氣候乾旱化，適於農牧的地帶南移，黃土高原北方山岳地帶人群因此畜養更多的動物，並不斷地趨於移動化、武裝化，並向南方入侵，以爭奪適於農牧之地，如此造成華北沿著後來的長城地帶，人群間資源競爭關係緊張」，「游牧與農業人群沿著長城展開綿延 2,000 多年的資源競爭與維護之戰」。[361]

北方沙漠地帶，連水草都有限。為爭奪水草，他們部落自己也相互殘殺。很自然，他們要向中原掠奪。清朝之前，中國的外患大多數來自北方。現今引以為自豪的萬里長城，就是這種殘酷歷史的見證。明朝大臣王崇古認為：「游牧族連鍋碗瓢盆、一針一線都得依賴中原，如果不能正常交易，為了生存、生活，那只有搶劫了。」柏楊有一段分析：

---

[360]　梁啟超：《新史學》，P146。
[361]　王明珂：《華夏邊緣：歷史記憶與族群認同》，杭州：浙江人民出版社，2013 年，P95、99。

附　帝制時代的天時地利人和

　　瀚海沙漠群和它以北地區，因天氣寒冷和求生艱難，促使游牧民族無休止地企圖擺脫它……中國人常大惑不解地責備他們不安於自己的鄉土，但如果把位置調換一下的話，恐怕也免不了會有同樣的行動。[362]

　　因為自然環境迥異，對於北方的入侵很無奈。歷史上，用牲口馱運穀物到百里之外的地方，所花的費用，比生產穀物還要高，所以古代有條「軍規」：「千里不運糧」，好比請人十里之外送外賣、便當一樣，沒人想做。加之匈奴那邊氣候惡劣，即使像劉徹那樣深入打擊了他們，也無法持久地占領，一勞永逸地解決問題，而只能撤退，繼續忍受他們捲土重來的騷擾。

　　國外也如此。1095 年，羅馬教皇烏爾巴諾二世曾在法國召開一次宗教會議，露骨地煽動說：

　　在我們西方，土地的出產不多，你們只能勉強餬口；可是在東方，連窮人也可以過豐衣足食的生活。東方國家的土地上，遍地是蜜和乳；那裡的耶路撒冷，是地球的中心，比世界上任何地方都肥沃，簡直是第二天堂。在這裡悲慘貧困的人，到那裡就會歡樂富有！[363]

　　在烏爾巴諾二世的蠱惑下，「十字軍」一次又一次征戰遙遠的東方，甚至派出一船又一船的童子軍，給一個又一個國家帶來一場又一場災難。

　　美麗富饒本來是地利，但從安全角度來看，則相反。北方少數民族因為生存條件差，每個人都成為優秀的戰士，一旦團結對外，即以一當十、當百，勢不可擋。而漢族士大夫生活條件好，對策只有「糖衣炮彈」。特別是那種冷兵器時代，騎兵就像現代戰場的坦克一樣勢不可擋，中原的步兵遠不是對手。

　　所以，自古以來，與北方游牧族作戰大都失敗，鮮有勝仗。能夠議和

---

[362]　柏楊：《中國人史綱》上冊，P24。
[363]　趙志遠、劉國慶：《世界小通史·中古史》卷 1，北京：長城出版社，2000 年，P60～61。

止損，以物資與美女換和平，已經算小勝。碰到那種硬要戰下去的情形，反而很可能被它們所滅。專家學者說：「如果這個朝代正在強盛，侵掠僅僅是侵襲，有如蟲蝨在廣大的帝國軀體之上。如果機能有了問題，這就是死亡。」[364]

如此，中原王朝短命的因素大為增加。

二、有利方面

古希臘是個島國，多山，平原不足 1/5，而且還多岩石，土地貧瘠，糧食不能自給，得用橄欖油、葡萄酒和羊毛與外界交換。這樣，古希臘最發達的不是農業，而是海盜與海外貿易。海盜與海外貿易都不是老年人所能做的，所以他們那裡當父親的，很主動將權威讓位給成年的兒子。雅典有一條法律：「男性成年後即完全擺脫父親的控制，在通過由父親或監護人及立法大會主持的市民資格考察以後，即可獲得獨立權利而登記造冊。」這種自然社會環境很容易孕育平等、民主與自由的思想，極不利於專制統治。

游牧民族也如此。漢初一次「和親」，委派宦官中行說同行陪護，中行說極不願情，一到匈奴就叛變。後來，漢朝使者到匈奴，指責匈奴風俗輕視老年人，中行說卻辯護：「匈奴人重視戰爭。年老體弱者不能打仗，所以多讓年輕人，有什麼不對呢？」[365] 也因此，游牧族領袖與其臣民的關係較親近，與漢族殘酷的等級統治，形成鮮明對比。完顏晟僅偷喝一次酒，就真的挨了 20 大棍的懲罰，可見他們的帝王切實被關在制度的籠子裡，在法律面前人人平等。

---

[364] [法] 勒內·格魯塞：《蒙古帝國史：活著就為征服世界》，龔鉞譯，北京：商務印書館，2016年，P312。

[365] 《史記》卷 110，〈匈奴列傳〉，P2219，「匈奴明以戰攻為事，其老弱不能鬥，故以其肥美飲食壯健者，蓋以自為守衛，如此父子各得久相保，何以言匈奴輕老也？」

附　帝制時代的天時地利人和

遠古時候的中原，跟現代有很大不同。當時黃河中下游地區土地肥沃，土疏鬆質，適合刀耕火種，很容易安居樂業。學者說：

> 定居農業把人們牢牢束縛在血緣網中。人們世世代代按照古老的方式生活，終生是龐大家族的一分子，永遠沒有機會脫離。家族是人們唯一可以依靠的對象，父親是永恆的權威，他的力量遠遠大於兒子。即使在年老體衰之後，他仍然比年輕人更受人尊重。[366]

所以，農業社會很容易接受「三綱五常」那一套等級思想，非常有利於宗法社會，也有利於帝王專制統治。

還有更進一步的解釋，認為糧食生產是決定性因素，「累積剩餘糧食以養活不從事糧食生產的專門人才」，「發展出任何技術和政治優勢」，而「大多數野生的動植物品種，證明是不適合馴化的」。「所有的人類社會都擁有有發明才能的人。事情恰恰是有些環境比另一些環境提供了更多的起始物種，和利用發明的更多有利條件」。[367] 這樣，農耕地區的文明顯然要高於少游牧漁獵地區。

不過，地利條件也是發展、變化著的。1450 年之前，科學和技術絕大多數都是從印度與北非之間的伊斯蘭社會傳入歐洲的，中國在技術上也一直走在世界前列。在那時候，請任何一位歷史學家預測未來的歷史發展軌跡，「他肯定會認為，歐洲最終的支配地位是最不可能發生的結果」。[368] 但這時發生了「三千年未有之變局」，現實有目共睹。

總體來看，中國的地理環境是封閉的，北部沙漠，西南部高原，東部大海，不易遠行。所以，古人很容易接受「中國」的概念。遠古之時，就建構了一個「天圓地方」的世界，王城是中心，呈「回」字形向四周延伸，

---

[366]　張宏傑：《中國國民性演變歷程》，P160。
[367]　[美] 賈德·戴蒙：《槍炮、病菌與鋼鐵——人類社會的命運》，謝廷光譯，上海：上海世紀出版集團，2006 年，P436、439。
[368]　同上，P440。

王城外是華夏或諸夏，再外則是夷狄。還有一些更生動的說法，例如隋唐之時說「中國與夷狄，猶太陽於列星」[369]。不管怎麼說，都是中心，其餘都是小子！王城之外500里為1服，5服為荒服，9服最遠為蕃服，越遠越聽不到中國帝王的聲音，就越不文明。平心而論，遠古時候的這種說法，未必完全沒有道理。他們當時認為：

> 中國戎狄，五方之民，皆有其性也，不可推移。東方曰夷，被髮紋身，有不火食者矣。南方曰蠻，雕題交趾，有不火食者矣。西方曰戎，被髮衣皮，有不粒食者矣。北方曰狄，衣羽毛穴居，有不粒食者矣。[370]

連火都還不知道用，當然離獸類更近一些，而距文明人更遠一些。

何況歷史上並非只有中國「夜郎自大」。「當然，中國不是歷史上唯一抱持這種世界觀的國家。許多古王國的人民都相信，他們的國王實際上是世界之王。」[371]

唐代時候，印度的僧人透過計算，認為他們那裡才是世界的物理中心，奉勸唐僧「不要返回野蠻的中國」（因為佛祖釋迦牟尼沒選擇在中國出生）。美國著名作家馬克·吐溫還嘲諷人類總是把自己視為宇宙的中心——至少是整個歷史的中心。他生動地寫道：

> 如果艾菲爾鐵塔代表宇宙的歷史，那麼它頂端的球形構造上，那層薄薄的油漆，就代表著我們人類的歷史，沒有人會認為那層薄薄的油漆是建造艾菲爾鐵塔的目的。但我想有人就會是這麼認為的。[372]

所以，妄自尊大差不多是人類的通病。這種病顯然有利於建構民族情

---

[369] 《新唐書》卷120，〈東夷列傳〉，37冊，P4700。
[370] 《禮記·王制》。
[371] [挪威]小高·史蒂格·史丹斯利：《被扭曲的中國：誤導全世界的49個迷思》（*49 Myths about China*），吳國卿譯，臺北：聯經出版，2016年，P160。
[372] 轉引自[美]大衛·克利斯蒂安：《極簡人類史：從宇宙大爆炸到21世紀》（*This Fleeting World: A Short History of Humanity*），王睿譯，北京：中信出版集團，2016年，P29。

附　帝制時代的天時地利人和

結，有助於王朝長壽。

只不過，中國了解——或者說承認——世界真相太遲了些，直到朱熹還說「夷狄」是半人半獸。在 15 世紀末至 16 世紀初的地理大發現後，西歐已經能夠遠航而來，義大利傳教士利瑪竇帶來世界地圖，帶來了世界的真相。然而，直到鴉片戰爭時，還自視為「天朝」，還徘徊在「世界中心」的美夢中，這就難免悲哀了。

人和

孟子又曰：「地利不如人和。」

何謂「人和」？趙岐注曰：「人和，得民心之所和樂也。」天時不與不要緊，地不利不要緊，人和可不能再沒有了。

那麼，帝王可能得到真正的人和嗎？

帝王把什麼好事都占盡，但也有失算之時。他們自稱「孤」或「寡人」，初衷是「曲高和寡」、「高處不勝寒」之類高雅的意思，沒想到在民間，「孤」和「寡」都是可悲可憐之人，「孤家寡人」就是眾叛親離。不過，這倒是千古帝王的真實寫照，也是一切獨裁專制者的真實寫照。

希特勒是「民主」選舉上臺的。我們迄今可以從影視作品中看到那些演講、閱兵之類的場景，不免為之驚嘆：當時的德國人民愛戴得好瘋狂！在中國歷史上，恐怕只有上臺之時的王莽可以相比。然而，著名心理學家佛洛姆深刻剖析了希特勒的「戀屍症」性格，指出：

希特勒不僅表示沒有人對他有任何情感，而且他知道，唯一使人與他產生關係的，是他的權力。他唯一的朋友是他的狗和一個他既不愛又不敬

卻完全加以控制的女人。[373]

中國的帝王不也如此嗎？

所謂「伴君如伴虎」，宮中常常血淚飛濺，說明帝王在父子、兄弟、宗室、大臣，甚至嬪妃、太監、僕人等身邊人之間，難有真正的人和。那麼，帝王在一般官吏、百姓的心目中呢？

一、帝王的「職業道德」

電視劇中的和珅說：「你再聰明，也不可能比皇帝更聰明啊！」這話夠經典，但不完整，還應當補充：「你再有德，也不可能比皇帝更有德啊！」其實呢？

俗話說：「不是自己生的孩子不心疼。」鄉間百姓嘴上常說的話，完全可以用來指責帝王。開國帝王一般相對好一些，因為那金鑾殿是他拚著老命僥倖搶來的，他會享用，也會珍惜，並適當約束自己以及後人。然而，民諺說：「富不過三代。」意思說後代多半是敗家子。柏楊說：「專制政體最大的缺點之一，是統治階級多半一代不如一代。任何英明的君主，都無法保證他的繼承人跟他一樣有能力、有熱誠去治理國家。」[374] 一到敗家子手上就急轉直下，迅速覆滅。

帝王之惡，姑且分「武惡」與「文惡」。

武惡：戰爭與刑罰算是他們的「本職工作」，哪怕像朱棣那樣誅人十族，乾隆那樣滅人種族般如狼似虎，姑且不論，這裡只說他們的「業餘愛好」。北齊帝王高洋的業餘愛好居然是劊子手工作。普通人偶然激動凶殺就讓警方頭痛不已，一個至高無上的帝王染有此癖多恐怖，令人難以想

---

[373]　[美]埃里希・佛洛姆：《人類破壞性的剖析》（*The Anatomy of Human Destructiveness*），李穆等譯，北京：世界圖書出版公司北京公司，2014年，P386。

[374]　同註362，P214。

附　帝制時代的天時地利人和

像。他在金鑾殿備一口鍋和一把鋸，每逢喝醉酒，必須殺人才快樂，而他從早到晚都在喝醉。宮女、宦官和親信，每天都有人慘死在他手下。這不夠，還要把死囚送到皇宮，以滿足他的愛好。死囚也不夠，得把拘留所尚在審理中的犯罪嫌疑人拉來充數，稱「供御囚」。他出巡時，把「供御囚」像美女、美酒一樣帶著，隨時「享用」。他殺了薛貴妃不算，還把血淋淋的人頭藏在懷裡，帶到酒宴上，當眾丟出來⋯⋯

俗話說：「林子大了什麼鳥都有。」一個國家偶爾不幸出個品行不端的領導者不奇怪，奇怪的是當時的臣民無法及時制止他公然為非作歹，而只能忍，忍到他死，然後才長長地喘一口氣，慶幸說：「老天終於有眼了！」問題是老天開眼也得僥倖才能碰上。殺人如麻的高洋終於死了，他的兒子高殷繼位。不久高洋之弟高演將高殷殺了篡位，一年多病死，弟弟高湛繼位。然而，高湛的狂暴荒淫更甚於高洋，高湛的兒子高緯又集高家劣根性之大成。臣民誠惶誠恐盼了 28 年，才盼到北齊被北周所滅。

文惡： 歐文・通斯《梵谷傳》中有個細節很有意思，著名畫家魯本斯在擔任荷蘭駐西班牙大使期間，經常把下午時光消磨在畫架前。一天，有個從旁邊經過的人說：「我發現外交官有時用繪畫來消遣。」魯本斯回答道：「不，應該說是畫家有時要用外交事務來消遣才對！」[375] 一個畫家把外交官當消遣是什麼意思！皇帝那麼大的官，早就被中國人經常拿著玩了！比如趙佶對書畫的愛好程度，雖說比起魯本斯可能遜色些，但不務正業如果能夠做到「不誤正業」，無可厚非。人不能沒有業餘生活，以書畫之類消遣，總比吃喝嫖賭更有益於社會吧！何況有些業餘愛好與本職工作並不衝突，而能相互促進。例如東漢章帝劉炟業餘愛好書法，創造出業界著名的「章草」，本職工作也開創了「明章之治」，臣民喜出望外。

問題是，帝王往往像貪玩而又沒有父母管教的野孩子，他們的業餘愛

---

[375]　[美] 歐文・斯通：《梵古傳》，常濤譯，北京：北京出版社，2001 年，P105 ～ 106。

好即使本身無害,也往往誤國,禍及臣民。楊廣的業餘愛好是旅遊。旅遊比劊子手工作高雅多了,但一到帝王手裡,又變成臣民的災難。楊廣新官上任第一把火是調民夫200萬,擴建洛陽城和洛陽宮,又調100餘萬開通濟渠,10餘萬開邗溝。他開運河的目的不是為了水利交通事業,而是為了便於他乘船遊覽當時最繁華的江都,即今揚州。沿運河建皇宮40餘所,還有小運河建宮16所,每院美女二、三百,隨駕宮女數千。出遊之時,僅縴夫就得8萬。1萬多艘船首尾200餘里,騎兵夾岸,萬馬奔騰,旌旗遍野,不知揮霍多少民脂民膏。南巡回來,又北遊突厥。北方缺水,就改船為車。車跟船一般大,不用車輪,而由人用肩抬著走,又得人山人海。百姓吃喝嫖賭一般只影響自己,頂多影響家庭,較少影響社會,帝王染上此好,可往往要以江山社稷百姓生命財產為代價。

　　帝王實際上不大在乎國破家亡。反正人有一死,死前抓緊享受一把,才是硬道理。明王朝最後被滅之前,皇帝朱由檢已經上吊,北京皇宮已經易主,在這種情況下,該選什麼樣的人物來救國,傻瓜也知,但儒家那幫人還講所謂嫡長之類,而不講品格與能力,要選朱由崧當新皇帝。兵部尚書史可法坦率說朱由崧不行,細數他「七不可立」的問題:貪、淫、酗酒、不孝、虐下、不讀書、干預有司,[376] 結果還是立了他。如果朱由崧能「浪子回頭金不換」也罷,大明王朝還是能停損的。清統治者跟他們老祖宗金朝一樣,初始並不敢奢望全吞大明,只想占北方。五月三日入京,四日下令強迫剃髮,二十四日就收回此令,並傳檄南方,說明他們只想統治北方(是否真心實意另當別論),還可以輔佐你朱由崧在江南發展。問題是這位岌岌可危的新皇上,對江山根本沒興趣,所下第一道聖旨,竟然是徵宮女。應該是他心裡明白享受不了幾天,簡直是飢不擇食的瘋狂樣,只要發現漂亮女子就抬走,不問身世,也不問年齡,「大者選侍宮幃,小者教

---

[376] 《明史》卷274,〈史可法傳〉,P4692。

習戲曲」，然後「深居禁中，唯漁幼女、飲火酒、雜令官演戲為樂」，以致「上醉後，淫死女二人」，「當事無談及兵事者，舉朝如夢如醉」。社會不是恐清兵，而是恐皇上搶親，有未婚女子的人家連夜嫁女，根本顧不了女婿貧富俊醜，只要不被抬進宮就行⋯⋯[377]

真失望啊！多少臣民希望南明皇帝能率領他們反清復明！可是，流亡的皇上太忙，忙於淫樂，令臣民愛國單相思，徒喋血。清廷看透了這流亡小朝廷，隨即改而揮兵南下，而投奔清軍的大明官兵越來越多⋯⋯

對此，我曾百思不得其解：皇帝怎麼還沒有臣民愛國呢？

清朝末年，面對遠涉重洋而來的列強，面對日益高漲的改革呼聲，吏部尚書徐桐公然要求「勿通有為，凡言改制者，皆削弟子籍」[378]。大臣文悌是滿洲正黃旗人，他攻擊康有為等改革派「徒欲保中國四萬萬人，而置我大清國於度外。」[379] 原來，臣民長期糊里糊塗視國家與帝王等同，帝王及皇族心裡卻早就清楚得很，國家與帝王是不同的，而帝王把自己利益凌駕於國家利益之上。所以，平時他們故意混淆概念，騙取臣民的愚忠。一旦面臨先救媽媽還是先救老婆的抉擇之時，他們便棄之如履般丟棄國家。等臣民看穿這一點，王朝還會有幾人捨命去保？

▍二、百姓身邊的官員

透過精心包裝，帝王在當時臣民看來無不是「聖明」的。侯門深似海。帝王再幼稚，再笨，再殘暴，再淫亂，再犯錯，再犯罪，那也是國家核心機密，連一般朝臣也被罩在雲裡霧裡。

帝王對百姓來說，實際近乎可有可無的角色。且不說現代英國、日本

---

[377]　計六奇：《明季南略》卷2。
[378]　湯志鈞：《戊戌變法人物傳稿》(增訂本) 下冊，北京：中華書局，1961年，P533。
[379]　轉引自張海榮〈「好名立異非中庸」：文悌與晚清變局〉，《近代史研究》2021年第6期。

等國那樣的「虛君」，只說萬曆等明帝那樣長期「罷工」，不也「中興」？帝王姓奴還姓姬，姓劉還是姓項，沒有太多人在乎。王莽篡漢，和諧過渡，只是後來天災人禍，百姓活不下去了，才造反。武則天「牝雞司晨」，宮廷裡血淚橫飛，百姓還是安逸，史家公認「亂上而未亂下」。

然而，百姓不能沒有官！至少鄉里、鄉鄰吵架，鬧到不可開交，得有個說理的地方。地方官不僅要有，而且要好。帝王好不好，全在帝王的代表——化身——普通官吏身上展現出來。他們不可能深居簡出，不可能神神祕祕，不可能時時刻刻待在衙門案臺，裝得了一時，裝不了一世。他們不好，百姓就會詛咒世道，詛咒帝王了！帝王冤不冤，鬼知道，甚至官逼民反。

1704年春，康熙深有感觸地詔曰：

朕諮訪民瘼，深悉力作艱難。耕三十畝者，輸租賦外，約餘二十石。衣食丁徭，取給於此。幸逢廉吏，猶可有餘。若誅求無藝，則民無以為生。是故察吏所以安民，要在大吏實心體恤也。[380]

康熙這話滿實在的，在我今天讀來也很感動，只遺憾無所不能的專制，為什麼不能保證他的官員「實心體恤」，而要「幸逢廉吏」，才可能安民？

所以，拙著《歷史上的60年》開篇便說，縱觀中國帝制數千年，你最深的印象是什麼？「我的最深印象，概而言之一句話：『黎民百姓不敢奢望有個好官府，只能夢想僥倖逢個好官！』僥倖逢個好帝王，僥倖逢個好官吏，甚至得僥倖逢上官吏心情好，不要因為夫妻床上不和諧或蚊蟲叮咬而動怒……」[381] 歷史地看，這種僥倖實如中樂透大獎。

貪汙腐敗的後果，實際上比我們一般想像嚴重得多。官員貪腐，如果僅僅是讓百姓更窮一些，也許還可以將就——反正歷史上的中國人不敢

---

[380] 《清史稿》卷8，〈聖祖紀〉3，1冊，P178。
[381] 馮敏飛：《歷史上的60年》，福州：福建人民出版社，2009年，P1。

附　帝制時代的天時地利人和

奢望過好日子，窮 100 文，比窮 50 文差不到哪裡去。問題是，他們常常貪得無厭，總要把百姓弄到活不下去的地步。

電影、電視中，我們經常可以看到衙府高懸「清正廉明」之類的金匾，其實那沒多少含金量。印象中最好的唐朝，也有賣官鬻爵、貪汙受賄的事，包括節度使，時稱「債帥」，指他們以 100％的利息向富豪貸款買官，「動逾億萬」行賄，上任後「重斂以償所負」，把債務轉嫁到百姓身上。[382] 明朝末年，則出現一種「債官」，性質跟「債帥」一樣，但所指範圍廣得多。事實上，明清時期貪官汙吏很普遍，特別是每個王朝之末。例如明朝末年，張獻忠跟李自成一樣率領農民起事，但他沒幾天就後悔，決心幡然改過，向朝廷投降，被安置在湖北穀城。才一年功夫，他突然又率軍叛逃而去。為什麼呢？他在牆上留下一片文字，說他們不堪官員敲詐勒索，並指名道姓寫上向他們索賄過的官員名單、索賄日月及數目，最後寫道：「沒向我們索賄的官員，只有王瑞栴一人。」[383] 換言之，其他官員都向他們索賄了，逼得他們復叛。

商業買賣得講利潤，買賣官同樣道理。所以，「債帥」、「債官」們上任後，首先忙的是貪汙、受賄、索賄，以償借貸。誰都不是傻瓜，平時過日子還得從牙縫裡省著點，老婆孩子身上都捨不得亂花費，有幾個肯把錢財白白送人？因此貪官往往要巧借各式各樣冠冕堂皇的名義，試問，哪個官府沒為貪官汙吏背黑鍋過呢？蔣中正次子蔣緯國曾記錄從抗日戰爭到內戰後，國民黨退居臺灣期間親身經歷的幾件事，最後寫道：「這點點滴滴加起來，帳都算在『中國國民黨』身上。」[384] 同理，湯反夏，文武王反商，不也是將點點滴滴的壓迫與剝削累加起來，帳都算在桀、紂頭上嗎？哪個

---

[382]　同注 358，卷 243，〈唐紀〉59，P10304，「其禁軍大將資高者，皆以倍稱之息貸錢於富室，以賂中尉，動逾億萬，然後得之，未嘗由執政。至鎮，則重斂以償所負。」
[383]　同注 376，卷 276，〈王瑞栴傳〉，P4730，「不納我金者，王兵備一人耳。」
[384]　蔣緯國：《為什麼有些人，稍有權力便耀武揚威》，西陸網 2020 年 2 月 21 日。

統治者之罪不是點點滴滴累加起來的？

貪汙腐敗的後果，不僅敗壞朝廷名譽，更要命的是，總有一天逼得百姓揭竿而起。梁山寨那108條好漢，有幾人天生反骨？有幾人是直接受帝王迫害？值得特別注重的是造反之後，他們多有悔意。除了前文張獻忠，再說明末的劉六，他率一支農民軍在華北平原打游擊，想收手投降。透過宦官張忠向皇帝請求赦免，張忠索銀2萬兩，才肯保證下大赦令。他們一咬牙，認了。可是到大宦官劉瑾那關，他家人又索賄1萬兩。他們實在拿不出這筆錢了，只好繼續反下去。

不要輕易地認為，將弁腐敗，只是收受兵卒幾個錢，只是在軍餉裡揩了些油。其實信仰喪失、武德拋棄、心不在戰、廟算無方、臨戰無謀，他們身上每揩得的一滴油水，就是兵卒的一條性命；他們身上每多出的一塊銅板，就是國家喪失的一寸疆土。[385]

「將弁發橫財，士兵發棺材。」對此，歷史上有無數條佐證。

貪官汙吏根本不把國家安危——亦即帝王安危——放在心上。對這樣的人，帝王自然不可容忍，比如明朝的法律對此異常嚴酷，只要貪60兩銀子就處斬，並剝皮示眾。然而，要說帝王會真心實意反貪，我仍然不信。為什麼這樣說呢？

第一，有些貪腐是被朝廷直接「逼」出來的。例如北魏官員沒有薪水，完全靠向百姓勒索養家活口，直到幾十年之後才改變。明朝官員薪水一直很低，低得簡直難以度日，難免違法亂紀。1713年，康熙完成一件歷史性大事——清朝唯一一次全國性的地籍清丈。清朝認為經濟已恢復到明代最高水準，財政基礎從此可以長久穩固，便宣布「永不加賦」，即將來的基本田賦稅制，永遠維持在1713年的標準。當時制度，賦稅由縣級徵收，先上繳省，再上繳中央，縣與省從中留下一部分費用，但縣或省都無

---

[385]　張心陽：〈軍餉已厚，何忍再貪〉，《同舟共進》2014年第10期。

附　帝制時代的天時地利人和

權私自留用。問題是清朝跟歷史上多數朝代一樣，官吏的正式薪資標準都很低，以標榜他們「執政為民」。可是，面對物價上漲、家庭人口增加等變化，如果真的只依靠薪資，那麼官吏難以養家活口。於是，只好弄些「灰色收入」。

為什麼漢唐以前很少大貪官，而明清時期反腐那麼嚴厲，大貪官卻層出不窮？顯然與用人制度相關。漢唐用官基本限於門閥，他們本來就是富貴之人，不需要「出仕專為身謀，居官有同貿易」。就像美國前總統川普（Donald John Trump）的團隊，部長以上全部不領薪資，總統只領年薪1美元的象徵性薪水，只因為「高薪」對他們沒意義。而「朝為田舍郎，暮登天子堂」就完全不一樣，他們不僅要償還讀書那麼多年欠下的債，還要光宗耀祖，如果沒有「灰色收入」，光靠那點薪資行嗎？

第二，相對而言，反貪腐沒採取實際行動。貪腐意味著官吏私下盤剝、壓榨民眾，遲早危及皇位，但對皇位更嚴重、更直接、更快速危害的是「謀反」。你看，有史以來，哪個帝王對涉嫌謀反的人心慈手軟過？哪個帝王會像培養「大老虎」那樣，坐看小反釀成大反？相比之下，帝王對貪官汙吏的打擊算嚴格嗎？或者說，防治謀反都忙不過來了，哪顧得上認真反腐？或者說，冒出來的貪腐都反不過來了，哪顧得上沒冒出來的貪腐？

帝王怎麼會說一套做一套，實際成為貪官汙吏的保護傘呢？一位著名貪官提供了絕妙的答案。嚴嵩高居宰相，不僅自己貪，兒子嚴世蕃也非常貪，有恃無恐，太子送1,500兩銀子也敢欣然接受，並公開炫耀：「連天子的兒子都要送給老子銀子，你們還有誰敢不送？」還公然宣稱「朝廷無如我富」、「朝廷無如我樂」。據說，《金瓶梅》中的西門慶就是影射他。如此父子，很自然引起朝野不滿，彈劾不斷，甚至人贓俱獲，眼看性命難保。為此，嚴嵩每當大禍臨頭，就到皇帝朱厚熜面前長跪不起，痛哭流涕說：「那些人都是誹謗栽贓，嫉妒我受皇上寵愛。我對皇上忠心耿耿啊！」

他對皇上多忠，皇上心裡自然明白。皇上想，那麼多人跟他過意不去，可見他只對朕忠啊！貪點錢算什麼？再說，你們天天告他，不等於打朕的臉嗎？於是，不僅嚴嵩父子不受追究，彈劾他們父子的人反而下詔獄，甚至冤死。

嚴嵩最後如何？等他80多歲，無力再媚君了，大臣徐階也更講究策略，知道「『賄』字自不可掩，然非上所深惡」[386]，便索性不再告他們父子貪汙的金山銀山，只告他們跟貪汙絲毫沾不上邊，卻直接涉及皇上寶座的4條罪：一是蓋府邸「制擬王者」；二是與朱姓宗人暗中串連擬另立新主；三是暗通倭寇；四是勾結邊外異族。說實話，我覺得這幾條罪倒不一定可信。然而，皇上對這類罪，寧信其有，不信其無；寧肯錯殺一萬，也不放過一個，不再念他以往多忠，龍顏大怒，立即逐了嚴嵩，斬了嚴世蕃，這才抄他們富可敵國的家財。空前的大貪官終於受到懲處，似乎獲得什麼偉大勝利，隆重召開表彰大會，皇恩浩蕩，舉國歡呼。殊不知，被貪官蹂躪已久的心，漸漸破碎，覆水難收……

三、帝制下的「仁政」

應當相信多數帝王都想行仁政，宋高宗趙構就說過「人主之德，莫大於仁」[387]；高官大臣則大都有「三不朽」（立德、立功、立言）情結，問題是好的願望、好的決策與好的結果尚有距離。趙構的接班人趙昚讀了點歷史，自己也實踐了皇帝這種職責，深有感觸地嘆道：「漢宣帝時，吏稱其職，民安其業」，而「今吏不稱職，所以民未受實惠」。[388] 趙昚的話說白了，就是朝廷政策是好的，但因為中下層官員不稱職，所以「仁政」只開花，不結果。

---

[386]　《明史紀事本末》卷54，P833。
[387]　《續資治通鑑》卷110，〈宋紀〉110，6冊，P2920。
[388]　同上，卷140，〈宋紀〉140，8冊，P3747。

附　帝制時代的天時地利人和

中國歷史是集權（極權）制，想像過去有莫大優勢。北魏勇於改革，創「三長制」，朝廷行政直達基層，認為這樣從上到下，像大腦指揮四肢般靈活自如，殊不知容易僵化。我們的手之所以夠靈活，是因為肩關節、肘關節、腕關節、指關節都各自有一定的自如。如果從上到下管死了，各關節無法自如，那就僵化為竹竿，那些肩關節、肘關節、腕關節、指關節，只不過是竹子上的節，再多也靈活自如不起來。竹子節不靈活自如沒關係，人的手腳關節不能靈活自如，那就會癱瘓。集權體制也是如此，並不像北魏人想像那般美妙。所以，凡事得軍令如山，配置指令，並輔以檢查，皇帝親自南巡、北巡、西巡、東巡，各部門一級級督導、落實，可謂「指標治國」。

甘蔗沒有兩頭甜，地方官往往顧得了上頭，顧不了百姓。為了受獎提拔，更得一級級超額完成指標，把事情往極限去做，用百姓的話來說，是做「短命事」。正如學者指出：「隨著計畫規模增大，對各目標優先順序的意見一致程度即趨於減少，而仰仗強力和強迫的必要性則隨之增加……網撒得越大，一致的看法就會越來越少，並且，隨著一致看法的日益減少，借重於強力和強制的必要性日益增加。」問題還在於，對各級官吏來說，「他們的良心不允許他做的事是沒有的，只要這是為集體已經確定的目標所需求的，或者這是他的上級命令、他要達到的目標」；而對體制來說，「實際上就是政府的每一個行為，必須是神聖的和免受批評的」。也就是說，只要有聖旨，就可以為所欲為地做，胡作非為地做，沒有後顧之憂地做，「必須像『不惜一切代價』這句俗語所指的那樣，來實現目標」。[389] 為了完成指標，可以不擇手段地做，出了問題告到哪也沒用；而沒完成指標，就吃不了，兜著走。這是歷史上一種公開的「潛規則」。

如此，從宮中出來明明是仁政，沒轉幾層就難免變惡政。曾有外商寫道：

---

[389]　［英］弗瑞德呂希·奧古斯特·馮·海耶克：《到奴役之路》，P234、163、175、220。

在全世界文明國家中,是否能找到一個比清更為暴虐不公的政府是存疑的。所有省分官職的授予,是為了使那些朝廷的大官獲得最多的利益,因此人民受到層層的壓迫。平民百姓被地方知縣壓榨,知縣又被其上級的巡撫、總督等壓榨。[390]

這種局面肯定不是皇上想要的,但是皇上也改變不了。

王安石的改革可以說注定會失敗。為了防止地方勢力坐大為患,宋朝規定知州任期只有兩年,而實際執行往往不到兩年。比如常州,曾有一度兩年間換了八個知州,那些州官的作為可想而知。王安石是第八任,使命感非常強,反映給上司「州郡撫循之勢患在數更,官司考課之方要諸久任」,請求能夠「少假於歲時」,讓他的任期稍長些。[391]同時,大力組織所屬各縣官民,利用冬季農閒開挖運河,決心盡快改變常州年年受水災的狀況。然而,他也難免急於求成,官民無法承受,民夫紛紛病倒,甚至有人因此自殺,不得不停止這項工程,勞民傷財,招致諸多批評。他痛心地自責說:「河役之罷,以轉運賦功本狹,與雨淫不止,督役者以病告,故止耳……勞人費財於前,而利不遂於後,此某所以愧恨無窮也。」[392]如果不必急於求成,好端端的工程就很可能不至於變如此勞民傷財。

後來的大改革,則是另一種情形。史家認為:「跟《市易法》一樣,《免役法》起初設計的目的是用大範圍的國家干預來減輕殘酷的社會經濟不平等。但在實踐中,一系列的行政命令不但提高了需要付費的種類,也增加了需要繳錢民戶的數目,結果免役錢成為榨取財富的一種機制……很多人落入了赤貧的地步。」[393]如果地方官不必拚政績,那麼這項好的改革政策,也不大可能適得其反。

---

[390]　《哈佛中國史·大清》,P150。
[391]　王安石:〈知常州謝上表〉。
[392]　王安石:〈與劉原父書〉。
[393]　《劍橋中國宋代史》上卷,P456。

附　帝制時代的天時地利人和

又如政府為農民發放低息青苗貸款，怎麼不是仁政？可是為了推動這項好政策，朝廷下指標，完成得好獎，完成不好則罰。如此一來，「本來可能一百戶農民只有五戶需要貸款，但官僚系統的低效率，卻無法找到真正有需求的這五戶，反而抓到了另外的人，強行把錢貸給不需要的人，好趕快完成指標。到最後，地方政府執行青苗法，就變成了強制貸款、強行收租，把額度指標完成了事」。南宋「回買公田」也是如此，「官員們為了完成指標，只能向民間攤派……政府原本想透過富戶籌款，卻變成一次不幸的全民運動，整個社會根基受到動搖」。[394]

然而，集權沒有指標，沒有督促，國家就無法運作。田簿戶籍是徵稅的基礎數據，「民之大紀，國之治端」。可是有些人為了逃稅，就弄虛作假。齊武帝蕭賾特設「校籍官」，專門負責重新核查、審定田簿戶籍工作，這顯然是必要的。問題是為了強化執行力，蕭賾要求每人每天必須查出若干弄虛作假者，導致那些官吏在檢查工作中作假，造成不少冤假錯案，怨聲載道，[395] 逼得吳郡的民眾以「抗檢籍，反蕭齊」為旗號造反，聚眾三萬餘人，先後攻克桐廬、錢塘、鹽官（今海寧）、餘杭、嘉興、永興、諸暨等地，好不容易才鎮壓。歷史上此類事件不少。又如酒稅本來已安排各地轉運使徵收，宋真宗趙恆不放心，臨時又派檢查組下去督收，兩套人馬拚政績，可苦了百姓。

明宣宗朱瞻基時期被認為是明朝的黃金時代，譽之「宣仁之治」不夠，還與漢「文景之治」及唐「開元盛世」相提並論。朱瞻基嗜好蟋蟀，無可厚非，不能苛求人沒有個人愛好，皇帝也是人。問題是為此層層下達政治任務，導致一場場災難。蟋蟀又叫「促織」。《聊齋志異》中〈促織〉，就寫當時一個縣令為了一隻蟋蟀害了多少條人命。《明朝小史》記載：「帝酷好促

---

[394]　郭建龍：《中央帝國的財政密碼》，廈門：鷺江出版社，2017 年，P263、305。
[395]　《南齊書》卷 34，〈虞玩之傳〉，16 冊，P411，「限人一日得數巧，以防懈怠……於是貨賂因緣，籍注雖正，猶強推卻，以充程限……百姓怨望」。

織之戲,遣取之江南……妻懼,自經死。夫歸,傷其妻,且畏法,亦經焉。」更恐怖的是張居正,不僅用指標推行經濟工作,還用以治人,指令各地應當處死刑多少,而各地官員生怕完成不了任務,得層層加碼,很容易造成冤假錯案。[396] 刑部員外郎艾穆,明知「時居正法嚴,決囚不如額者罪」,他奉命到陝西複審死囚,只批准罪大惡極的兩人死刑。同行會審的官員不敢贊同,他則表示:「我終不以人命博官也。」回京,張居正果然怒批,他果然「揖而退」。[397] 像艾穆這樣「終不以人命博官」者,顯然不會太多,被冤殺的顯然不會太少,而民怨則顯然不會太小。如此,張居正的改革怎麼可能真正成功?又怎麼可能留下好名聲?

那麼,為什麼不能實事求是,制定個符合實際的指標呢?帝王的通病是好大喜功,功名心很大,總妄想做些空前絕後的大事,出發點也就容易脫離實際。張居正下達死刑指標的出發點,也許是想嚇出一個好治安吧?基層官吏為了討好上司,不得不層層造假,千方百計佐證皇上聖明,高官正確。漢唐時期耕地面積大約在 5 億畝左右,598 年統計卻達 19.4 億畝,亦即楊堅時期的普查虛報了 4 倍。而 609 年,統計又增至 55.8 億畝,比實際誇大 10 倍。稅賦就建立在這樣的數據上。連楊堅自己都感到不可思議,驚嘆道:「我花錢已經大手大腳了,國庫怎麼還是滿滿的?」[398] 楊堅只看到國庫滿滿,看不到百姓的糧倉空空,更想不到沒多久的未來:

河南、山東大水,餓莩滿野。煬帝詔開黎陽倉賑之,吏不時給,死者日數萬人……賊帥趙君德共襲破黎陽倉,據之,開倉恣民就食,浹旬間,得勝兵二十餘萬……(李)密開洛陽倉散米,無防守典當者,又無文券,取之者隨意多少。或離倉之後,力不能致,委棄衢路,自倉城至郭門,米

---

[396] 同注 376,卷 243,〈鄒元標傳〉,62 冊,P4210,「諸道決囚,亦有定額。所司懼罰,數必取盈。是斷刑太濫也。」
[397] 同上,卷 229,〈艾穆傳〉,62 冊,P4006。
[398] 同注 358,卷 178,〈隋本紀〉2,P7378,「朕既薄賦於民,又大經賜用,何得爾也?」

附　帝制時代的天時地利人和

甕盎，織荊筐淘米，洛水兩岸十里之間，望之皆如白沙……

這是一幅怎樣的「盛世」景象！白花花的稻米散成沙灘，隋王朝自然也隨之東流。發現河南、江南軍隊弄虛作假的現象後，康熙不由大嘆：「可見外省大吏無一不欺朕者」。[399]

那個時代的讀書人，口口聲聲「治國平天下」，其實「千里做官只為財」。如果能夠「居官有同貿易」，像商人那樣敬業，也無可厚非，問題是他們連做好本職工作的責任感都難有。正如朱東潤所描述，衙門辦公「其實只是辦紙」。明末一位官員編製徵稅的黃冊，閉著兩眼亂編，竟然預備編到了崇禎二十四年，沒想到大明王朝才崇禎十七年就亡。也許覺得基層工作不精細沒關係，一層一層到朝廷，還有很多人把關。可是康熙有次審讀人命大案卷宗，發現「字句多誤」，說明連呈報皇上的檔案都沒人認真負責。[400]

康熙曾經聖明地指出「問道愚民何所願，官清省事便豐年」，只遺憾集權下的官吏誰都不可能清閒，事情反而越集權越多。隋文帝楊堅與他的大臣蘇威有個共識：「唯讀《孝經》一卷，足以立身治國」，於是命蘇威編寫《五經》讀本，對剛平定的江南民眾宣講父義、母慈、兄友、弟恭、子孝等儒家綱常倫理的常識，強令「無長幼悉使誦五教」，連老人小孩都不得安寧。大臣李德林反對，認為孝道是人們自然發自內心的情感，不必強制教育，官府管太多了。楊堅大怒，將他貶出，堅持「洗腦」運動。[401]結果，本來已經平靜地接受隋氏統治的江南民眾，認為此舉是一種侮辱——不懂倫理的蠻夷，紛紛叛亂，先後蔓延到婺州、越州、蘇州、饒

---

[399]　同注380，卷10，〈聖祖紀〉，1冊，P255。
[400]　同上，卷7，P173，「朕詳閱秋審重案，字句多誤。廷臣竟未察出一二，刑部尤為不慎，其議罰之。」
[401]　《隋書》卷807，〈李德林傳〉，24冊，P807，「朕方以孝治天下，恐斯道廢闕，故立五孝以弘之。公言孝由天性，何須設教……朕實忿之……」

州、溫州、泉州、杭州、交州等地。憤怒的人太多了，叛軍隊伍大的人數上萬，小的也有數千。有的人簡直變態，「生臠縣令，啖其肉」，「執長吏，抽其腸而殺之」。他們一邊施暴，一邊咬牙切齒地咒道：「看你怎麼強迫我們背誦五教！」[402] 這些暴亂得平息，但也得反思，好端端一場文明教化活動，怎麼變成如此？

難怪唐甄抱怨得很。唐甄是明末清初四大著名啟蒙思想家之一，是對中國歷史有重大影響的傑出思想家。唐甄指出，自古以來「仁政」的口號喊破天，百姓的耳朵早都聽出繭了，卻從來沒有切身享受過！[403]

四、體制與文化

以上三點，根源都在集權的體制上，無藥可救。正如學者指出：「清朝的制度只著眼於維護皇權，既脫離實際、刻板不變又漏洞百出，推行時就會留給官員很多濫權牟利的空間。」[404] 其實，此可謂中國整個帝制時代的通病。

集權體制好比水管太長，一方面是上傳的消息「報喜不報憂」，過濾太多，到皇上那裡早已面目全非。金世宗完顏雍算是明君，偶然發現這個問題，驚詫發問：「古者居下位能憂國為民，直言無忌者，今何無之？」大臣回答：「是豈無之，但未得上達耳。」[405] 不要埋怨各級官員沒說實話，皇上自己應當反思：「為什麼沒人敢說、願說實話？」另一方面是好政策下達「滴漏」太多，一級級苛捐雜稅，落到百姓頭上，往往變負擔漲了幾十倍，沒多少人受得了。

近年來的歷史研究顯示，無論是橫向還是縱向比較，中國古代其實並

---

[402] 《北史》卷63，〈蘇威傳〉，28冊，P1485，「更使僮誦五教邪！」
[403] 唐甄：《潛書》，「雖有仁政，百姓耳聞之而未嘗身受之。」
[404] 邱捷：〈晚清官場的腐敗體系、涉外恐懼與內政危機〉，《燕京書評》2021年8月11日。
[405] 同注358，卷141，P3765。

附　帝制時代的天時地利人和

不存在嚴重的土地兼併問題。古代中國的土地分配一直頗為公平，且法定稅率也一直很低。一般不是土地兼併引起流民，而是農民不堪重負，先逃跑了，才讓一些大戶去兼併，甚至到贈送都沒人要的地步。1627年，也就是李自成造反前2年，明朝學者吳應箕路過河南真陽，見「四十里中，一望皆黃茅草。察所過一處，皆行地畝中。畝之疆界尚在，而禾麥之跡無一存者，計耕作久廢矣」。問當地人為什麼拋荒，當地人答曰：「本縣馬戶、差徭苛急，每報一人，人不堪役，則先賣其牛，棄其地，久之而其人亦逃矣。人去則田無主，故不耕」，「縣令多舉貢，日暮途窮，貪得耳。而衙門弊多，度力不足以區處，遂日操鞭扑，百計追呼，求糧完自免譴責耳。人戶之逃，田畝之荒，實勿問，有理告者，反笞之」。[406] 吳應箕聽了很感慨，特地記下來，向汝寧知府反映，指望上級能解決。可是，汝寧知府又有什麼辦法呢？他也只能轉呈他的上級，僥倖轉到皇帝的辦公桌上，批示「減輕農民負擔」，皇恩浩蕩一番，層層轉下，最後還是落到真陽縣那幫官吏手上。如此，那裡的百姓對官府絕望了，能不把希望改盼闖王嗎？說是「闖王來了不納糧」。納糧指皇糧國稅，而不是地主的田租。

在非集權的體制中，就不大可能發生這種事。西歐一個佃戶的地租往往長達200年或250年保持不變，生產關係穩定。如果國王想加稅，農奴有契約和莊園法庭進行申訴，據理力爭。中國帝制時代沒有諸侯、貴族這些中間層，農民得直接面對權力，唯一的指望是個別高官良心發現、進諫。可是，諫言被帝王採納的可能性又有多大呢？開明如李世民，也不是始終樂於納諫。

縱觀千古，中國農民並不是苦於地主，而是苦於官府。所以，一旦有人帶頭，就像點燃火藥庫，直搗官府，發洩地打砸，變態地虐殺……

不僅如此，也可說其根源在於更深層的傳統文化上。中國歷史上有重

---

[406]　吳應箕：《樓山堂集》卷14。

義輕利的一面，但別忘了還有另一面。孔子說：「富而可求也，雖執鞭之士，吾亦為之。」[407] 執鞭指賤者之事。司馬遷斷言：「天下熙熙皆為利來，天下攘攘皆為利往。」陳獨秀曾犀利地寫道：

> 充滿吾人之神經，填塞吾人之骨髓，雖屍解魂消，焚其骨，揚其灰，用顯微鏡點點驗之，皆各有「做官發財」四大字。做官以張其威，發財以逞其欲。一若做官發財為人生唯一之目的。人間種種善行，凡不利此目的者，一切犧牲之而無所顧惜；人間種種罪惡，凡有利此目的者，一切奉行之而無所忌憚。[408]

乾隆時期的袁枚不願「為大官作奴耳」，年僅33歲就辭職退隱。只因為積蓄不多，改造隨園還需大錢，才又出仕，公然自嘲「千里做官只為財」。每臨新年，西方賀語是「新年快樂」，而華人自古以來最流行的祝福語卻是「恭喜發財」，發財是「暴富」的同意詞。在這樣的文化氛圍當中，偶有個別海瑞式的清官，也很容易被輕視為「偽君子」。郭嵩燾深諳中西官場，晚年長嘆道：「天下之大患，在士大夫之無識。」「天下之亂，皆在官者為之也。」「百姓之亂猶可治，官人之亂乃真亂也。」[409]

人和也沒有了，王朝怎能不「夭折」？

結論

歷史上由於「天時」缺乏「國家主權」觀念，王朝即使強大一時並被人民擁戴，也遲早被更強大的外敵所滅。而現代，有聯合國努力維護各國主

---

[407]　《論語・述而》。
[408]　陳獨秀：《新青年》第二卷第一號，1916年9月1日。
[409]　轉引自《獨醒之累》，P52。

附　帝制時代的天時地利人和

權,只要獲得人民真心擁護,即使彈丸小國,不備一兵一卒,也可能長治久安。

至於地利,由於交通、通訊、軍事等方面的科技高度發達,歷史上曾經「一夫當道,萬夫莫開」之類的策略要地,變得幾乎可以忽略不計。湯恩比生動地說:「導引火箭的發明,使遼闊的太平洋宛如一條小溪那樣狹窄。」[410] 君不見美軍在千里之外空襲敘利亞空軍機場,那些堅固的鋼筋混凝土機庫完好無損,可那裡面的飛機卻被炸了。網路戰爭不見硝煙,神出鬼沒。近年在中東不時出現的「斬首行動」更如天兵天將,讓領袖在大後方也難有藏身之處。另一方面,歷史上「人不耕織,地無他產」的沙漠草原,照樣可以繁榮。典型如以色列,當年馬克·吐溫訪問那片土地,說是「一片荒蕪人煙、淒涼慘澹的國土。一片寂靜孤冷、令人悲傷的天空」,幾乎沒有什麼自然資源,而且「四面楚歌」、敵國如林,可他們照樣創造出驚人的經濟奇蹟。還有不少小小島國,也躋身於先進國家行列。人們的觀念,與地域越來越沒什麼關係。

人和的因素倒是變得越來越重要了。孟子在分析天時、地利、人和後,總結:

域民不以封疆之界。固國不以山溪之險,威天下不以兵革之利;得道者多助,失道者寡助;寡助之至,親戚畔之;多助之至,天下順之。以天下之所順,攻親戚之所畔。故君子有不戰,戰必勝矣。[411]

是啊,「得道者多助,失道者寡助」!這「道」指治國之道,亦即孟子最強調的「仁政」。2,000多年過去,孟子這話真可謂歷久彌新,因為全世界的歷史與現實,為孟子補充了無數論據,且仍然在補充著。

只要不刻舟求劍,天地無私玉萬家。只要不刻舟求劍,天涯海角皆通

---

[410]　同注330,P294。
[411]　《孟子·公孫丑上》。

衢。只要人民心不死，國之永恆已成為可能！

只有人民的心不死，國才可能永恆！

帝國的沉思・秋之卷——王朝衰頹與中興舉措：

匈奴侵擾、藩鎮割據、同室操戈、政變頻繁……當帝國面臨覆滅的危機，「復興」就是當務之急！

作　　　者：	馮敏飛
發　行　人：	黃振庭
出　版　者：	崧燁文化事業有限公司
發　行　者：	崧燁文化事業有限公司
E - m a i l：	sonbookservice@gmail.com
粉　絲　頁：	https://www.facebook.com/sonbookss
網　　　址：	https://sonbook.net/
地　　　址：	台北市中正區重慶南路一段61號8樓 8F., No.61, Sec. 1, Chongqing S. Rd., Zhongzheng Dist., Taipei City 100, Taiwan
電　　　話：	(02)2370-3310
傳　　　真：	(02)2388-1990
印　　　刷：	京峯數位服務有限公司
律師顧問：	廣華律師事務所 張珮琦律師

國家圖書館出版品預行編目資料

帝國的沉思・秋之卷——王朝衰頹與中興舉措：匈奴侵擾、藩鎮割據、同室操戈、政變頻繁……當帝國面臨覆滅的危機，「復興」就是當務之急！/ 馮敏飛 著. -- 第一版. -- 臺北市：崧燁文化事業有限公司，2024.10
面；　公分
POD 版
ISBN 978-626-394-942-3(平裝)
1.CST: 中國史
610　　113015258

-版權聲明-

本書版權為淞博數字科技所有授權崧燁文化事業有限公司獨家發行電子書及紙本書。若有其他相關權利及授權需求請與本公司聯繫。

未經書面許可，不得複製、發行。

定　　　價：450 元
發行日期：2024 年 10 月第一版
◎本書以 POD 印製
Design Assets from Freepik.com

電子書購買

爽讀 APP　　臉書